汽车专业职业教育情境化教学通用教材
QICHE ZHUANYE ZHIYE JIAOYU QING JINGHUA JIAOXUE TONGYONG JIAOCAI



# 汽车美容与装饰

主编　谭本忠

山东科学技术出版社
www.lkj.com.cn

**图书在版编目（CIP）数据**

汽车美容与装饰/谭本忠主编. —济南:山东科学技术出版社,2012(2017.1重印)

ISBN 978-7-5331-6308-2

Ⅰ.①汽... Ⅱ.①谭... Ⅲ.①汽车—车辆保养—中等专业学校—教材 Ⅳ.①U472

中国版本图书馆CIP数据核字(2012)第180525号

**汽车美容与装饰**

主编　谭本忠

**主管单位：山东出版传媒股份有限公司**

**出 版 者：山东科学技术出版社**

地址：济南市玉函路16号

邮编：250002　电话：（0531）82098088

网址：www.lkj.com.cn

电子邮件：sdkj@sdpress.com.cn

**发 行 者：山东科学技术出版社**

地址：济南市玉函路16号

邮编：250002　电话：（0531）82098071

**印 刷 者：济南鲁艺彩印有限公司**

地址：济南工业北路182-1号

邮编：250022　电话：（0531）88888282

**开本：**889mm×1194mm 1/16

**印张：**10.5

**版次：**2012年9月第1版　2017年1月第3次印刷

ISBN 978-7-5331-6308-2

**定价：**38.00元

**图书服务热线：0531-88951078**

**网址：www.link6868.com**

# 从书序

当前，我国职业教育正大力推行以就业为导向培训实用型人才。怎样培养出优秀的实用型人才，解决这个问题需要从改变传统的教学模式、方法入手，各地职业学院也纷纷进行教学改革，包括教材的改编与更新。这其中就包括情境化教学的试点与推广。

什么叫情境化教学，就是模拟实际的工作情境和工作任务来设置学习任务，围绕完成这项工作所需掌握的知识和技能，对学生进行培训。这样，学生在学校就能学到真正实用的知识和技能，上岗后马上就能适应工作环境，胜任工作任务。

用于汽车专业的情境化教学教材，按汽车结构的特点和维修分工的不同，分为发动机构造、电控发动机、底盘构造、自动变速器、电器、空调、安全舒适系统、汽车电脑、汽车美容与装饰、汽车文化等十八个分块。以上各个系统总成又按结构功能细分到部件，针对各部件在实际工作中可能遇到的故障，我们对大量的案例进行归纳总结，提取出最典型的事件作为学习情境的设置。

每一个学习情境就相当于一个工作任务。那么，完成这个任务必须掌握哪些理论知识（必知），需要具备哪些技能（必会），同时，在完成任务的过程中要注意哪些事项（如作业安全与环保），又有哪些经验技巧可以供参考，这些内容的讲述就构成教材情境的“骨肉”。

做什么，学什么；学什么，用什么。使之学以致用，为实用而学，这是情境化教学的最大特点。

为了突出教学效果，提高学员对知识与技能的理解程度和学习兴趣。我们为这套教材开发了相应的多媒体教学课件（与教材同步，综合教学所要用到的图片、动画、视频、文本等）和电子教学讲义（PPT演示文件）。技能实际操作部分，我们全部拍制成实况录像，使学员可以身临其境地进行模仿和学习。教师若有需要可向出版社免费索取（0531-82098053）。

汽车专业职业教育情境化教学通用教材的模块组成如下：

- 发动机构造与维修
- 汽车底盘构造与维修
- 汽车电器构造与维修
- 电控发动机原理与维修
- 自动变速器原理与维修
- 汽车安全舒适系统原理与维修
- 汽车空调原理与维修
- 电控柴油发动机构造与维修
- 汽车电脑原理与维修
- 汽车车身构造与修复
- 汽车保养与维护
- 汽车检测与故障诊断技术
- 汽车机械基础
- 汽车电学基础
- 汽车美容与装饰
- 汽车构造
- 汽车电子控制技术
- 汽车文化与概论

各汽车院校与职业培训机构可以根据自开专业的教学需要选取不同的模块教材。采用情境化教学教材，实施情境化教学，将大大提升学生的学习兴趣、分析问题的能力和动手能力，同时也将为教师教学带来更多方便，使专业教学更轻松、更具实效性。

# 目　录

第一部分

# 汽车美容

汽车美容的作用是保持和恢复汽车美丽容颜，改善车内环境。另外，汽车美容又是一种服务，包括很多项目的服务类型。

## 情境：汽车美容概述

### 一、汽车美容的分类

#### （一）根据汽车服务部位分类

根据汽车服务部位可分为车身美容、内饰美容和漆面美容。

**1. 车身美容**

车身美容主要包括高压洗车，除锈、去除沥青和焦油等污物，上蜡增艳与镜面处理，新车开蜡，钢圈、轮胎、保险杠翻新与底盘防腐涂胶处理等项目。经常洗车可以清除车表尘土、酸雨、沥青等污染物，防止漆面及其他车身部件受到腐蚀和损害。适时打蜡不但能给车身带来光彩亮丽的效果，而且多功能的车蜡能够无微不至地呵护汽车，可以防紫外线、防酸雨、抗高温及防静电。

**2. 内饰美容**

内饰美容主要分为车内美容、发动机美容、行李箱清洁等内容。其中车内美容包括仪表台、顶棚、地毯、脚垫、座椅、座套、车门衬里的吸尘清洁保护，以及蒸汽杀菌、冷暖风口除臭、车内空气净化等项目。发动机美容则包括发动机冲洗清洁、喷上光保护剂、做翻新处理、三滤清洁（指的是燃油滤清器、机油滤清器、空气滤清器）等项目。

**3. 漆面美容**

漆面处理服务项目可分为氧化膜处理、飞漆处理、酸雨处理、漆面划痕处理、漆面破损处理及整车喷漆。漆面处理不仅能使汽车永保“青春”。还能复原不慎造成的划痕及破损，更好地保护车身和使汽车保值。

## （二）根据汽车美容程度分类

根据汽车的实际美容程度可分为护理美容、修复美容和专业美容。

### 1. 护理美容

护理美容指对汽车漆面和室内表面进行美容护理，其中包括对汽车外表漆面、总成表面和内室物件表面进行清洗除污，对汽车漆面上光、抛光、研磨及新车开蜡等作业。增加车身表面的光亮度，起到了初步的“美容”作用。

**护理性的美容作业项目**

**新车开蜡**

汽车生产厂家为防止汽车在储运过程中漆膜受损，确保汽车到用户手中时漆膜完好如新，汽车总装的最后一道工序是在检查合格后对整车进行喷蜡处理，在车身外表面喷涂封漆蜡。封漆蜡没有光泽，严重影响汽车美观，且易粘附灰尘。国外发达国家的汽车销售商在汽车出售前就对汽车进行除蜡处理，目前我国还很少有汽车销售商实施这项工作。为此，用户购车后必须除掉封漆蜡——俗称开蜡。

**汽车清洗**

为使汽车保持干净、整洁的外观，应定期或不定期地对汽车进行清洗。汽车清洗是汽车美容的首要环节，同时也是一个重要环节。它既是一项基础性的工作，也是一种经常性的护理作业。按汽车部位不同，清洗作业可分为车身外表面清洗、内室清洗和行走部分清洗。对车身漆面的清洗可分为不脱蜡清洗和脱蜡清洗两种。不脱蜡清洗是指车身表面有蜡，但是不想把它去掉，只是洗掉灰尘、污迹。清洗方法主要是通过清水和普通清洗剂，采用人工或机械清洗。脱蜡清洗是一种除掉车漆表面原有车蜡的清洗作业。有些汽车原先打过蜡，现在需要重新打蜡上光，在这种情况下，必须在洗车的同时将原车蜡除净，然后再打新蜡。脱蜡洗车使用脱蜡清洗剂，该清洗剂可有效地去除车蜡。用脱蜡清洗剂洗完之后，再用清水将车身表面冲洗干净。

**漆面研磨**

漆面研磨是去除漆膜表面氧化层、轻微划痕等缺陷所进行的作业。该作业虽具有修复、美容的性质，但由于所修复的缺陷非常轻微，只要配合其他护理作业便可消除，所以把它列为护理性美容的范围。漆面研磨与后面的抛光、还原是三道连续作业的工序，研磨是漆面轻微缺陷修复的第一道工序，需使用专用研磨剂，通过研磨/抛光机进行作业。

**漆面抛光**

漆面抛光是紧接着研磨的第二道工序。车漆表面经研磨后会留下细微的磨痕，漆面抛光就是去除这些痕迹所进行的护理作业。漆面抛光需使用专用抛光剂，通过研磨/抛光机进行作业。

**漆面还原**

漆面还原是研磨、抛光之后的第三道工序，它是通过还原剂将车漆表面还原到“新车”般的状况。还原剂也称“密封剂”，对车漆起密封作用，以避免空气中的污染物直接侵蚀车漆。还原剂有两种，一种叫还原剂，另一种叫增光剂，增光剂在还原作用的基础上还有增亮的作用。

**打蜡**

打蜡是在车漆表面涂上一层蜡质保护层，并将蜡抛出光泽的护理作业。打蜡的目的：①改善车身表面的光亮程度，增添靓丽的光彩。②防止腐蚀性物质的侵蚀，对车漆进行保护。③消除或减小静电影响，使车身保持整洁。④降低紫外线和高温对车漆的侵害，防止和减缓漆膜老化。汽车打蜡可通过人工或打蜡机进行作业。

**内室护理**

汽车内室护理是对汽车控制台、操纵件、座椅、座套、顶棚、地毯、脚垫等部件进行的清洁、上光等美容作业，还包括对汽车内室定期进行杀菌、除臭等净化空气作业。汽车内室部件种类很多，外层面料也各不相同，在护理中应分别使用不同的专用护理用品，确保护理质量。

## 2. 修复美容

汽车修复美容是对车身漆膜有损伤的部位和内饰物出现破损的部位进行恢复性作业，其中包括对涂膜表面的病态、损伤和内室物件的破损进行修补处理等作业内容。汽车修复美容一般先进行漆膜修复，然后再进行美容。这种美容的工艺过程为：砂子划痕——涂快干原子灰——研磨——涂快干底漆——涂底色漆——涂罩光漆——清除接口。汽车修复美容应在正规的汽车美容中心进行，它需要必要的设备和工具，必须有一定的修复美容工艺，才能满足汽车美容的基本要求。但是，这种美容并非很完善，对整车而言，只是对车身的漆膜部分进行了保养护理。

### 修复性的美容养护作业项目

**漆膜病态治理**

漆膜病态是指漆膜质量与规定的技术指标相比所存在的缺陷。漆膜病态有上百种，按病态产生的时机不同可分为涂装中出现的病态和使用中出现的病态两大类。对于各种不同的漆膜病态，应分析原因，采取有效措施积极防治。

**漆面划痕处理**

漆面划痕是因刮擦、碰撞等原因造成的漆膜损伤。当漆面出现划痕时，应根据划痕的深浅程度，采取不同的工艺进行修复处理。

**漆面斑点处理**

漆面斑点是指漆面接触了柏油、飞漆、焦油、鸟粪等污物，在漆面上留下的污迹。对斑点的处理应根据斑点在漆膜中渗透的深度不同，采取不同的工艺。

**汽车涂层局部修补**

汽车涂层局部修补是当汽车漆面出现局部失光、变色、粉化、起泡、龟裂、脱落等严重老化现象或因交通事故导致涂层局部破损时，所进行的局部修补涂装作业。汽车涂层局部修补虽作业面积较小，但要使修补漆面与原漆面的漆膜外观、光泽、颜色达到基本一致，需要操作人员具有丰富的经验和高超的技术水平。

**汽车涂层整体翻修**

汽车涂层整体翻修是当全车漆膜出现严重老化时所进行的全车翻新涂装作业。其作业内容主要有清除旧漆膜、金属表面除锈、底漆和腻子施工、面漆喷涂、补漆修饰及抛光上蜡等。

## 3. 专业美容

专业汽车美容不仅仅包括对汽车的清洗、打蜡，更主要的是根据汽车实际需要进行维护，包括对汽车护理用品的正确选择与使用、汽车漆膜的护理(如对各类漆膜缺陷的处理、划痕的修复美容等）、汽车装饰、精品选装等内容。

### （1）免拆洗的汽车美容养护

采用全新方式免拆洗养护的汽车不但可以免除频繁修理的烦恼，而且可以节省大量的维修费用和时间，可使车主用户在享受舒畅开车的同时实现“买得起车也养得起车”的理想。

**免拆洗的汽车美容养护项目**

①润滑系统养护，用于发动机的润滑、抗磨、清洗和密封等。
②燃油系统养护，用于积炭控制、清洗、防冻和除水等。
③传动系统养护，用于润滑、抗磨、清洁、止漏等。
④冷却系统养护，用于助冷、清洗、止漏等。
⑤空调系统养护，用于降噪、润滑、清洗和杀菌等。
此外，还包括底盘系统、转向系统、点火系统等部分的养护。

汽车发动机在工作状态是靠机油泵供油润滑的，而在发动机停止工作后，供油便停止。当发动机再次启动时，各摩擦部位需要经过一定的时间才能恢复供油润滑，在这段时间里，发动机的各摩擦面处于一种无润滑的干摩擦状态。据统计，这种干摩擦会使发动机的寿命降低3/5，而摩擦界面如果有了优质养护剂的保护，就会防止这种损害。高品质的养护剂能在摩擦界面形成一层坚固的干性润滑膜层，使汽车发动机时时处于一种良好的润滑状态，从而使发动机的磨损率降至最低，而且变得耐高温、抗腐蚀。有了这层干性润滑膜，汽车发动机的功率将提高10%，机械温度将降低5%～8%，汽车尾气排放达标，改善了环境。长期使用优质的免拆洗养护用品可免去发动机、变速器等部件的大修，极大地延长了发动机的寿命。

### （2）汽车防护

服务项目有贴防爆太阳膜，安装防盗器、静电放电器、汽车语音报警装置等。

### （3）汽车精品

作为汽车美容服务的延伸项目，能满足驾驶员及乘员对汽车内部附属装饰、便捷服务的需求，如车用香水、蜡掸、剃须刀、护目镜、脚垫、座套、把套等的配置，能使汽车美容服务更加贴心，从而体现人性化的服务。

一般认为，专业汽车美容是通过先进的设备和数百种用品，经过几十道工序，从车身、内室、发动机、钢圈、轮胎、底盘、保险杠、油路、电路、空调系统、冷却系统、进排气系统等各部位进行彻底的清洗、养护，使旧车变新并保持长久，使整车焕然一新。这样的汽车美容才是真正的专业汽车美容。

**专业汽车美容包含的主要项目和内容**

①整车细部全面彻底清洗。
②油污、飞漆、污物的清洗处理。
③尘粒、桔皮等漆膜缺陷的砂平处理。
④漆膜粗研磨处理。
⑤漆膜细磨抛光处理。
⑥漆膜增艳处理。
⑦漆膜抗氧化保护处理。

⑧持久保护层处理。
⑨漆膜镜面处理。
⑩钢圈、轮胎、保险杠、底盘等保养护理。
⑪室内各部位及主要配置的保养护理。
⑫发动机系统的美容护理等。

## 专业汽车美容后效果

①车身漆膜应达到艳丽的新车效果，并能长久保持。应具有防静电、防酸雨、防紫外线等“三防”功能。

②发动机的清洗翻新可使发动机表面形成光亮的保护膜并能长久保持。发动机系统经过免拆卸清洗后，可提高整个系统的性能，并延长使用寿命。

③风窗玻璃的修复抛光使开裂发乌的玻璃变得清晰明亮，完好如初。

④轮毂、轮胎经美容护理后，具有艳丽光泽并能延长使用寿命。

⑤室内、后备箱内经美容处理后，应更显洁净华贵。

⑥金属裸露部分经除锈、防锈处理后，应具有金属光泽，不再生锈，延长其使用寿命。

## 专业汽车美容的基本条件

①应有最起码的美容操作工作室，工作室应与外界隔离，设有漆膜维修处理工作室、干燥室、清洗室、美容护理室，且最好相互不干扰，但又有一定的联系。露天操作是不能进行汽车美容的。

②各工作室应有相应的设备、工具及能源，可供施工所用，见表1-1所示。

③所有的施工人员必须经过专业技术培训取得上岗证书，才可进行施工操作。

④汽车美容用品及有关材料必须是正规厂家生产的合格品。

⑤有完善的售后服务，售后服务是对专业美容的补充，当出现一些质量问题时可进行补救处理，既可保证汽车美容企业的良好服务形象，也是对消费者权益的保证。

表1-1 现代汽车美容常用设备及用品

| 美容项目 | 具体作业项目 | 设备及用品 | 选用要点 |
|---|---|---|---|
| 车表美容 | 汽车清洗 | 龙门滚刷清洗机、小型高压清洗机、麂皮、毛巾、板刷、清洗护理二合一清洗剂、水系清洗剂、玻璃清洗剂、柏油沥青清洁剂、轮胎清洗保护剂、黑镀清洗保护剂、银镀清洁保护剂、清洁上光剂等 | ①小型美容企业宜选用小型高压清洗机<br>②北方冬季宜选用调温式清洗机<br>③不宜选用碱性清洗剂洗车 |
| | 汽车打蜡 | 打蜡机、打蜡海绵、无纺布毛巾及各种保护蜡、上光蜡、防静电蜡、镜面釉等 | ①根据汽车漆面性质、特点及汽车运行环境选用车蜡<br>②镜面釉是非蜡质保护剂 |
| 车饰美容 | 车室美容 | 吸尘器、高温蒸汽杀菌器、喷壶、毛巾、真皮、塑料、纤维织物清洁保护剂、真皮上光保护剂、真皮与塑料上光翻新保护剂、地毯清洁剂等 | ①不宜用碱性清洁剂进行车室清洁<br>②纤维织物清洁剂一般可用于地毯清洁 |
| | 发动机美容 | 喷壶、毛巾、发动机表面活性清洗剂、机头光亮保护剂、清洁油等 | 不宜用酸碱类清洁剂 |
| 漆面美容 | 浅划痕及漆面失光处理 | 抛光机、不同粒度的抛光剂、还原剂、漆面增艳剂、漆面保护剂 | 抛光后须进行还原处理 |
| | 深划痕处理 | 设备与用品与喷漆施工相同 | |
| | 喷漆 | 喷漆间、烤漆房、空压机、喷枪、砂纸、刮板、底漆、腻子、中涂漆、面漆 | ①宜选用喷漆烤漆两用房<br>②修补施工宜选用快干型涂料 |

### 专业美容与一般美容的区别

一般美容、修复美容和专业美容之间的区别可以用图1-1来说明。

图1-1 一般美容、修复美容和专业美容的对比

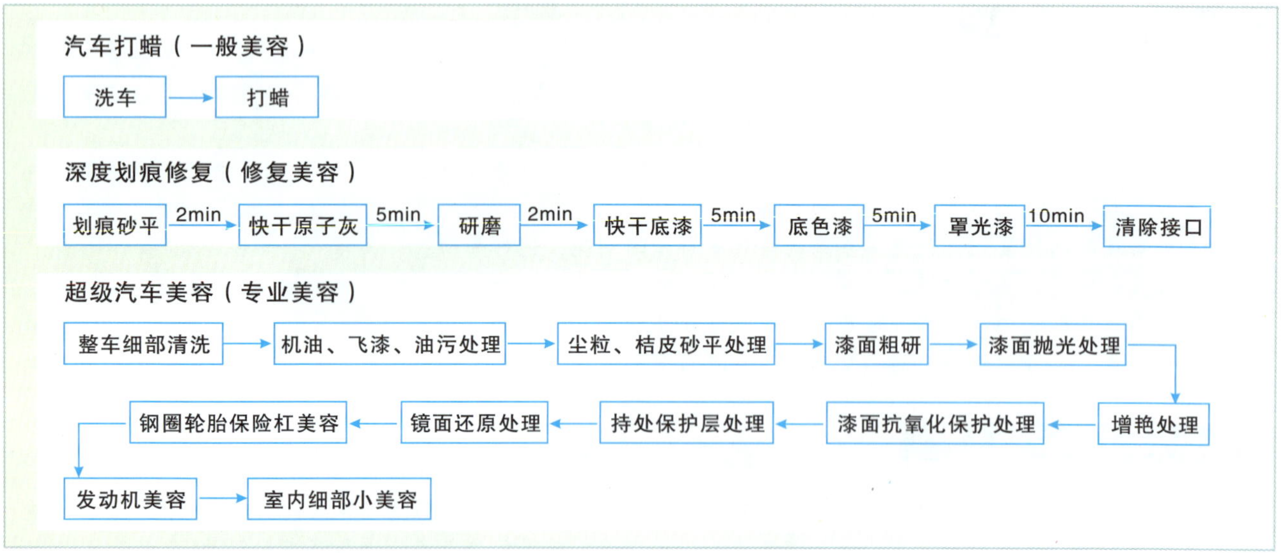


专业汽车美容与一般汽车美容相比，其具有系统性、规范性和专业性等特性，与一般洗车打蜡、汽车美容完全不同。

- 系统性：就是着眼于汽车的自身特点，由表及里进行全面而细致的保养。
- 规范性：就是每一道工序都有标准而规范的技术要求。
- 专业性：就是严格按照工艺要求采用专用工具、专用产品和专业技术手段进行操作。

汽车美容应使用专用优质的养护产品，针对汽车各部位材质进行有针对性的保养、修复和翻新，使经过专业美容后的汽车外观洁亮如新，并保持长久，有效延长汽车车漆寿命。

## 二、汽车美容的作用

汽车美容能延长汽车车漆使用寿命，防止车漆龟裂硬化和脱色，使其美观并保值。它还有较高的装饰性，使汽车美观亮丽，充分体现出车主高贵的身份。

### 1. 美化环境

随着我国国民经济的不断发展和科学技术的不断进步，以及人们生活水平的不断提高，道路上行驶的各种汽车越来越多。五颜六色的汽车装扮着城市的各条道路，形成一条条美丽的风景线，对城市和道路环境起着美化作用，给人们以美的享受。这些成果的得来与我国汽车美容业的兴起是分不开的，如果没有汽车美容，道路上行驶的汽车车身灰尘污垢堆积，漆面色彩单调、色泽暗淡，甚至锈迹斑斑，这样将会形成与美丽的城市建筑极不协调的景象。因此，美化城市环境离不开汽车美容。

## 2. 保护汽车

汽车涂膜是汽车金属等物体表面的保护层，它使物体表面与空气、水分、日光以及外界腐蚀物质隔离，起着保护物面、防止腐蚀的作用，从而延长金属等物体使用寿命。汽车在使用过程中，由于风吹、日晒、雨淋等自然侵蚀，以及环境污染的影响，涂膜会出现失光、变色、粉化、起泡、龟裂、脱落等老化现象，另外，交通事故、机械撞击等也会造成涂膜损伤。一旦涂膜损坏，金属等物体便失去了保护的“外衣”。为此，加强汽车美容作业，维护好汽车表面涂膜是保护汽车金属等物体的前提。

## 3. 装饰汽车

随着人们消费水平的提高，对于一些中高档汽车来说，已不仅仅是一种交通工具，它已成为一种身份的象征。车主不仅要求汽车具有优良的性能，而且要求汽车具有漂亮的外观，并想方设法把汽车装点得靓丽美观，这就对汽车的装饰性能提出了更高的要求。汽车的装饰性不仅取决于车型外观设计，而且取决于汽车表面色彩、光泽等因素。通过汽车美容作业，使汽车涂层平整、色彩鲜艳、色泽光亮，始终保持美丽的容颜。

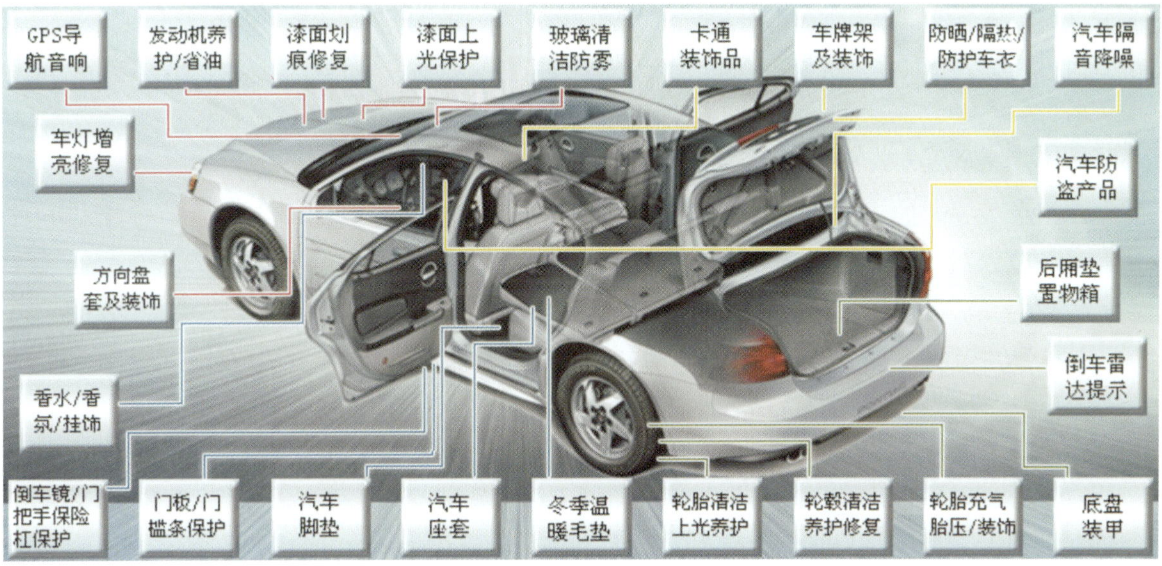

## 思考与练习

1. 汽车美容服务是如何分类的？分为哪些类型？

2. 什么叫护理美容？

3. 什么叫修复美容？

4. 专业美容包括哪些内容？

5. 汽车美容有什么作用？

## 第二部分

# 车表美容

为了创造良好的车内环境，保护健康和延长汽车内饰使用寿命，应经常对汽车进行清洗。打蜡作为汽车美容的传统项目，不仅使车表更美观，还有效地保护了汽车漆面。

## 情境一：汽车清洗工艺

由于汽车车身和内室常受到不同程度的污染，不及时处理，将使车漆失光、失色，车室空气浑浊、污染。车漆失光、失色将大大地影响汽车审美观和销售量。车室空气浑浊、污染将影响驾驶员的健康。因此，汽车清洗可分为车身清洗和车室清洁。

### 一、汽车清洗工艺条件

#### 1. 清洗剂的温度

清洗溶液温度越高，去垢作用越显著；但温度过高时，往往造成汽车表面漆层发软。对于日常保养的汽车冲洗时，清洗剂达到汽车表面的温度在30～40℃较合适。清洗剂溶液加温的温度可依据管路的长短及当时大气温度而定，一般冬季加温的温度要高一些，夏季要低一些。在用清洗剂清洗汽车之前，先用温水冲洗一下被清洗表面，不仅会增加清洗效果，而且会减少清洗剂用量。

#### 2. 清洗剂的浓度

一般情况下，清洗剂溶液浓度增加，去垢效率亦增加。但当浓度过大时，去垢效率并不再增加，且浓度增加时对漆层会有破坏作用，对有色金属也有不利影响。清洗剂溶液对漆层的影响可用清洗剂的pH来确定。当溶液的碱性增大即溶液的pH增大时，其去垢能力增加，但对漆层有不利影响；中性溶液对漆层无害，但又缺乏足够的去垢能力。实践证明，采用pH=7.5～8的弱碱性清洗剂，既能保证去垢效果，又能使漆层不受影响。

#### 3. 冲洗压力

一般冲洗车身的压力在3～5MPa下较为适合。个别情况下（如污垢多、清洗表面形状复杂等）压力可达7MPa。冲洗汽车底盘可将压力增大至10～25MPa，因为底盘形状复杂，且油污多，压力过低不易将污垢冲掉。

### 4. 清洗剂对污垢作用时间

对外表面一般只要3～5s，底盘冲洗要5～10s，个别地方如一些形状复杂的深孔、拐角，冲洗时间可延长至10s以上。对外表面的冲洗，时间不宜过长，因为长时间冲洗会造成局部漆层发软，且易在汽车表面形成一层难以冲洗的薄膜痕迹。冲洗中应使各处冲洗的时间一致，并应以一定方向和按一定顺序进行。

### 5. 机械作业强度和性质

在冲洗过程中，大部分干燥性的污垢都会被水冲掉。粘滞性的污垢往往在用清洗剂溶液冲洗后，还要用手工或专用清洗设备进行刷洗，这对最后的清洗质量影响很大。

### 6. 气温对清洗质量的影响

冬季清洗汽车，会使水结冰而引起漆膜开裂。在这种情况下，可将水加热进行冲洗，汽车最后冲洗完毕立即用抹布擦干。另外在天气炎热的阳光下进行冲洗，由于水分蒸发会使车身遗留下干燥的水珠污迹，在这种情况下不宜进行操作，此点对轿车、客车尤为重要。

## 二、车身清洗方法

### 1. 人工清洗工艺流程

人工洗车步骤一般分冲淋、擦洗、冲洗、擦车和吹干五个步骤。洗车时一般由两人配合进行，这样不但速度快而且清洗的质量好。

#### （1）冲淋

接到服务车辆后，由一人负责驶入工作间，一人在车前引导，适时提醒驾驶者控制好方向。车辆停放平稳后，一人用高压水冲去车身污物，顺序自上而下，整个过程当中始终由一个方向向另一边的斜下方冲洗，尽量避免正向或反冲洗，以免将泥沙冲回已经冲洗干净的部位。冲洗车时不可忽视的部位是车身的下部及底部，因为大量的泥沙和污物一般都聚集在这些部位，如果稍不注意就会遗留下泥沙等物质，这样再进行下面的工序擦洗时就会划伤漆面。因此必须尽可能地冲洗掉车身下部及车底的大颗粒泥沙。

#### （2）擦洗

将配制好的洗车液均匀喷洒在车身表面，如果有泡沫清洗机，可先将泡沫喷洒在车身表面，然后两人手持海绵一左一右按照从上到下的顺序擦洗车身（如图2-1所示）。擦洗时应注意全车的每个角落都要细致认真地进行擦洗，同时注意车身表面有些冲洗不掉的附着物不可用力猛擦，以免损坏车身漆面。对于那些焦油、沥青等顽固污渍，应使用专用溶剂来清洗。

#### （3）冲洗

擦洗完毕之后，开始冲洗车身，顺序同冲车一样，但这时的冲洗应为中部以上的部位，如以车顶、上部和中部为重点。因为冲车时已经将车身下部冲洗得比较干净并进行了一定的擦洗，所以下部和底部一带而过即可，如图2-2所示。

图2-1 车身的擦洗

图2-2 车身的冲洗

### （4）擦车

用半湿性大毛巾将整个车身从前至后先预擦一遍，待车身中部及下部大部分水分被吸干之后，用干毛巾细擦一遍，如图2-3所示。要求擦干所留下的水痕。这样经过“一湿一干”两遍抹擦之后车身应不留水痕而且十分干净。擦车时应注意检查洗车工序中容易遗漏的部位，如刮水器安装部位、车身底部等。

### （5）吹干

完成前面四道工序后，车身表面基本洗干净。但是有些地方在擦车时不容易擦干，如发动机盖边沿及内侧、车门边缘内侧、车门把手内侧、后备箱边沿内侧、油箱盖内侧等凹进去的地方，这时要用压缩空气来吹干，如图2-4所示。操作时可一手拿着压缩空气枪，一手拿着干净抹布，边吹边抹，直到吹干为止。最后就可进行下一步的研磨抛光工作了。

图2-3 擦车

图2-4 吹干

## 车表顽固污渍的清除

汽车行驶时有可能粘上焦油、沥青等污物，如果没有及时清洗，长时间附着在漆面上，会形成顽固的污斑，使用普通的清洗液一般难以清除干净，可以采用如下方法处理：

**①焦油去除剂清除**

焦油去除剂是汽车美容的常用产品，主要用于沥青、焦油等有机烃类化合物的清洁。使用专用的焦油去除剂，既可有效溶解顽固污物，又不会对漆面造成损伤。在沥青、焦油等顽固污渍的清除作业中，最好选用专用产品，若无专用去除剂，可考虑使用下面两种方法。

②有机溶剂清除

如果没有专用的焦油去除剂，可选用有机溶剂，但选用时一定要注意不可选用对车漆有溶解作用的有机溶剂，如含醇类、苯类的有机溶剂、松节水等。一般可用溶剂汽油浸润后擦拭清除。

③抛光机清除

使用抛光机清除时可加入适当的研磨剂，也能有效地去除附着在车表的沥青、焦油等顽渍。但操作时要注意抛光机的使用，注意选择抛光机的转速和抛光盘的材质，避免抛光过度得不偿失。

### （6）洗车注意事项

为保持车容整洁，应经常对汽车进行清洗，在进行汽车清洗作业时，应注意以下几点：

◆洗车时应选用专用洗车液，任何车身漆面均不能用洗衣粉、洗洁精等含碱性成分的普通洗涤用品，以免使车身漆面失去光泽，甚至使车漆干裂，造成不可挽回的损失。

◆洗车时最好使用软水，尽量避免使用含矿物质较多的硬水，以免车身干燥后留下痕迹。

◆在进行冲车时，水压不宜太高，喷嘴与车身应保持一定的距离。

◆洗车各工序都应遵循由上到下的原则。

◆擦洗车身漆面时，应使用软毛巾或海绵，并检查其中是否裹有硬质颗粒，以免划伤漆面。

◆车身粘有沥青、油渍等污物时，要及时用专用清洗剂进行清洗。

◆洗车时，应进行最后一道吹干工序，不能省略。车身的缝隙之间、标识缝隙间的水滴如果不吹干的话，久了将会形成顽固的水垢，难以去除。

◆不要在阳光直射下洗车，以免车表水滴干燥后会留下斑点，影响清洗效果。

◆若发动机罩还有余热，应待冷却后再进行清洗，防止温差太大伤及漆层。

◆北方严寒季节不要在室外洗车，以防水滴在车身上结冰，造成漆层破裂。

## 2. 专业设备清洗

专用汽车清洗设备可分为半自动和全自动两种。

**共同点：驾驶员将待洗的汽车驶入洗车线的车道中，发动机熄火，拉紧驻车制动，紧闭车门、车窗。**

**不同点：半自动清洗设备需要人工操作洗车机上的功能按钮，全自动只要按下机器上的启动钮即可全程操作。**

下面以半自动清洗设备叙述：

### （1）蒸汽洗车

目前市场上出现了一杯水能洗一辆车的蒸汽洗车机。这种从韩国引进的集清洗、打蜡、保养于一机的蒸汽洗车，旨在从根本上改变现有落后的洗车方式，从而给洗车行业带来一场前所未有的产业革命，如图2-5、图2-6所示。

图2-5 蒸汽洗车机

图2-6 蒸汽洗车

### 蒸汽洗车的七大优点

①绿色环保

使用蒸汽洗车对周围环境绝无污染，洗车是在雾状下进行的，洗完后场地仍旧干净整洁，是绿色环保产品，对保护市容市貌、改善生态环境具有重要意义。

②节水

使用蒸汽洗车每辆车仅用水0.3～0.5kg，耗水量仅为传统水洗方式的0.1%。

③节能

使用蒸汽洗车每辆车仅用电0.4kW/h。

④高效

该机采用特殊清洁剂、上光剂和高档车布，清洁护理一次完成。

⑤快捷

使用蒸汽每洗一辆车用时5～10min，人员1～2人。

⑥方便

使用蒸汽洗车无须专门店面场地，可流动作业，上门服务。

⑦干净

使用蒸汽洗车无论是尘土、油污都能洗净。

## （2）干洗保护釉洗车

干洗保护釉内含有三大类物质：清洁剂、润滑剂及保护釉。

### 清洗原理

呈雾状喷射到车表面的干洗保护釉，把所有能接触到的污物和车表面加以覆盖；在清洗剂的作用下，车表面污渍被软化，并在保护釉的包裹下变成无数小形珠粒，保护釉同时把车表面加以覆盖，在珠粒与车表面保护釉之间的润滑剂起到减少摩擦的作用；珠粒状的污渍在干毛巾的吸水引导下，被毛巾带离车表面；车表面只剩下凹凸不平的保护釉及少量润滑剂；用另一干毛巾擦拭后，去除润滑剂，留下的就是有相当硬度的耐磨、防水、防尘及防晒的保护釉。

干洗保护釉不与污渍起任何化学反应，它所含的高度润滑配方与高度反光因子不会破坏车漆，使用后使车身整洁干净、光亮如新。

### 干洗操作

进行干洗时操作非常简单，只须把干洗保护釉用特制的喷瓶以雾状喷洒到未经任何清洗的干燥车身表面，无须等候即可用一块干毛巾轻擦车身表面，就可轻易地除去污渍。再用另一块毛巾轻轻擦拭加以抛光，就可完成车身的清洁、上光作业，整个过程只需15～30min。同时，用干洗保护釉抛光后的车表面不但不会留下螺旋纹，而且由于坚硬、光滑的保护釉使沙、水、泥等脏物无法吸附在车身表面，因此，下次清洗只须用湿毛巾把留在车表面上的微粒轻轻抹去再用干毛巾轻轻抛光，车表面又能恢复原亮，保护釉对车表面的保护期长达30天。

# 情境二：汽车清洗

## 一、汽车外部清洗

汽车外部清洗使汽车外表清洁亮丽、光彩如新，其主要的目的在于养护，经常清洗可以减少外界有害物质的侵蚀，延长汽车的使用寿命。

### 1. 车表污垢的组成

车表的污垢主要有外部沉积物、锈蚀物以及焦油、沥青、树汁、鸟粪、虫尸等附着物。这些污垢都具有很高的附着力，能牢固地附在零件的表面，各有不同的性质，因此从零件表面清除它们的难易程度也不同。针对车表上不同性质的污垢要用不同的方法和清洗剂进行清洗。

#### （1）外部沉积物

外部沉积物可以分为尘埃沉积物和油腻沉积物。

#### （2）锈蚀物

锈蚀物是由于金属和合金的化学或电化学被破坏而形成的。

#### （3）附着物

汽车在行驶中，由于周围环境的不同而容易沾上一些附着物 。

### 2. 车身清洗方式

清洗车身表面是汽车美容的基础。汽车的专业美容不同于一般的洗车打蜡，在做车身清洗时需要清洁的污物和部位有很多，而且每一种方式都应使用专业用品并采取专业的操作步骤进行。

在进行专业的车身表面清洗时，**主要有四种方式：一是车身静电去除清洗；二是交通膜的去除清洗；三是除蜡清洗；四是深度增艳清洗。**这四种清洗方式不仅使用的清洗用品不同，而且操作方式和要达到的目的也是不同的。

#### （1）车身静电去除

清洗车辆在行驶过程中由于摩擦而产生强烈的静电层，静电对灰尘和油污的吸附能力很强，一般用水不能彻底清除，必须要用专用的清洗剂。只有把车身静电彻底清除掉，才能为下一步上蜡养护漆面打好基础。如果车身静电没有彻底清除掉就上蜡，则残留的车身静电荷被覆盖在车蜡下面，使车蜡的养护性能大大降低，并且其附着漆面的能力也会降低，时间不长车蜡就会脱落，从而失去上蜡保护的意义。

汽车美容护理用品中有专门用于清除车身静电的产品，如汽车专用清洁香波，这种清洗用品的pH为7.0，是一种绝对中性的车身清洁剂。它含有阴离子表面活性剂和其他有效清洁成分，在喷涂于车身表面后会与车身自带的静电荷发生作用，将电荷从漆面彻底清除掉。使用前先用高压水将沾在车身表面的污物冲净，再将汽车专用清洁香波按使用说明的要求进行稀释，然后喷涂在车身表面上，或用海绵蘸上稀释的清洁液擦到车身表面。擦洗时要注意全车的范围，不要有遗漏的地方。保持片刻后用高压水把泡沫冲掉。

### （2）车身交通膜的去除

清洗汽车经过一段时间的行驶，由于车身静电吸附灰尘，时间久了形成一层坚硬的交通膜薄膜，使原来艳丽的车身变得暗淡无光。这层交通膜使用普通的清洁剂很难把它清除掉。为此，美容护理用品厂家生产了专用的交通膜去除剂，清洗时按一定比例稀释后，将其喷到车身上，过一段时间后再用高压水冲干净就可以去除交通膜了，使用效果非常理想。

### （3）除蜡清洗

无论是新车还是旧车，所有的车身漆面都是要上蜡保护的，只是蜡的品种和上蜡的时间有所区别。新车通常使用树脂蜡，它常作为新车运输的保护剂，主要目的是防雨水、防灰尘和划痕，这种保护层一般不含油脂物质。一家专业的汽车美容中心，在清洗阶段必须能针对不同的车身保护蜡，将其从车身上彻底去除干净。如果不把这一保护层彻底除掉，即使天天再给汽车上蜡也无济于事。因为残蜡如果不清除干净，上新蜡时会因两次蜡的品种和上蜡的时间不同，极易产生局部新蜡附着不牢的现象。

清除残蜡的方法要针对不同的车蜡采用不同的开蜡水，新车开蜡应采用树脂开蜡水，在用车采用蜡质开蜡水。使用时可将开蜡水按比例稀释后喷涂于车身表面，停留3~5min，然后用高压水冲去即可。开蜡水虽然对环境无害，不易燃、不腐蚀，但具有强碱性，使用时要注意劳动保护。

### （4）增艳清洗

这种清洗的作业方式是在抛光或上镜面釉之后进行，目的是除掉残留在车身表面的抛光剂和油分，为上蜡保护做好准备，一般使用清洁上蜡二合一香波。用这种产品进行深度增艳清洗效果很好，不但可以除去抛光剂、油分等污物，还可以留下一层薄薄的蜡膜为接下来的上蜡保护打基础。

使用时先按一定比例稀释清洁上蜡二合一香波，然后直接用海绵沾上稀释液涂于车身，最后用水冲去泡沫再用干净的软布擦干。清洗完成后，不但能增艳车身漆色，同时增强蜡膜的光泽度，提高汽车抗静电和抗氧化的能力。

# 二、发动机部分清洁

## 1. 发动机清洗

发动机是汽车的动力装置，是汽车最为关键的部分，必须经常进行清洁护理，才能使它减少故障的发生，延长它的使用寿命。对于发动机的外部清洁，主要的工作有三个方面：一是外表灰尘及油污的清除；二是表面锈渍的处理；三是电器电路部分的清洗。

### （1）发动机外表灰尘及油污的清除

发动机外表可用刷子或压缩空气等先进行除尘，然后选用合适的发动机外部清洗剂进行擦洗处理。需要注意的是发动机外表不能用汽油来代替专用清洁剂进行清洗。

### （2）表面锈渍的处理

铸铁等金属表面生锈是一个缓慢的氧化过程，开始时表面出现一些细小的斑点，然后逐渐扩大，颜色变深，形成片状或一层层的锈渍，从而形成严重的锈蚀。对于锈斑，应早发现、早处理，在生成小斑点时就进行清除，以免斑点扩大后较难处理。可用除锈剂喷在锈斑处，然后进行擦洗。

### （3）发动机电器电路部分的清洗

发动机电器电路部分包括点火线圈、分电器及各种电路线束等，这些部件的清洁必须采用特定护理产品进行清洁。如果长期用水和普通的清洁剂处理，则只能加速其塑料壳体和线束橡胶的老化，影响汽车启动和行驶。

#### 进行发动机外部清洁时应注意的问题

- 清洗时应选用碱性小、不腐蚀橡胶塑料件及外涂银粉的清洗剂。
- 用清洗剂擦洗之前，先用刷子或压缩空气掸出灰尘或细沙等。
- 清洗发动机室时，注意不要将清洗剂喷到电气系统的零件上，更加不能用水去冲洗，否则可能造成电器短路，使发动机不能启动。如果不小心溅到电气系统上，应用干布擦干或用压缩空气把水吹干。
- 一定要先把清洁剂喷到棉布或海绵上，然后再擦洗。
- 清洗完后可擦上塑料橡胶件保护剂使其色泽重现，延缓老化。

## 2. 燃油系统的清洁护理

汽车发动机燃油系统在长期的工作中，其油箱、油管、喷油器等处易生成胶质和沉积物，火花塞、喷油器、燃烧室等处易生成积炭。这些现象会影响燃油的供给，影响混合气的正常燃烧，从而导致发动机怠速不稳、加速不良，甚至出现爆燃等情况，使发动机油耗增加，废气排放增加。因而必须对燃油系统进行定期的清洁护理，以维持发动机性能良好的工作。

发动机燃油系统的清洁护理是在发动机不解体的情况下，通过专业设备或采用专业用品来达到清洁护理的目的。

### （1）燃油系统清洗机清洗

先配制好清洗剂与燃油的混合液，将清洗机的进回油管接到汽车的燃油系统中，启动清洗机和发动机进行燃烧清洗。在发动机运转的同时，混合物经燃烧将分布在系统中的胶质和积炭溶解剥落，并随废气排出。

### （2）专用清洗剂清洗

可选用汽油喷射系统高效清洁剂进行清洗。这种专用清洗剂能随燃油流动，自动清除、溶解燃油系统中的胶质、积炭等有害物质。使用时按说明书要求的用量直接加入油箱内就可以了。

## 3. 润滑系统的清洁护理

发动机在运行过程中，润滑系统的润滑油就处在高温高压的条件下工作，容易产生油泥、胶质等沉积物，这些物质粘附在润滑系统的油路之中，不但影响润滑油的流动，而且加速了润滑油的变质，使运动零件的表面磨损加剧。因此必须对润滑系统定期进行清洁护理，以保证润滑系统的正常工作，从而延长发动机的使用寿命。

### （1）机器清洗

先排出发动机油底壳的润滑油，取下机油滤清器，接好发动机润滑系统清洗机的进出油管，启动开关进行清洗，清洗完毕后清洗机会发出报警声，提醒操作员已经清洗完成。然后拆下进出油管，装好机油滤清器和放油塞，重新加注润滑油即可。

#### （2）专用清洗剂清洗

发动机内部高效清洁剂能有效地清洗润滑系统各部油道及运动部件表面，将油泥、胶质等沉积物溶解。这种清洁剂一般在更换润滑油前使用。清洗时将其适量加注到曲轴箱中，起动发动机运转15~30min后，排掉脏污的润滑油，更换机油滤芯，最后加注新的润滑油即可。

### 4. 冷却系统的清洗

现代汽车冷却系统中虽然不是直接使用水来冷却，但是冷却液中也不同程度会含有碳酸钙、硫酸镁等盐类物质。冷却系统长时间工作后，这些物质会从冷却液中析出，一部分形成沉淀物，一部分沉积在冷却系统的内表面形成水垢。

在发动机冷却水套及散热器壁上形成的水垢影响其热交换过程，冷却系统内如沉积过多的水垢，会减少冷却水的容量，影响冷却水的循环。由于水垢层的导热性能不良，发动机容易出现过热的现象，使发动机润滑条件恶化，运动部件表面不能形成良好的润滑油膜，也使燃烧室内积炭增多，容易产生爆燃，造成功率降低和燃耗增大。因此，当汽车行驶一定的里程后，应结合维护对冷却系统进行清除水垢的作业。

#### （1）清洗机清洗

可利用散热器清洗机来清除水垢。水箱清洗机是清除水垢的专业设备，它利用气压产生脉冲，在清洗剂的作用下快速清除冷却系统内的水垢。使用时要先接好设备的三通管接头。

#### （2）专用清洗剂清洗

冷却系统高效清洁剂具有超强的清洁力和高效溶解性，能在发动机运行中彻底清除冷却系统内的水垢，恢复冷却系统各管道的流通能力，确保散热性能。使用时按说明书的要求将适量的清洁剂加入冷却液中，拧好散热器盖，启动发动机运行6~8h后，排出冷却液，清洗完毕后再重新加注冷却液即可。这种专用清洗剂对水垢的去除率至少在90%以上，且不会对冷却系统造成腐蚀。

## 三、底盘部分清洁

汽车在行驶过程中，汽车底盘部分由于与路面距离最近，工作环境比较恶劣，经常会粘有泥土、焦油、沥青等污物，尤其是下雨天，底盘部位很容易粘上泥水，如不及时清洗还容易形成锈渍，此外还有可能底盘系统的油液渗漏，粘上灰尘后造成油渍、油泥等，如不及时护理，就会影响到汽车的行驶性能。汽车底盘部分的清洁护理包括车身底板的清洁护理、转向系统的清洁护理、传动系统的清洁护理、制动系统的清洁护理、轮毂的清洁护理等。

### 1. 车身底板的清洁护理

车身底板位置比较特殊，护理的好坏一般不容易发现，因此往往被人忽视，而且底板朝着行驶路面，行驶时不可避免地容易粘上泥水、焦油、沥青等污物，此外还有因护理不及时而产生的锈渍、锈斑等。对于泥土、焦油、沥青等可用发动机清洗剂或除油剂清洗，对于锈渍、锈斑等可用除锈剂进行擦洗。清洗完成后再用多功能防锈剂喷涂在底盘上即可。

### 2. 转向系统的清洁护理

转向系统的转向横拉杆、齿条壳、转向节臂等部件位于车底，汽车行驶时比较容易脏污，如不及时清洗，时间长了就会生锈。一般的污渍可用多功能清洗剂进行清洗，如果发现有锈斑就必须用除锈剂进行擦洗。清洗后可喷上多功能防锈剂进行护理。此外，还可以在转向助力储液罐中添加转向助力调节密封剂，可以恢复老化橡胶油封的密封性，防止转向液渗漏，消除因漏液而造成的转向迟钝、转向沉重等现象，还能清洁并润滑助力转向系统内部机件，防止胶质、油泥产生，减少机件磨损，延长使用寿命。

### 3. 传动系统的清洁护理

传动系统的变速器、传动轴、主减速器壳体、半轴套管等部件也是容易粘上泥土的地方，时间长了没有清洗也会生锈，一般可用多功能清洗剂进行清洗。

### 4. 制动系统的清洁护理

在行车制动器中，由于其工作情况特殊，制动蹄片有可能会粘上油泥、制动液、烧蚀物、胶质等污物，容易产生制动噪声，影响制动性能，因此也必须定期进行清洁护理。可选专用的制动系统清洁剂进行喷洒清洁，能有效地清除制动蹄片上的污物，改善制动效能，消除制动噪声。使用时只要将清洁剂喷在需要清洁的部位，使之风干即可。如有必要可重复清洁。

### 5. 轮毂的清洁护理

现代汽车一般多使用铝合金轮毂，而汽车行驶时轮毂是比较容易脏污的部件。清洗轮毂时必须特别小心，其表面有保护漆，通常应选用中性清洁剂。清洗时应一次清洗一个轮毂，可避免清洁剂在轮毂表面凝固，若清洁剂凝固，清洁效果将降低，且在使用清水冲洗时将更加困难。对于一般的灰尘污物，可用普通的清洁剂进行清洗，而长期附着在轮毂上的积垢，如沥青、制动摩擦片磨损留下的黑粉等，使用普通的清洁剂一般很难清除，可使用强力轮毂去污剂进行清洁。清洗时先喷上强力轮毂去污剂，稍等片刻，然后用软毛刷刷洗清除，刷洗时切勿使用过硬的刷子，否则将会刮伤轮毂表面的漆面。轮毂清洗后，再用专用防护剂进行护理，一般每两个星期应彻底清洗轮毂上的污物。

### 6. 轮胎的清洁护理

轮胎上除了粘有灰尘、泥土和砂石外，还有一些酸性、碱性物质污染。清洗时可先将夹在轮胎花纹的砂石清除，再用高压水冲刷上面的灰尘和泥土，对于一些酸碱类物质一般用水难以清除，而普通清洁剂也没有很好的清洗效果，这时可用轮胎清洁增黑剂来清除护理。它能清除轮胎上的酸性、碱性污染物和其他有害物质，还可以清洁、翻新橡胶、塑料和皮革制品等。此外还有助于降低紫外线的辐射，减缓橡胶老化，延长使用寿命，同时兼具增黑、上光功能，用后能使轮胎光亮如新。使用时将轮胎清洁增黑剂刷在轮胎的表面即可。

## 四、车室清洁

车室清洁通常是对汽车内部空间的美容，主要包括车内顶棚的清洁、车侧立柱及车门内表面的清洁、仪表控制面板和清洁护理、车窗玻璃的清洁护理、座椅的清洁护理、安全带的清洁、地毯的清洗、转向盘的清洁、其他饰面的清洁（如离合器踏板、制动踏板、节气门踏板等），还包括行李箱的清洁。作业时常用设备及用品如表2-1，实物如图2-7所示。

◆表2-1 车饰美容常用设备及用品

| 美容项目 | 具体作业项目 | 设备及用品 | 选用要点 |
|---|---|---|---|
| 车饰美容 | 车室美容 | 吸尘器、高温蒸汽杀菌器、喷壶、毛巾、真皮、塑料、纤维织物清洁保护剂、真皮上光保护剂、真皮与塑料上光翻新保护剂、地毯清洁剂等 | 不宜用碱性清洁剂进行车室清洁，纤维织物清洁剂一般可用于地毯清洁 |

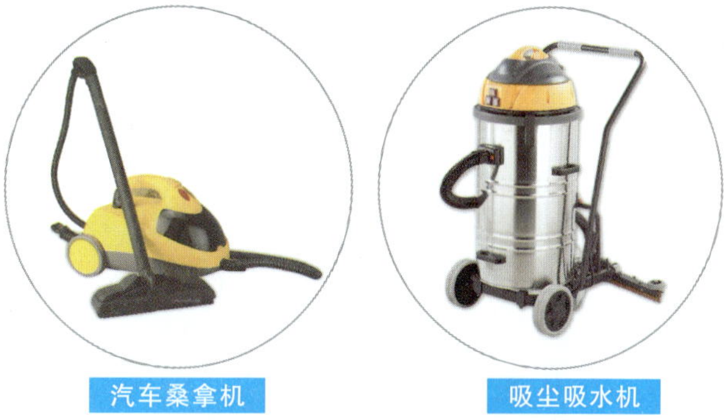


图2-7 车室美容设备

## 1. 车室美容工艺流程（如图2-8所示）

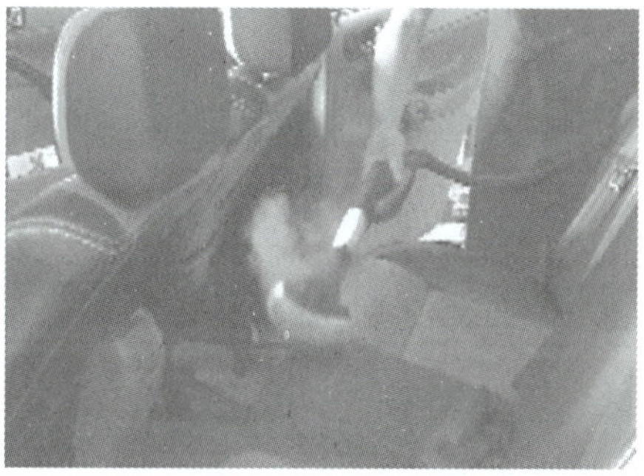

图2-8 车室美容

### 步骤一：整理杂物

将杂物箱里的杂物或垃圾清理干净，并把地毯拿出来用软刷清理掉杂物。

### 步骤二：除尘

杂物清理完后，用吸尘机将车内的灰尘吸净，特别是座椅下或各角落。

### 步骤三：清洗

对于不同的内饰件材质使用不同的清洗方法。如表2-2所示。

◆表2-2 车室清洗的不同方法

| 方法 | 说明 |
|---|---|
| 真皮饰品的清洗 | 清洁真皮饰品时，应选用专用皮革清洁剂进行清洗。喷上清洗剂后用软毛刷轻轻刷洗，然后用干净的抹布抹干。清洁后，可使用皮革类专业保护剂，如油性真皮上光保护剂、2001配方皮革保护剂等，对抹干的真皮进行上光擦拭 |
| 塑料饰品的清洗 | 先用专用的清洗剂喷洒于塑料部件，然后用海绵稍蘸清水擦洗表面，直至细纹中的污垢清除干净，再用半湿性毛巾擦净表面的污垢，擦洗时应避免用力过猛，以免出现失光白化现象。清洁后，可用塑胶护理上光剂、皮塑防护剂等进行上光处理 |
| 橡胶制品的清洗 | 可将专用清洗剂喷洒于半湿性毛巾上，然后直接擦洗橡胶部件，再用干净的半湿性毛巾擦净表面的污物 |
| 玻璃的清洗 | 先用风窗玻璃专用清洁剂进行清洗，然后涂上风窗玻璃防雾剂 |
| 车内其他材质的清洗 | 现代汽车内部运用了多种复合材料，其中较多的有乙烯塑料纤维等。可直接喷洒专用清洁剂在上面，然后用抹布擦干净即可。清洁完后喷涂一层塑件橡胶润光剂，可防止其过早老化变脆变硬 |

## 步骤四：上光护理

清洗过的真皮饰品、塑料饰品、橡胶饰品都必须进行上光护理，以保持其光艳性。

## 步骤五：消毒处理

◎臭氧消毒

臭氧的化学性质是它的氧化能力很强，对细菌、病毒等微生物杀灭率高、速度快，对有机化合物等污染物质去除彻底而又不产生二次污染。使用时，应关闭好车门窗，保持车内良好密封效果，臭氧消毒机要求在相对湿度大于60%条件下使用，一次开机消毒时间以多于半小时为宜。

◎光触媒消毒

“光触媒”是以二氧化钛为代表的具有光催化功能的光半导体材料的总称。它比臭氧、负氧离子有着更强的氧化能力，可强力分解臭源，有极强的防污、杀菌和除臭功能。光触媒机如图2-9所示。

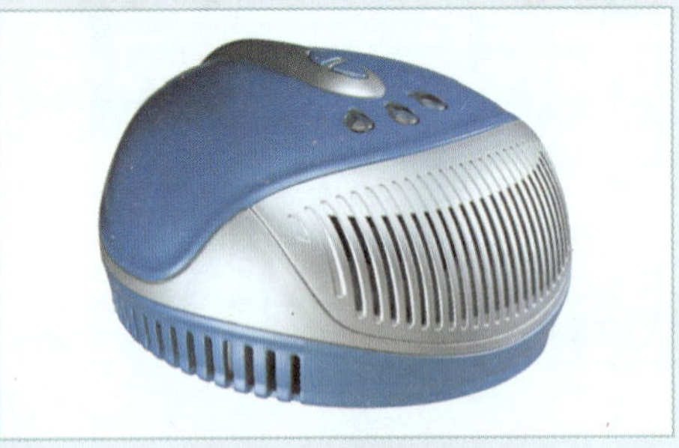

图2-9 光触媒机

◆光触媒消毒施工操作技巧◆

●**清洁室**

室内蒸汽除味、清洁上光。

●**屏蔽**

用遮盖胶布或旧报纸遮好不施工的物品：汽车内饰、音响、桃木、玻璃、镀品、深色表面、光泽度高的表面、精密仪器等。

●**喷光触媒的规范**

a. 喷涂距离一般为30～40cm，以水平垂直方式从左到右喷涂，不能斜角度或倒立喷向施工面。

b. 上下喷涂间距为5～6cm。

c. 喷涂速度以每秒1米的速度进行均匀的纵横向喷涂。

d. 误喷处理：应尽快用湿抹布擦拭干净。

e. 光触媒是速干型产品，在阳光的照射或日光灯照射和通风条件下，一般30分钟可烘干。如有需要可进行第二次喷涂。

f. 喷涂用量按实际测量面积10～15mL／m²，成膜0.5～1μm可达到较佳效果。

●**整理恢复**

喷涂完毕后，清理、收拾好现场，恢复施工前原貌；施工完毕后半小时，打开车门，保持空气畅通及充足的光线照射。

●**完工验收**

## 2. 车室清洁注意事项

● **使用适当的清洁剂**

进行车室清洁时，要根据不同材质使用专用的清洁剂或最相近的清洁剂，例如：用水性真皮清洁柔顺剂清洁真皮座椅，用化纤清洗剂清洗丝绒纤维制成的座椅、地毯等，用玻璃清洗液清洗车窗内侧的玻璃等。

● **切记不要随意混合或加温使用车饰清洁用品**

不同的车饰清洁用品混合后，有可能产生一些有害物质，例如：有些化学成分混合后可能会释放出有毒气体。若将清洁剂加温，如放入蒸汽清洗机内使用，也容易产生有害气体。因此，除非产品包装上注明特别的混合比例或配合机械的使用方法，否则切勿随意混合或加温使用车饰清洁用品，以免发生化学反应产生有害物质。

● **对不熟悉的产品应先测试使用**

对于首次使用的清洁剂，应先找到相同材质的部件进行清洗测试，或可在待清洗部件的不显眼处进行测试。如使用真皮清洁剂清洗车内座椅皮革时，可先在座椅底部或背面等不显眼的地方小面积使用，观察清洗效果如何，以防褪色或有其他损害。

● **车饰件上有特殊的污渍如焦油、油漆、机油等时不可用力擦洗，应选用专用清洁剂进行清洗。**

● **清洁作业**

喷上清洁剂稍停片刻后才进行擦拭。擦拭方向要求后期只能单向运动，以便保持光线漫反射面一致。

● **如有需要，可对清洗过的较难干燥的饰件进行烘干处理，有利于防止发霉。**

# 情境三：汽车打蜡

汽车漆面打蜡就是给车身表面涂上一层保护蜡后，再将蜡抛出光泽。汽车在行驶过程中，空气中的尘埃与车身金属表面相互摩擦产生静电，车蜡可隔断尘埃与车表金属摩擦。通过打蜡，不仅可有效地防止车身表面静电的产生，还可大大降低带电尘埃在车表面的附着。同时，车身打蜡对保护面漆、光亮漆层也具有很好的效果。因此，汽车在使用过程中定期进行打蜡处理是非常必要的。

## 一、汽车蜡的简史

汽车蜡从产生发展至今已有几十年的历史。最初的打蜡概念仅仅是增加光泽，如今打蜡概念已是保护性上光，功能作用可以说发生了飞跃。

这个发展过程大体经历了如下阶段：

**第一代 固体石蜡**

此蜡石油蒸馏物含量极高，附着力很差，无保护作用，闪干时间很长，约24小时，非专业人员使用出现亮度不均匀的现象。

**第二代 蜡膏状石蜡**

此蜡是液体石蜡的过渡性产品，石油蒸馏物含量很高，附着力较好，但闪干时间较长，约8小时，使用后容易出现油腻现象。

**第三代 液体石蜡**

此蜡是经稀释以后的复合型石蜡，渗透能力较强，附着力很好，闪干时间较长，约8小时，但仍然采用传统配方，使用后很难在第二次打蜡时清洗干净。

**第四代 单种聚合蜡**

此蜡是内含单种聚合物的保护性上光蜡，其中包括清洗型和非清洗型两种，清洗型上光蜡内含有柔和的研磨材料，上光的同时能够去除漆面轻度氧化和细微划痕。非清洗型上光蜡只具有保护作用。

**第五代 多种聚合蜡**

此蜡是内含多种聚合物的保护性车蜡，能在漆面形成一层薄薄的膜，具有上光、防腐蚀、抗氧化等多种功能。适用于任何颜色的漆膜，保护时间长，耐候性极好，透明漆的使用效果尤佳。

### 第六代 纯天然原料蜡

此蜡属高科技产品，采用纯天然原料，更有利于对车漆的保护。

前三代车蜡都属于传统车蜡，使用起来较麻烦，需要晾干后才能抛光，而且沾水易掉。

从第四代开始就属于新产品了，蜡中所含的聚合物成分（如特氟隆、釉、硅等）使车蜡具有多种功能，对漆面起到保护作用。

近几年，含有聚合物的汽车蜡和天然制成的汽车蜡逐步占领市场，种类很多，主要有以下几种特色蜡：

①色蜡：按车的颜色用蜡，红色用红蜡，黑色用黑蜡。目前的流行色有12种之多。

②含釉成分：有的称之为“太空釉”，这类车蜡的特色是抗腐蚀、抗氧化，增加亮度。

③含特氟隆：特点是牢固、持久、防氧化，可渗入漆表层。

④含硅：渗透性好，对氧化引起的毛细孔裂纹起密封作用。

⑤含研磨剂：在打蜡的过程中起抛光作用。

⑥含天然原料（如棕蜡等）：能产生极好的光泽和透明度，是美容产品中的极品，适用于高档车。

## 二、汽车蜡的作用与种类

### 1. 汽车蜡的作用

汽车蜡的主要成分是聚乙烯乳液或硅酮类高分子化合物，并含有油脂和其他添加成分。

这些物质涂覆在车身表面具有以下作用：

#### （1）隔离作用

汽车属于室外用品，运行环境复杂，容易受到有害气体、有害灰尘及水分等具有腐蚀性物质的侵蚀。以水分为例，空气中的水蒸气冷凝后形成水滴存留在车身表面，在强烈阳光照射下，每个小水滴就是一个凸透镜，在它的聚焦作用下，焦点处温度达800～1000℃，造成漆面暗斑，极大地影响了漆面的质量及使用寿命。另外，有害气体和有害灰尘会造成车漆变色和老化。

汽车蜡可在车漆与大气之间形成一层保护层，将车漆与有害气体、有害灰尘有效地隔离，起到一种“屏蔽”的作用。汽车蜡可使车身表面的水滴附着减少60%～90%，高档车蜡还可使残留在漆面上的水滴进一步平展，呈扁平状，最大限度地减少水滴对阳光的聚集，大大降低了车身遭受侵蚀的可能性，使车漆得到保护。

#### （2）美观作用

汽车的车身面漆等于汽车的外衣，一辆车看上去是新是旧，好不好看，很大程度上取决于它的车漆，因此对车漆的护理十分重要。汽车蜡是用来保护车漆，同时又可美观车漆的专用品。经过打蜡的汽车可以改善其表面的光亮程度，增添亮丽的光彩。

#### （3）抗高温作用

汽车蜡可对来自不同方向的入射光产生有效反射，防止入射光使面漆或底色漆老化变色，延长漆面的使用寿命。

### （4）防紫外线作用

其实，车蜡防紫外线作用与它的抗高温作用是并行的，只不过在日光中，由于紫外线的特性决定紫外光较易于折射进入漆面，防紫外线车蜡充分地考虑了紫外线的特性，使其对车表的侵害得以最大限度的降低。

### （5）防静电作用

汽车在行驶过程中，车身表面与空气流发生相对摩擦，易产生静电，由于静电的作用，会使灰尘附着于车身外表。给汽车打蜡，在车身表面与空气流之间形成一层隔离层，从而减小静电影响。有人曾做过试验，让一辆打过蜡的车与另一辆没有打蜡的车在同一路段行驶同样的距离，结果发现，两车外表吸附灰尘的程度明显不同。打过蜡的车身表面上的灰尘很少且容易被清除掉，而没有打蜡的车身表面上却覆盖着一层厚厚的灰尘且难以清扫，清扫之后还会有明显的痕迹。这个实验说明，车身打蜡对消除或减小静电影响，使车身保持整洁具有重要作用。

## 2. 汽车蜡的种类

### （1）按物理状态不同分类（如图2-10所示）

汽车蜡按其物理状态的不同可分为固体蜡、半固态蜡、液体蜡和喷雾蜡4种。这些汽车蜡的黏度越大光泽越艳丽，持久性越强，但去污性越弱，而且打蜡操作越费力。相反，黏度越小的汽车蜡越便于使用，但持久性越弱。

图2-10 固体蜡、半固态蜡、液体蜡及喷雾蜡

### （2）按其作用不同分类（如图2-11所示）

汽车蜡按其作用不同，可分为防水蜡、防高温蜡、防静电蜡及防紫外线蜡多种。

图2-11 防水蜡和防静电蜡

### （3）按装饰效果不同分类（如图2-12所示）

汽车蜡可分为无色上光蜡和有色上光蜡。无色上光蜡主要以增光为主，有色上光蜡主要以增色为主。

图2-12 无色上光蜡和有色上光蜡

### （4）按其功能不同分类

汽车车蜡按其主要功能分为上光蜡和抛光研磨蜡两种。国产上光蜡的主要添加成分为蜂蜡、松节油等，其外观多为白色或乳白色，主要用于喷漆作业中表面上光。国产抛光研磨蜡主要添加成分为地蜡、硅藻土、氧化铝、矿物油及乳化剂等，颜色有浅灰色、灰色、乳黄色及黄褐色等多种，主要用于浅划痕处理及漆膜的磨平作业，以清除浅划痕、橘纹，填平细小针孔等。

### （5）按生产国别不同分类

汽车蜡按其不同生产国，大体分为国产蜡和进口蜡。目前，国产汽车蜡基本上都是低档蜡，中高档汽车蜡绝大部分为进口蜡。

## 三、汽车蜡的选用

### 1. 汽车蜡选择的依据

选择车蜡应根据车蜡的作用特点、车辆的新旧程度、车漆颜色及运行环境等因素，一般应注意以下几点：

①根据不同的车辆选择

◆高级轿车应选用高档车蜡。

◆进口轿车最好选用进口车蜡。

◆普通车辆选用普通的珍珠色和金属漆系列车蜡即可。

②根据车身颜色选择

◆白色、黄色和银色等颜色的车身应选用浅色系列的车蜡。

◆红色、黑色和深蓝等颜色的车身应选用深色系列的车蜡，以掩盖车身表面的细小划痕，使车身显得更加光滑、漂亮。

③根据运行环境选择

◆沿海地区应选用防盐雾功能较强的车蜡。
◆化学工业区应选用防酸雨功能较强的车蜡。
◆多雨地区应选用防水性能优良的车蜡。
◆夏天应选用防紫外线、抗高温性能优良的车蜡。
◆行驶环境较差的应选用保护作用突出的树脂车蜡。

## 2. 汽车蜡选购的方法

### （1）看品牌

选择汽车蜡时，应注意包装上标明的品牌和生产厂家，要选择正规厂家生产的产品或名牌产品。

### （2）看说明

正规厂家生产的产品或名牌产品都有使用说明书，或在包装上标明产品特性、适用范围、使用方法和注意事项等内容。选购时要仔细阅读这些说明，根据自己的需要进行选择。

### （3）看质量

选购车蜡时，可用手指蘸一点蜡，在两手指之间轻轻揉搓，如果感觉到有小颗粒状的物质，说明此蜡一定是劣质蜡，打蜡时会造成划痕，切勿购买。

# 四、打蜡设备与打蜡抛光工艺

## 1. 打蜡机

如图2-13所示。打蜡机是汽车美容护理设备最基本、最常用的，主要以电为动力，使用简单。当车漆表面出现微划痕、中划痕或水渍时，可根据严重程度来选择适应的蜡配合打蜡机进行修复。打蜡机像打磨机一样，可调其转速。通常要求汽车车漆表面打漆时，要求先低转速打磨，且不要只固定在一个位置打磨，要来回打磨，并且每过2～3分钟用手面轻触打磨部位，看其是否发烫，如发烫应洒点水，再继续打磨。

图2-13 打蜡机

## 2. 打蜡抛光工艺

为使汽车漆面长久保持光亮整洁和深度光泽，保护车漆不易受到侵害，应对汽车进行打蜡抛光。

◆第一步：汽车清洗

为了保证打蜡效果，打蜡前对车辆必须进行彻底清洗。车体擦干后再进行上蜡工序。

◆第二步：研磨（新车不需要做此道工序）

研磨也称打底，就是将老化的烤漆磨去。因为烤漆表面若凹凸不平，就不容易上蜡，蜡也无法形成均匀的膜，要磨亮也很困难。使用含有研磨剂的复合蜡打底处理时，在烤漆膜较薄的部分，最好用遮蔽用胶带贴起来保护较好。

提示：磨光时以边长为30~40cm的正方形为单位来磨，或将车身分成一片一片仔细地磨，磨的面积太大会造成涂抹不匀。

◆第三步：手工上蜡

手工上蜡时，首先将适量的车蜡涂在海绵上（专用打蜡海绵），然后按一定顺序往复直线或环形均匀涂抹，每道涂抹应与上道涂抹区域有五分之一的重合度，防止漏涂并保证涂抹均匀。涂抹时要注意掌握好手感力度，可将手指摊开，用大拇指和小拇指夹住海绵，其余3个手指及手掌按住海绵均匀涂抹。

提示：一般要上几层蜡：推荐新车上蜡1~2层，旧车上蜡3~4层。

注意 机械上蜡时将车蜡涂在打蜡机海绵上，具体涂抹过程与手工涂抹相似，值得注意的是在边、角、棱处的涂抹应避免超出漆面，而在这方面手工涂抹更容易把握。

◆第四步：抛光

根据不同车蜡的说明，一般涂抹后5~10min即可用手工抛光或用抛光机进行抛光。抛光时遵循先上蜡后抛光的原则，确保抛光后的车表不受污染。抛光作业通常使用无纺布毛巾往复直线运动，适当用力按压，以清除剩余车蜡。

手工抛光时应注意先用手背感觉车蜡的干燥程度，以刚刚干燥且不黏手为宜；使用抛光机进行抛光时，应等车蜡完全干燥后才能进行，抛光机转速应设置较低，一般应控制在1以下。

◆第五步：检查整理

抛光后要对整个车身的护理质量进行检查，特别是较为显眼的地方。若发现上蜡不均匀，产生无序的反光现象，则可用干净的无纺棉布轻轻擦拭(如图2-14所示)，也可用抛光机重新进行抛光，直到光线的反射面一致。此外，必须清除厂牌、车标内空隙、油箱盖周围、纤细的边缘或转角部分、车门车窗密封橡胶的边条缝、车牌、车灯、门边等处残存的车蜡。

图2-14 用无纺棉布擦拭

## 五、打蜡注意事项

汽车打蜡质量的好坏不但与车蜡的品质有关，还与打蜡作业方法密切相关，要做到正确打蜡，在汽车打蜡时应注意以下几点：

(1)新车不要随便打蜡。有人购回新车后给车辆打蜡，这是不可取的。因为新车本身的滚层上已有一层保护蜡，过早打蜡反而会把新车表面的原装蜡除掉，造成不必要的浪费，一般新车购回5个月内不必急于打蜡。

(2)要掌握好打蜡的频率。由于车辆行驶的环境、停放场所不同，打蜡的时间间隔也应有所不同。一般有车库停放、多在良好道路上行驶的车辆，每3~4个月打一次蜡；露天停放的车辆，由于风吹雨淋，最好2~3个月打一次蜡(当然，这并非是硬性规定)。一般用手触摸车身感觉不光滑时，就可再次打蜡。

(3)打蜡前最好用洗车水清洗车身的泥土和灰尘。最好不要使用洗洁精和肥皂水，因其含有的氯化钠成分会侵蚀车身漆层、蜡膜和橡胶件，使车漆失去光泽、橡胶件老化。如无专用的洗车水，可用清水清洗车辆，将车体擦干后再上蜡。

(4)应在阴凉处给汽车打蜡，保证车体不发热。因为随着温度的升高，车蜡的附着性变差，会影响打蜡质量。

(5)上蜡时，应用海绵块涂上适量车蜡，在车体上直线往复涂抹，不可把蜡液倒在车上乱涂或做圆圈式涂抹；一次作业要连续完成，不可涂涂停停；一般车蜡在涂匀5~10min后用新毛巾擦亮，快速车蜡应边涂边抛光。

(6)车身打蜡后，在车灯、车牌、车门和行李舱等处的缝隙中会残留一些车蜡，使车身显得很不美观。这些地方的蜡垢若不及时擦干净，还可能产生锈蚀，因此，打完蜡后一定要将蜡垢彻底清除，这样才能得到完美的打蜡效果。总之，像人需要美容护理一样，汽车也需要经常打蜡，以保持美观的车容。

## 六、新车开蜡

所谓“开蜡”是汽车制造厂家为防止新车在储运过程中漆膜受损所喷涂的封漆蜡，在购买车辆后应进行原车蜡处理。

### 1. 开蜡与除蜡步骤

#### 步骤一：高压冲洗

冲洗顺序：车顶--前机盖--车身--后备箱--车裙。注意不要使用洗车香波，以免造成浪费。

#### 步骤二：喷洗开蜡水

高压冲洗后先用干毛巾将车身表面的水珠擦干，再喷上超能开蜡剂，要求喷敷均匀，喷洒时应注意不要将边角缝隙遗漏，保持5min左右，再用湿毛巾擦净，接着用超浓缩洁车香波洗车液全车擦洗一遍，并用清水冲净。

#### 步骤三：擦拭

用毛巾或无纺布擦拭车表面，并用棕毛刷刷洗缝隙。

步骤四：冲洗

用高压清洗机的水枪对车身表面进行冲洗。

步骤五：擦干

先用大块半湿毛巾沿车前后擦两遍，吸去多余水分，再用麂皮擦干漆面、玻璃，用纯棉毛巾擦干门内边、保险杠等处的多余水分，最后用吹气枪把缝隙和接口处的水分吹干。

## 2. 开蜡注意事项

（1）进行开蜡工序前，必须将全车外表清洁，以免操作时因车体携有砂粒给漆面造成划痕。

（2）开蜡中所使用的毛巾应不断清洁，以保证清除掉的封蜡不致存留于毛巾上太多而不便于继续施工。

（3）如在擦除封蜡过程中发现“吱吱”的响声，应立刻停止擦除，说明毛巾中存有砂粒，清洗干净后才可使用。

（4）封蜡停留于车体表面两年以上的车辆，应在开蜡后进行抛光，然后打蜡。

（5）因开蜡后新漆膜暴露在外，极易受到氧化，所以应使用耐氧化性较好的新车保护蜡进行上光。

## 思考与练习

1. 人工清洗车身的方法是怎样的?

2. 汽车的清洗包括哪些部位? 起什么作用?

3. 汽车发动机是否需要经常做外部清洁? 为什么?

4. 怎样正确选用汽车蜡?

5. 汽车打蜡抛光的工艺流程是怎样的?

第三部分

# 漆面美容

汽车在使用过程中，会遇到来自自然和人为各方面的侵害。汽车使用多年后，漆面变暗发灰，失去光泽，甚至留下不少划痕。漆面美容不仅可以使汽车焕然一新，而且还延长了其使用寿命。

## 情境一：汽车漆面涂料

### 一、涂料基本知识

#### 1. 涂料的作用与组成

##### （1）涂料的作用

汽车涂料主要有保护作用、装饰作用和特殊标识作用。

①保护作用

汽车用途非常广泛，活动范围广，运行环境复杂，经常会受到水分、微生物、紫外线和其他酸碱气体、液体等的侵蚀，有时会被磨、刮而造成损伤。如果在它的表面涂上涂料，就能保护汽车免受损坏，延长其使用寿命。经过涂装的板材被雨淋后不会与雨水直接接触，避免生锈。

涂料的保护作用可以从两方面保护汽车：一方面，车身表面经涂装后，使零件的基本材料与大气环境隔绝，起到一种屏蔽作用而防止锈蚀；另一方面，有些涂料对金属来讲还能起到缓蚀作用，比如磷化底漆可以借助涂料内部的化学成分与金属反应，使金属表面钝化，这种钝化膜加强了涂膜的防腐蚀效果。

②装饰作用

现代汽车不但是实用的交通运输工具，而且是一种工业美术品，具有艺术性。汽车涂装的装饰性主要取决于涂层的色彩、光泽、鲜艳程度和外观等方面。

汽车的色彩一般根据汽车的类型、车身美术设计和流行色等来选择，主要由色块、色带、图案构成，使车身颜色与车内颜色相匹配，与环境颜色相协调，与人们的爱好以及时代感相适应。

③特殊标识作用

涂装的标识作用由涂料的颜色来体现。用颜色做标识广泛应用在各个方面，目前已经逐渐标准化了。例如：在工厂用不同的颜色标明水管、空气管、煤气管、输油管等，使操作人员易于识别和操作；道路上用不同颜色的画线标明不同用途的道路；在交通上常用不同的颜色涂料来表示警告、危险、前进及停止等信号，以保证交通安全。

在汽车上涂装不同的颜色和图案可以区别不同用途的汽车。例如：消防车涂成大红色；邮政车涂成橄榄绿色，字及车号为白色；救护车为白色并做红十字标记；工程车涂成黄色与黑色相间的条纹，字及车号用黑色等。

### （2）涂料的组成

各种涂料都是由主要成膜物质、次要成膜物质和辅助成膜物质三部分组成。

#### ①主要成膜物质

主要成膜物质是涂料的主要成分，它是涂料的基础，没有它就不能形成牢固的涂膜。主要成膜物质有油脂和树脂两大类。

**油脂**
- **动物油：** 鲨鱼肝油、带鱼油、牛油
- **植物油**
  - **干性油：** 桐油、亚麻油、锌油、苏子油
  - **半干性油：** 豆油、向日葵油、棉子油
  - **不干性油：** 蓖麻油、椰子油、花生油

**树脂**
- **天然树脂：** 虫胶、松香、天然沥青
- **人造树脂：** 松香衍生物、纤维衍生物、环氧树脂等
- **合成树脂：** 酚醛、醇酸、氨基、丙基酸、环氧等

#### ②次要成膜物质

次要成膜物质是构成涂膜的组成部分，它不能离开主要成膜物质单独成膜，虽然涂料中没有次要成膜物质照样可以形成涂膜，但有了它可赋予涂膜一定的遮盖力和颜色，并能增加涂膜的厚度，提高涂膜的耐磨、耐热、防锈等特殊性能。

**体质颜料：** 滑石粉、硫酸钡、碳酸钙等。

**着色颜料**
- **无机颜料：** 铬黄、铁红、铁蓝、钛白、铁黑、铬绿等
- **有机颜料：** 耐晒黄、甲苯胺红、酞菁蓝、苯胺黑等
- **防锈颜料：** 红丹、偏硼酸钡、氧化铁红、云母氧化铁等

#### ③辅助成膜物质

辅助成膜物质主要有溶剂和添加剂两大类，它也不能单独形成涂膜，但有助于改善涂料的加工、成膜及使用等性能。

**溶剂:**真溶剂、助溶剂、稀释剂。

**添加剂:**增塑剂、催干剂、悬浮剂、乳化剂、稳定剂。

## 2. 涂料的分类、命名及型号

### （1）涂料的分类

#### ①按涂料中主要成膜物质分类

这是根据国家标准以涂料基料中主要成膜物质为基础的分类方法，若主要成膜物质为混合树脂时，则按在涂膜中起主要作用的一种树脂为基础作为分类依据。这样可以根据其类别、名称了解其组成、特性及施工方法等。据此分类方法，将涂料产品分为17大类，如表3-1所示。

◆表3-1 涂料分类表

| 序号 | 代号 | 类 别 | 主要成膜物质 |
|---|---|---|---|
| 1 | Y | 油脂漆类 | 天然植物油、清油（熟油）、合成油 |
| 2 | T | 天然树脂漆类 | 松香及衍生物、虫胶、乳酪素、动物胶、大漆及衍生物 |
| 3 | F | 酚醛树脂漆 | 改性酚醛树脂、纯酚醛树脂 |
| 4 | L | 沥青漆类 | 天然沥青、石油沥青、煤焦沥青 |
| 5 | C | 醇酸树脂漆 | 甘油醇酸树脂、季戊四醇醇酸树脂，其他改性醇酸树脂 |
| 6 | A | 氨基树脂漆 | 脲醛树脂、三聚氰胺甲醛树脂、聚酰亚胺树脂 |
| 7 | Q | 硝基漆类 | 硝基纤维素、改性硝基纤维素 |
| 8 | M | 纤维素漆类 | 乙基纤维、苄基纤维、羟甲基纤维、醋酸纤维、醋酸丁酸纤维，其他纤维及醚类 |
| 9 | G | 过氧乙烯漆类 | 过氯乙烯树脂、改性过氯乙烯树脂 |
| 10 | X | 乙烯漆类 | 氯乙烯共聚树脂、聚醋酸乙烯及其共聚物、聚乙烯醇、缩醛树脂、聚二乙烯乙炔树脂、含氟树脂 |
| 11 | B | 丙烯酸漆类 | 丙烯酸树脂、丙烯酸共聚物及其改性树脂 |
| 12 | Z | 聚酯漆类 | 饱和聚酯树脂、不饱和聚酯树脂 |
| 13 | H | 环氧树脂漆类 | 环氧树脂、改性环氧树脂 |
| 14 | S | 聚氨酯漆类 | 聚氨基甲酸酯 |
| 15 | W | 元素有机漆类 | 有机硅、有机钛、有机铝等元素有机聚合物 |
| 16 | J | 橡胶漆类 | 天然橡胶及其衍生物、合成橡胶及其衍生物 |
| 17 | E | 其他漆类 | 未包括在以上所列的其他成膜物质 |

在以上17类中，前面4类使用植物油和天然树脂作为主要原料，产品性能和质量不高，通常称为油性涂料。后面13类采用合成材料做原料的比重较大，有的甚至完全以合成树脂作为主要成膜物质，通常称为合成树脂涂料，如表3-2所示。

此外，在涂装施工中还有不可缺少的辅助材料，如稀释剂、催干剂、防潮剂、脱漆剂、固化剂等。

◆表3-2 辅助材料分类

| 序号 | 代号 | 名称 | 序号 | 代号 | 名称 | 序号 | 代号 | 名称 |
|---|---|---|---|---|---|---|---|---|
| 1 | X | 稀释剂 | 3 | G | 催干剂 | 5 | H | 固化剂 |
| 2 | F | 防潮剂 | 4 | T | 脱漆剂 | – | – | – |

②按固化机理分类

一般认为，按照涂料的固化机理分类显得更加直观一些，如表3-3所示。

◆表3-3 按固化机理分类

| 类 别 | 主要物质 |
|---|---|
| 溶剂挥发型 | 这类涂料是靠溶剂的挥发而干燥成膜，涂料自身不会发生化学反应。这类涂料有硝基漆、过氯乙烯漆、乙烯树脂漆、纤维素漆、丙烯酸漆等 |
| 氧化固化型 | 这类涂料的干燥主要是在常温空气中，靠自身的氧化和聚合反应而形成坚硬的涂膜。这类涂料有油脂漆、天然树脂漆、酚醛树脂漆、沥青漆、醇酸树脂漆等 |
| 热固化型 | 这类涂料的干燥是靠成膜物质在高温作用下起交联反应而固化成膜。这类涂料有氨基树脂漆、热固性丙烯酸漆、热固性环氧漆等 |
| 双组分固化型 | 这类涂料的两种活性组分分开包装，施工时将两种活性组分按比例混合，活性基团交联反应而固化成膜。一般以常温干燥为主，也可低温（60~70℃）烘烤固化成膜。双组分涂料的干燥速度及涂膜性能与环境温度和固化剂加入量有关，固化剂加入量过多，某些涂料的干燥速度反而降低，而且涂膜脆性大，因此必须按规定比例配制。这类涂料有环氧漆、聚氨酯漆、有机硅漆和橡胶漆等 |
| 催化固化型 | 这类涂料主要依靠包括有机过氧化物、氨蒸气和湿气的催化物质固化成膜。这类涂料有湿固型有机硅改性丙烯酸树脂涂料、过氧化物引发固化丙烯酸树脂涂料、氨蒸气固化聚氨酯树脂涂料等 |

③按涂料的组成中是否含有颜料分类（如表3-4所示）。

◆表3-4 按涂料的组成中是否含有颜料分类

| 类别 | 主要物质 |
|---|---|
| 清漆 | 在涂料的组成中，没有颜料或体质颜料的透明体。 |
| 色漆 | 在涂料的组成中，加有颜料和体质颜料的有色漆。 |
| 腻子 | 加有大量体质颜料的稠厚浆状体。 |

④按溶剂构成情况分类（如表3-5所示）。

◆表3-5 按溶剂构成情况分类

| 类别 | 主要物质 |
|---|---|
| 无溶剂涂料 | 在涂料的组成中，没有挥发性稀释剂的，称为无溶剂涂料。其中，呈粉末状的称为粉末涂料。 |
| 溶剂涂料 | 在涂料的组成中，以一般有机溶剂为稀释剂的，称为溶剂涂料。 |
| 水性涂料 | 在涂料的组成中，以水作为稀释剂的，称为水性涂料。 |

除了上述的涂料分类法外，另外还有其他的分类方法，如按施工方法分类，有刷漆、喷漆、烘漆、电泳漆、粉末涂装漆等。按涂料作用分类，有底漆、中间涂料、面漆、罩光漆等。按涂料作用效果分类，有绝缘漆、防腐漆、防锈漆等。

### （2）涂料的命名

涂料的名称由三部分组成，颜色或颜料的名称、成膜物质的名称、基本名称，即：

**涂料全名=颜色或颜料名称+成膜物质名称+基本名称**

颜色位于名称的最前面，若颜料对涂膜性能起显著作用，则可用颜料的名称代替颜色的名称，如铁红醇酸底漆、锌黄酚醛防锈漆等。

涂料名称中的成膜物质名称应作适当简化，如聚氨基甲酸酯简化成聚氨酯等。

如果基料中含有多种成膜物质，则选取起主要作用的一种成膜物质命名，必要时也可选取两种成膜物质命名，主要成膜物质名称在前，次要成膜物质在后，如环氧硝基磁漆、硝基醇酸磁漆等。

基本名称采用我国广泛使用的名称，如清漆、磁漆等。

涂料的代号及基本名称如表3-6所示。

◆表3-6 涂料的代号及基本名称

| 代号 | 基本名称 | 代号 | 基本名称 | 代号 | 基本名称 | 代号 | 基本名称 |
|---|---|---|---|---|---|---|---|
| 00 | 清油 | 11 | 电泳漆 | 20 | 铅笔漆 | 36 | 电容器漆 |
| 01 | 清漆 | 12 | 乳胶漆 | 22 | 木器漆 | 37 | 电阻漆、电位器漆 |
| 02 | 厚漆 | 13 | 其他水溶性漆 | 23 | 罐头漆 | 38 | 半导体漆 |
| 03 | 调合漆 | 14 | 透明漆 | 30 | （浸渍）绝缘漆 | 40 | 防污、防蛆漆 |
| 04 | 磁漆 | 15 | 斑纹漆 | 31 | （覆盖）绝缘漆 | 41 | 水线漆 |
| 05 | 粉末涂料 | 16 | 锤纹漆 | 32 | （绝缘）磁漆 | 42 | 甲板漆、甲板防滑漆 |
| 06 | 底漆 | 17 | 皱纹漆 | 33 | （黏合）绝缘漆 | 43 | 船壳漆 |
| 07 | 腻子 | 18 | 裂纹漆 | 34 | 漆包线漆 | 44 | 船底漆 |
| 09 | 大漆 | 19 | 晶纹漆 | 35 | 硅钢片漆 | 50 | 耐酸漆 |

◆表3-6 涂料的代号及基本名称（续）

| 代号 | 基本名称 | 代号 | 基本名称 | 代号 | 基本名称 | 代号 | 基本名称 | 代号 | 基本名称 |
|---|---|---|---|---|---|---|---|---|---|
| 51 | 耐碱漆 | 55 | 耐水漆 | 63 | 涂布漆 | 80 | 地板漆 | 84 | 黑板漆 |
| 52 | 防腐漆 | 60 | 耐火漆 | 64 | 可剥漆 | 81 | 渔网漆 | 85 | 调色漆 |
| 53 | 防锈漆 | 61 | 耐热漆 | 66 | 感光涂料 | 82 | 锅炉漆 | 86 | 标志漆、马路划线漆 |
| 54 | 耐油漆 | 62 | 示温漆 | 67 | 隔热涂料 | 83 | 烟囱漆 | 98 | 胶液 |
| | | | | | | | | 99 | 其他 |

## （3）涂料的型号

为了区别同一类型的各种涂料，在涂料名称之前必须加型号。

### ①涂料型号

涂料型号由三部分组成，即一个汉语拼音字母和两组阿拉伯数字，如图3-1所示。涂料产品序号代号如表3-7所示。

字母（代号）表示涂料类别；

前面一组阿拉伯数字表示产品的基本名称；

后面一组阿拉伯数字则表示涂料产品序号；

用以区别同一类型的不同品种，前后两组阿拉伯数字之间加一短横使基本名称代号与序号分开。

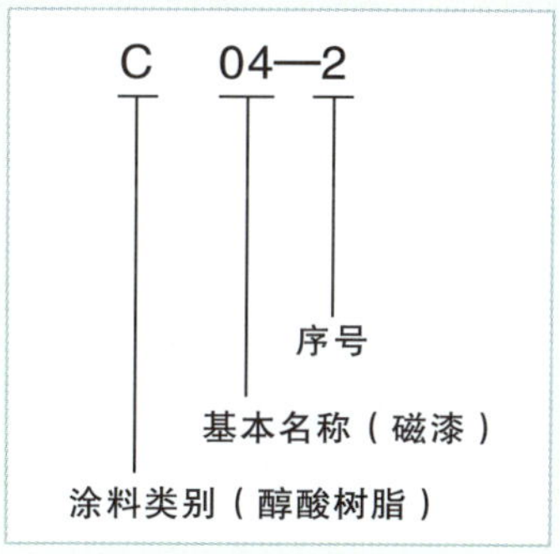


图3-1 涂料型号的组成

◆表3-7 涂料产品序号代号

| 涂料品种 | | 代号 | |
|---|---|---|---|
| 清漆、底漆、腻子 | | 白干 1～29℃ | 烘干 30℃以上 |
| 磁漆 | 有光 | 1～49 | 50～59 |
| | 半光 | 60～69 | 70～79 |
| | 无光 | 80～89 | 90～99 |
| 专业用漆 | 清漆 | 1～9 | 10～29 |
| | 有光磁漆 | 30～49 | 50～59 |
| | 半光磁漆 | 60～64 | 65～69 |
| | 无光磁漆 | 70～74 | 75～79 |
| | 底漆 | 80～89 | 90～99 |

### ②辅助材料型号

辅助材料型号由两部分组成，即一个汉语拼音字母和1～2位阿拉伯数字，如图3-2所示。

字母表示辅助材料的类别；

数字为序号；

用以区别同一类型的不同品种，字母与数字之间加一短横。

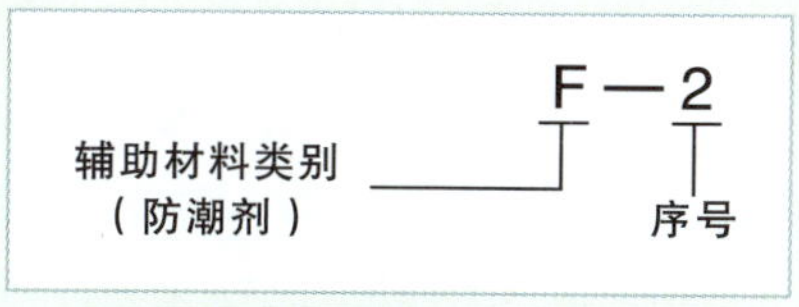


图3-2 辅助材料型号的组成

## 二、汽车常用涂料

汽车涂料是一种流动状态成粉末状态的有机物质，涂敷在物体表面上，干燥固化后形成连续的牢固附着的一层膜，其包括底漆、原子灰、中涂漆、面漆等。

### 1. 底漆

#### （1）底漆性能要求

◆底漆对底材表面应有良好的附着能力，对其他面漆或中涂层要有良好的结合能力。

◆底漆干燥后要有很好的物理性能和机械强度，能随金属伸缩、弯曲，能抵抗外来的冲击力而不开裂、不脱落，能够抵抗其上面涂层的溶剂溶蚀而不会咬起。

◆底漆要具有一定的填充力，能够填平底材上微小的高低不平、孔眼和细小的纹路等。

◆底漆要便于施工，涂膜流平性要好，不流挂、干燥快，而且要容易打磨平整、不粘砂纸，保证漆面平滑光亮。

底漆的使用应根据涂装的要求和使用的目的，采用不同类型的底漆；根据工件表面状态和底漆的性质选择适当的涂装方法。

底漆涂膜的强度和结合能力的大小决定于涂膜的厚度、均匀度及其是否完全干燥，底漆涂膜一般不宜过厚，以15~25cm为宜（在汽车表面装饰性要求不高，底漆上直接喷涂面漆的情况下膜厚可以在50cm左右），过厚则涂膜干燥缓慢，还容易造成涂膜强度不够和附着力不良。

#### （2）底漆的种类

底漆的种类比较多，现在汽车涂装中以环氧树脂底漆和侵蚀底漆最为多见。

**①环氧树脂底漆**

环氧树脂底漆简称环氧底漆，是物理隔绝防腐底漆的代表。环氧树脂是线型的高聚物，以环氧丙烷和二酚基丙烷缩聚而成。它具有极强的黏结力和附着力、良好的韧性和优良的耐化学性。

环氧底漆具有如下的优点：

●附着力极强，对金属、木材、玻璃、塑料、陶瓷、纺织物等都有很好的附着力和黏结力。

●涂膜韧性好，耐挠曲，且硬度比较高。

●耐化学性优良，尤其是耐碱性更为突出。因为环氧树脂的分子结构内含有醚键，而醚键在化学上是最稳定的，所以对水、溶剂、酸、碱和其他化学品都有良好的抵抗力。

●良好的电绝缘性，耐久性、耐热性良好。

环氧底漆的缺点：

●表面粉化较快，这也是它主要用于底层涂料的原因之一。

●环氧底漆使用胺类作为固化剂，胺类对人体和皮肤有一定的刺激性，因此在使用时要加以注意。

**②侵蚀底漆**

侵蚀底漆是以化学防腐手段来达到其防腐的目的，主要代表为磷化底漆。

磷化底漆是以聚乙烯醇缩丁醛树脂溶于有机溶剂中，并加入防锈颜料四盐锌铬黄等制成，使用时与分开包装的磷化液按一定比例调配后喷涂。

※注：品牌漆中的磷化底漆一般都已经制成成品，按一定的比例加入固化剂使用即可。

**磷化底漆的作用：**

金属表面涂装磷化底漆后，磷化液（弱磷酸）与防锈颜料四盐锌铬黄反应生成同一般磷化处理相似的不溶性磷酸盐覆盖膜。同时生成的铬酸使金属表面钝化。由于聚乙烯醇缩丁醛树脂具有很多极性基团，它也参与了锌铬颜料与磷酸的反应，转变成不溶性铬合物膜层，与上述的磷酸盐覆盖膜都起防腐蚀和增强涂层附着力的作用。

磷化底漆作为有色及黑色金属的防锈涂料，能够代替金属的磷化处理，在提高抗腐蚀性和绝缘性、增强涂层与金属表面的附着力等方面比磷化处理层更好，而且工艺和设备要求比较简单。但磷化底漆涂膜很薄（8~15cm），因此一般不单独作为底漆使用，所以，在涂装磷化底漆后通常仍用一般底漆打底。

**磷化底漆的优点：**

环氧底漆与磷化底漆对底材都具有良好的防腐性，对其上的涂层也都具有良好的黏结能力，一般在汽车修补中常使用环氧底漆做打底用，而在汽车制造或大面积钣金操作后对裸金属进行磷化防腐处理时常采用磷化底漆。

## 2. 原子灰

原子灰又称加乘聚合型腻子，是一种膏状或厚浆状的涂料，它容易干燥，干后坚硬，能耐砂磨。原子灰一般使用刮具刮涂于底材的表面（也有使用大口径喷枪喷涂的浆状原子灰，称为“喷涂原子灰”），用来填平、补齐底材上的凹坑、缝隙、孔眼、焊疤、刮痕以及加工过程中所造成的物面缺陷等，使底材表面达到平整、匀顺，使面漆的丰满度和光泽度等能够充分地显现。

①国产常用汽车原子灰的配制、性能及用途见表3-8所示。

**◆表3-8 国产常用汽车原子灰的配制、性能及用途**

| 序号 | 品 名 | 配 制 | 性 能 | 用 途 |
|---|---|---|---|---|
| 1 | Q07-5<br>各色硝基原子灰 | 由硝化棉、醇酸树脂、顺酐树脂、颜料、体质颜料、增塑剂和有机溶剂制成膏状物 | 干燥快，易打磨，附着力好 | 供有底漆的物面填平孔隙用或喷涂头道面漆后刮涂小砂眼用。不适于凹坑较大缺陷填平，以防干后附着力差 |
| 2 | C07-5<br>醇酸原子灰 | 由醇酸树脂、颜料、大量的体质颜料、适量催干剂及有机溶剂配制而成的膏状物 | 涂层常温干燥，附着力强，坚硬，易涂刮 | 适用于汽车金属表面或木制车厢凹坑及缝隙等填平 |
| 3 | C07-6<br>灰醇酸原子灰 | 由酚醛改性醇酸树脂、颜料、体质颜料、催干剂和松节油等配成 | 常温干燥快。涂层的耐水性、耐潮性和打磨性好，并耐硝基漆 | 适用于温热带地区汽车表面凹坑及缝隙填平 |
| 4 | H07-5<br>各色环氧酯原子灰 | 由环氧酯与颜料、体质颜料、催干剂、二甲苯、丁醇等配成稠厚液体 | 易刮涂，不卷皮，原子灰膜坚硬平滑，易打磨，不粘砂纸，耐潮性好，可自干，与底漆有良好的结合力，经打磨后表面光滑 | 用于有底漆的金属表面不平处填嵌，尤其适用于焊缝、凹坑的填平 |
| 5 | H07-8<br>各色环氧<br>醇酸原子灰 | 由环氧树脂、中油度醇酸树脂、颜料、体质颜料、催干剂等制成 | 与其他环氧原子灰相比，更易刮涂和打磨，且对各种底漆均有较好的附着力 | 同I-107-5原子灰 |
| 6 | H07-34<br>各色环氧<br>酯烘干原子灰 | 类似于H07-5各色环氧原子灰，不同点：H07-34必须先低温50~60℃烘烤30min后，再升至100~110℃下烘烤1h | 类似于H07-5各色环氧原子灰 | 适用于与氨基烘漆等面漆配套，常用于中高级轿车用料 |
| 7 | T07-2<br>各色酯胶原子灰 | 由酯胶清漆与颜料、体质颜料混合研磨后，加催干剂与200号溶剂汽油调制而成 | 具有良好的刮涂性和打磨性 | 适用于一般汽车表面凹坑填平 |

◆表3-8 国产常用汽车原子灰的配制、性能及用途（续）

| 序号 | 品　名 | 配　制 | 性　能 | 用　途 |
|---|---|---|---|---|
| 8 | G07-3<br>各色过氯<br>乙烯原子灰 | 由过氯乙烯树脂、增塑剂、颜料、体质颜料及混合有机溶剂等配成膏状物 | 具有良好的打磨性和耐油性，且干燥速度较快 | 适用于底漆或中间层漆表面凹坑等不平之处的填平，常用于中高级轿车的涂装 |
| 9 | F07-1<br>各色酚醛原子灰 | 由中油度松香改性酚醛树脂漆料、颜料、体质颜料、催干剂与200号溶剂汽油混合组成 | 刮涂性好，易打磨 | 适用于载重汽车驾驶室外壳、车厢等表面凹坑填平 |
| 10 | A07-1<br>各色氨基<br>烘干原子灰 | 由氨基树脂、醇酸树脂、颜料、大量体质颜料、催干剂和二甲苯等溶剂配制成的浅灰色膏状物 | 对底漆附着力好，干燥后易打磨不粘砂纸，不起卷 | 用于填平有底漆的金属表面 |
| 11 | Z07-1<br>聚酯原子灰 | Z07-1聚酯原子灰是甲、乙两组分分装原子灰，其中甲组分为不饱和聚酯、苯酐、顺丁烯二酸酐、乙二醇、松香、颜料和体质颜料等；乙组分为过氧化环己酮固化剂 | 不受天气影响，常温下0.5h就可干燥，1h后即可打磨。涂刮时操作方便，干燥后体积收缩小。打磨方面，表面细滑光洁，附着力强，能与多种面漆、底漆配套使用，更适合氨基烘漆使用，但不能在酚醛底漆、醇酸底漆上涂刮，以免脱落起泡 | 主要适用于小轿车、高档豪华客车等表面凹坑、焊缝等填平 |
| 12 | UP-920<br>原子灰 | 由不饱和聚酯树脂与颜料、体质颜料及助剂等调制而成的灰白色膏状物。为双组分原子灰，使用时按比例用该原子灰与另一种包装固化剂混合调配 | 刮涂性好，干燥快，附着力强，易打磨，与底漆、面漆配套性好，与金属基材结合力强，可自干，也可烘干 | 用于小轿车、各种交通车辆涂装，尤其适用于汽车快速喷漆的底层填平 |

## ②常用进口汽车原子灰

美国PPG公司原子灰的属性、配制及用途见表3-9所示。

◆表3-9 美国PPG公司原子灰的属性、配制及用途

| 序号 | 品　名 | 配　制 | 性　能 | 用　途 |
|---|---|---|---|---|
| 1 | A656/A663<br>多用途聚酯原子灰 | 按100份A656加A665固化剂1.5～2份（20～30℃）的比例调制。调好的原子灰必须在5~10min内用完。施工后20～30min后即可打磨 | 高级双组分聚酯原子灰 | 适用于镀锌板、不锈钢、铝及玻璃钢在内的各种基底材料。A656为标准型；A665为慢干型，适用于大型车辆及高温天气 |
| 2 | A659<br>轻型聚酯原子灰 | 按100份A659加A665固化剂1.5～2份（20～30℃）的比例调制。调好的腻子必须在5～10min内用完。施工后20～30min后即可打磨 | 低密度双组分聚酯原子灰 | 适用于裸金属、喷漆底漆及玻璃钢表面 |
| 3 | A661<br>标准聚酯原子灰 | 按100份A661加A665固化剂1份（20～30℃）的比例调制。调好的原子灰必须在5～9min内用完。施工后10～20min后即可打磨 | 普通型双组分聚酯原子灰 | 适用于裸金属、玻璃钢以及其他喷漆底漆或面漆的表面 |
| 4 | A662/A668<br>聚酯喷灰 | 按10份A662喷灰加A668固化剂1份的比例调制。调好的腻子必须在20～25min内用完。施工后2～3h（20～30℃）即可打磨 | 淡灰色双组分聚酯喷灰 | 适用于缺陷多以及形状不规则的表面，以减少使用传统原子灰带来的不便 |
| 5 | A652<br>软性塑料<br>补土(腻子) | 100份A652聚酯补土（原子灰）加A665固化剂1.5～2份的比例调制。调好的腻子必须在5～10min内用完。施工后20～25min即可打磨 | 双组分聚酯腻子。与A665固化剂调配，质地细腻并具有弹性，与塑料表面有良好的粘着力，同时具有很高的抗冲击强度 | 用于填补塑料表面的针孔或细小缺陷 |

英国ICI公司腻子的属性、配制及用途见表3-10所示。

◆表3-10 英国ICI公司腻子的属性、配制及用途

| 序号 | 品 名 | 配 制 | 性 能 | 用 途 |
|---|---|---|---|---|
| 1 | P551-1050 原子灰 | 按100份原子灰加2~4份（长度计）P275-200固化剂的比例调制。原子灰在施工中不能配制太多，必须在7~10min内用完。打磨后，必须喷涂3层2道底漆遮盖 | 双组分原子灰 | 填补较深凹的原厂高温烤漆（丙烯酸漆除外）、裸金属、钢、铝及非溶性修补漆。对侵蚀底漆和可溶性修补表面不适用 |
| 2 | P551-1052 原子灰（万能腻子） | 按100份原子灰加2份P275-200固化剂的比例调制。原子灰在施工中不能配制太多，必须在7~10min内用完。施工后1h即可打磨（雨季及低温环境中干燥时间较长）。打磨后须喷涂3层2道底漆遮盖 | 双组分万能原子灰 | 除用于裸金属、钢铁等表面，尤其适用于镀锌铁板及铝板表面 |
| 3 | P551-1059 原子灰（幼粒腻子） | 按100克原子灰加2~4cm（长度计）固化剂的比例调制。原子灰在施工中不能配制太多，必须及时用完。为避免日后可能出现“热痱”。打磨后必须喷涂3层2道底漆遮盖 | 双组分最幼滑原子灰 | 可作原子灰填补层的最面层，填补车身底漆、原子灰或旧漆膜表面的细小花痕或砂眼。用于原厂高温烤漆（丙烯酸漆除外）、裸金属、钢、铝及非溶性修补漆（镀锌铁板除外）、可溶性修补漆（如硝基漆、丙烯酸漆、TPA及醇酸漆等）不适宜 |
| 4 | P08360 白色填眼灰 (小灰) | P08360腻子不用稀释，在施工中极易打磨，如面积小，打磨后，可直接喷涂面漆；如面积大，须喷2道底漆遮盖 | 单组分腻子 | 用于填补轻微划痕、针眼、砂眼及砂纸纹等 |

### ③自制油性原子灰的配制方法、性能及用途

在汽车修补涂装中，对一些档次较低、表面要求不高的汽车可使用自制油性原子灰，常用的主要有清油原子灰和桐油厚漆原子灰两种，如表3-11所示。

◆表3-11 自制油性原子灰的配制、性能及用途

| 序号 | 品 名 | 配 制 | 性 能 | 用 途 |
|---|---|---|---|---|
| 1 | 清油原子灰 | **配方：** 清油、熟石膏粉、水、催干剂；<br>**配比：** 清油：熟石膏粉：水=1：0.8~0.9：0.25~0.30，催干剂适量；<br>**调制方法：** 调制清油腻子要本着“现调现用”的原则，先用大部分清油和熟石膏粉混合搅拌呈厚浆状，再将水慢慢加入，并边加边搅拌均匀，最后将余下清油及石膏粉连同催干剂加入，充分搅拌均匀，即可使用。应注意的是，调配时不可加水过猛或过多，以防熟石膏粉吸水性强导致腻子变硬 | 刮涂性好，干燥快，涂层坚硬，耐打磨 | 用于酚醛、醇酸、硝基面漆等腻子层，适于一般汽车维修喷漆前凹坑等填平 |
| 2 | 桐油厚漆原子灰 | **配方：** 熟石膏粉、厚白漆、熟桐油、溶剂汽油等有机溶剂；<br>**配比：** 熟石膏粉：厚白漆：熟桐油：汽油=3：2：1：0.6~0.7，并加少量水、铁红或炭黑颜料及催干剂。调制方法同清油原子灰；<br>**调制注意事项：** 一是熟石膏粉要过筛；二是厚白漆与桐油先调拌均匀；三是加石膏粉与水和溶剂汽油的量可根据调拌过程中石膏粉的胀性严加控制，即防止原子灰未达胀性或胀性过头（未达胀性，原子灰不会干燥；胀性过头，原子灰报废） | 同清油原子灰 | 同清油原子灰 |

## 3. 中涂漆

中涂漆是指介于底漆涂层和面漆涂层之间所用的涂料，也称底漆喷灰，俗称“二道浆”。

### （1）主要功能

主要是改善被涂工件表面和底漆涂层的平整度，为面漆层创造良好的基础，以提高面漆涂层的鲜映性和丰满度，提高整个涂层的装饰性和抗石击性。

### （2）性能要求

◆应与底漆、面漆配套良好，涂层间的结合力强，硬度配套适中，不被面漆的溶剂所咬起。

◆应具有足够的填平性，能消除被涂底漆表面的划痕、打磨痕迹和微小孔洞、小眼等缺陷。

◆打磨性能良好，不粘砂纸，在打磨后能得到平整光滑的表面（现在有许多品牌漆中都有免磨中涂漆，靠其本身的展平性得到平整光滑的表面）。

◆具有良好的韧性和弹性，抗石击性良好。

提示：对于表面平整度较好，装饰性要求又不太高的载货汽车和普通乘用大轿车，在制造和涂装修理时有时不采用中涂漆，对于装饰性要求很高的中高级轿车则都采用中涂漆。

## 4. 面漆

### （1）性能要求

在选择汽车用面漆时应从以下几个方面来考虑，如表3-12所示。

◆表3-12 面漆的性能要求

| 要求 | 说明 |
|---|---|
| 外观 | 色彩鲜艳、光泽醒目、色差小、丰满度强和鲜映性好 |
| 耐候性及耐老化性能 | 耐候性及耐老化性能是选择面漆时的重要指标之一。如果汽车用面漆的耐候性及耐老化性能不好，则使用不久面漆涂层就会失光、变色及粉化，直接影响汽车的装饰性，而使之变成旧车。因此，要求汽车用面漆要有良好的耐候性及耐老化性能 |
| 硬度和抗石击性 | 面漆涂膜应坚硬耐磨，具有足够的硬度及抗石击性，以保证涂膜在汽车行驶中面对路面砂石的冲击和摩擦时不产生划痕 |
| 耐湿热和防腐蚀性 | 面漆涂层在湿热条件下（如温度40℃，相对湿度90%），应不起泡、不变色或不失光。对面漆涂层的防腐蚀性要求虽然没有像对底漆涂层那样高，但与底漆涂层配套后，应能增强整个涂膜的防腐蚀性 |
| 耐化学药品性 | 面漆涂层使用过程中，如与蓄电池酸液、润滑油和制动液、汽油及各种清洗剂等直接接触，擦净后接触面不应有变色、起泡或失光等现象 |
| 施工性能 | 高温原厂漆必须适应流水生产线上的“湿碰湿”工艺，烘干温度在120～140℃，烘干时间为30min等施工条件。在装饰性要求高的场合，还应具有优良的抛光性能。面漆还应具有较好的重涂性（即不打磨再涂面漆，结合力良好）和修补性。而汽车修补漆必须与原厂漆相匹配，并能在60～80℃烘烤成膜，适应手工涂装 |

### （2）汽车常用面漆涂料的性能和用途见表3-13所示

◆表3-13 汽车常用面漆涂料的性能和用途

| 类型 | 品种 | 性能 | 用途 | 备注 |
|---|---|---|---|---|
| 溶剂挥发型 | Q01-1 硝基清漆 | 涂膜光泽，耐久性良好 | 可作为汽车硝基外用漆罩光，或调入色漆内罩光等。用量为50～70g/m² | 其品种有硝基纤维素涂料、热塑性丙烯酸树脂涂料、各类改性丙烯酸树脂涂料，如硝基纤维素改性丙烯酸树脂涂料、醋酸丁酸纤维素改性丙烯酸树脂涂料等 |
| | Q01-23 硝基清烘漆 | 涂膜光泽好，硬度高，耐汽油和机油性能好，耐水性优于Q01-1，可打磨抛光，但柔韧性较差 | 可用于各种烘烤物面罩光，如汽车的空气滤清器、喇叭等。用量为50～100g/m² | |
| | Q04-2 各色硝基外用磁漆 | 涂膜干燥快，外观平整光亮，耐候性较好，能用砂蜡抛光 | 可用于汽车上要求快干的物面 | |

（续表）

| 类型 | 品种 | 性能 | 用途 | 备注 |
|---|---|---|---|---|
| 氧化固化型 | C01-1<br>醇酸清漆 | 涂膜的附着力、耐久性、柔韧性、耐水性、硬度及冲击强度比氨基烘漆差，由于该涂膜易变黄，不宜单纯用它罩光，应和醇酸磁漆以不同比例混合后作为最后一道罩光涂膜 | 适用于喷、刷汽车内外金属和木材表面以及作醇酸漆的罩光用。用量为40～60g/m² | 其品种有醇酸树脂涂料、丙烯酸改性醇酸树脂涂料等 |
| | C01-5<br>醇酸清漆 | 涂膜干燥迅速、光亮、不易起皱，有一定的保光性和保色性，耐水性优于C01-1，但柔韧性较差。此漆干燥快，施工以喷涂为佳。与空气接触易成胶冻状而失效，故放置应严封 | 主要用于醇酸磁漆和氨基磁漆的罩光涂饰。用量为40～60g/m² | |
| | C01-7<br>醇酸清漆 | 涂膜附着力好，自然干燥性能良好，耐候性优于C01-1，但三防性较差 | 一般用于汽车铝镁合金或铝制品罩光，也可用少量醇酸磁漆与其混合作为C04-2及C04-42醇酸磁漆罩光用。用量为40～60g/m² | |
| 热固化型 | B01-10<br>丙烯酸清烘漆 | 烘烤后的涂膜具有较好的光泽、硬度、丰满度以及防盐雾性、防潮性、防霉性；保色性和保光性极好，长期在紫外线下暴露，也不易泛黄或失光 | 适用于小轿车表面罩光，汽车装饰件抛光金属表面保护性装饰 | 其品种有热固性丙烯酸涂料、热固性环氧涂料、氨基醇酸树脂涂料、氨基丙烯酸树脂涂料 |
| | B04-9<br>各色丙烯酸磁漆 | 涂膜平整光亮，附着力强，干燥快，耐候性和防潮性良好，并具有一定的防霉性能 | 适用于涂有底漆的轻金属表面，或作标志涂装使用。可与H06-2环氧底漆、B06-2丙烯酸底漆、X06-1磷化底漆配套使用喷涂施工 | |
| 双组分固化型 | 其品种有丙烯酸-聚氨酯树脂涂料、聚酯-聚氨酯树脂涂料、丙烯酸-环氧树脂涂料 | | | |
| 催化固化型 | 其品种有湿固型有机硅改性丙烯酸树脂涂料、过氧化物引发固化丙烯酸树脂涂料、氨蒸气固化聚氨酯树脂涂料等 | | | |

## 三、涂料颜色调配

### 1. 调色的基本程序

在汽车面漆的调色过程中，应借助不同的喷涂方法对亮度、色调、色度进行调整，以达到最佳的颜色，调色的一般程序如下：

#### （1）颜色分析

主要从三个方面进行颜色分析：

①从正面或某一角度观察该面，看颜色是否太深或太浅。

②检查色调，看色漆是否比原面漆更红、更蓝、更绿或更黄。

③检查刚喷的色漆的色度是否比原面漆高或低。

#### （2）亮度调整

影响亮度的主要因素有车间环境、喷涂方法、溶剂的使用、油漆的用量、喷枪压力和混合料中的颜料用量等，在亮度调整时必须综合考虑各种因素才能得到合适的油漆亮度。

#### （3）色调调整

在亮度调整好后才能进行色调调整。每种颜色的色调只可能沿两个方向变化：

①色调会发绿或发红的颜色有蓝色、紫色、黄色、米黄色和棕色。

②色调会发黄或发蓝的颜色有绿色、黑色、褐红色、灰色或银色、白色。

③色调会发黄或发红的颜色有青铜色、红色和橘红色。

④色调会发蓝或发绿的颜色有海蓝色和青绿色，可以根据油漆厂家提供的资料选定能调出正确色调的调色剂，按最低限量计算调色剂用量。经充分搅拌均匀后，喷涂一小块试板，待干燥后与原面漆作颜色对比。

### （4）调整色度

调整好亮度和色调后开始调整色度。如果要想把颜色调得明亮些，必须重新调整前两项；如果要想使面漆颜色调得灰些，就要喷一层湿涂层，再以较远的距离和较低的气压喷一层用少量白色与微量黑色混合起来的涂层。

### （5）检查及校正

最后，可以从三个角度进行检查：

①垂直于汽车表面。

②从刚好超过光源反射线的角度。

③以小于45° 的角度观察汽车面漆，如图3-3所示。检查维修喷涂后的面漆颜色是否与其他部位一致，如不一致则需要校正，直至满意为止。

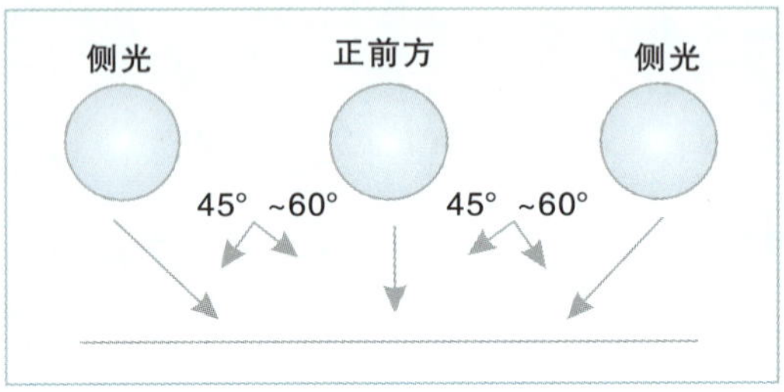


图3-3 观察汽车面漆的角度

## 2. 调色前准备

调色是汽车修补漆配色的一个重要环节，如果了解调色原理，了解周围环境对颜色的影响，拟订完整的调色程序，就可以为喷涂工艺作出一个常规的程序。调色的基本目的主要有三个：

①调节修补色漆与汽车原漆之间的细微差别。

②使修补色漆与褪色的汽车面漆相匹配。

③在无配方或无漆码的情况下，调配汽车修补色漆。

调配汽车修补面漆的油漆工必须正确、认真地识别颜色，辨别出它真正的颜色。特别是要能辨别要处理的色漆，还要能辨别色漆中这种颜色范围内的重色调，包括暗度或亮度级、色彩的明艳或饱和度。

如果修补面漆的颜色与原汽车面漆的颜色不同，在决定是否进行调色前，一定要先检查一下是否是由于以下原因造成颜色失配：

- 汽车原面漆是否褪色。如果确实已褪色，可以适当扩大抛光修复部位。
- 是否用错颜色。对照检查汽车生产厂的漆码和油漆厂的色漆原料号码，确定是否用错。
- 色漆中的颜料或金属光片是否充分混合均匀。如果修补色漆搅拌不匀，罐底尚残留颜料、金属光片或珠光粉，都可能引起颜色失配，所以一定要彻底搅拌均匀。

●稀释剂的用量是否准确。稀释过度会使颜色变淡或降低饱和度。

●在作颜色对比之前一定要清洗、抛光，去除汽车旧面漆上的粉尘和氧化层。

●使用试板时一定要留出充裕的干燥时间。试板一般要喷涂几次，每次喷涂后一定要干透，因为油漆干燥后的颜色要深些。

●在喷涂金属漆或珠光漆时最好使用搅拌杯，因为金属屑片或珠光片容易沉入漆膜深处，影响色光。

●要等油漆干燥后再调整颜色。可以使用加热灯、加热枪或其他干燥方法来缩短干燥时间。

●调整颜色时每次只许加少量调色剂。

●喷涂方法的不同可能会造成颜色的不同。喷枪靠近试板的油漆颜色比喷枪离得较远的要深，特别是喷涂金属漆时，差异更为明显。同样降低喷枪速度比提高喷枪速度的颜色要深，各涂层间隔时间短，比间隔时间长的要深。在喷涂设备上，采用较大的液体喷嘴比较小的液体喷嘴颜色要深；减小喷束宽度比加大喷束宽度的颜色要深；减小喷束压力比增大喷束压力的颜色要深；增大流量比减小流量的颜色要深。在车间环境温度方面，车间温度低比温度高的颜色要深。

另外必须注意的是，整板整修中出现颜色失配的情况比小面积整修时要多。这是因为板件(如车门)都有明确的边缘，如前门和后门紧挨着，形成鲜明的对照。而小面积整修时，修理部位却和周围区域掺和在一起，头道涂层只涂在修理部位内，以后的涂层一层比一层范围大，最终混合涂层超出原来涂层的范围。这样，虽然有些颜色失配，但是新旧面漆之间会有过渡，不会形成强烈的色差。

# 情境二：汽车漆面工具和设备

## 一、除锈工具

### 1. 刮刀

刮刀是工件表面精加工刀具，具有锋利的刃口。多采用TLzA碳素钢或滚动轴承钢制成，有的镶有硬度合金的刀头。一般分平面刮刀和曲面刮刀两种，应根据加工工件的表面准确选用，如图3-4所示。

**刮刀使用的安全注意事项**

●刮刀应装有牢固光滑的手柄。因为在刮削时用力较大，如果把柄部脱落或断裂，会给人造成伤害；特别是在用挺刮法时，刮刀尾部应装配光滑、接触面较大的把柄，以防伤害作业者的腹部或身体的其他部位。

●刮刀在不使用时，应放在不易坠落的部位，以防掉落时伤人及损坏刮刀；不要将刮刀同其他手工具放在一个工具袋中，应单独妥善保管。

●被刮削的工件一定要稳固牢靠，高度位置适宜人员的操作，在刮削时，被刮削的工件不能出现移动、滑动的现象。

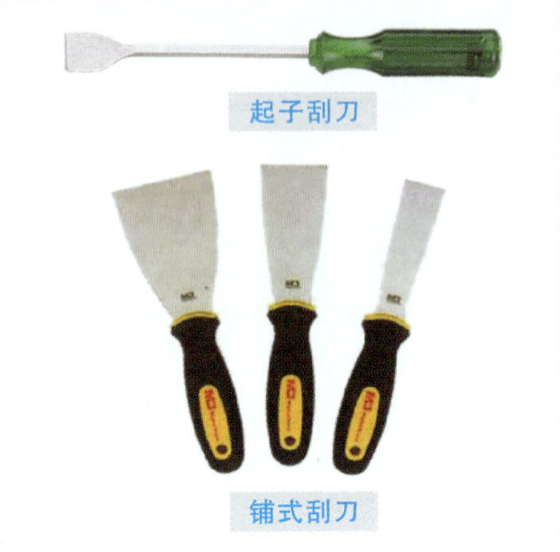

图3-4 刮刀

### 2. 扁铲

扁铲的用途很广泛，通常在汽车护理工序中，维修工用其铲除旧漆膜和旧腻子。而个别的维修人员用扁铲来做调节原子灰或腻子调合的专用工具。值得注意的是，不应该将刚用过的扁铲没清洗干净就用来调合原子灰，这将影响原子灰的黏度。

### 3. 钢丝刷

钢丝刷可以用来清除零件表面外表的污迹，清除蓄电池柱头的氧化物及车身底盘的积垢，是必不可少的工具之一。使用钢丝刷时，注意不要用它碰比较精密的配合面及汽车的装饰表面，如图3-5所示。

图3-5 钢丝刷

### 4. 挫刀

挫刀是用高碳钢$T_{13}$或$T_{12}$制成的，淬火后的硬度为HRC62-67。挫刀分为普通挫、特种挫和整形挫三类，如图3-6所示。

普通挫又分为平挫、方挫、圆挫、半圆挫和三角挫等；特种挫分为直挫和弯挫等；整形挫俗称组挫，由许多各种形状和断面的挫刀组成一套。此外还有粗挫刀、细挫、双细挫刀和油光挫刀。

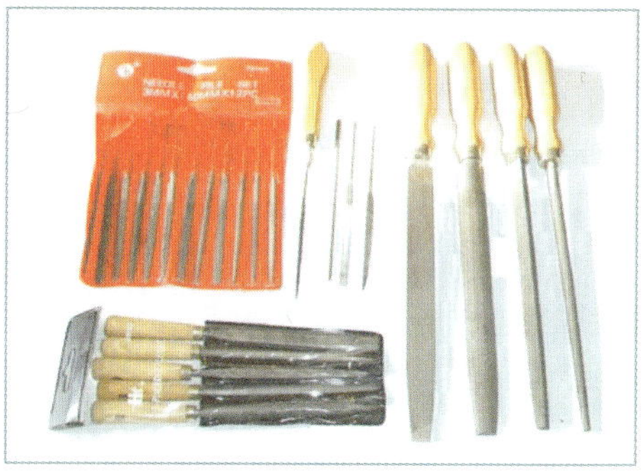

图3-6 挫刀

#### 挫刀的安全使用注意事项

●挫刀必须装柄后方可使用，否则挫刀的尾尖有可能扎伤手及手腕或身体的其他部位。

●要正确地使用挫刀。一般用右手握紧挫柄，左手握住或扶住挫刀的前边，两只手均匀用力推进挫刀；断面比较小的挫刀在使用时，施力不要过大，以免使挫刀折断；挫削速度不要过快，一般在每分钟20~60次为宜。

●挫刀和挫柄上防止油脂污染，正在挫削的工件表面也不宜被油脂污染，防止挫刀打滑造成事故。

●挫削时不要用嘴吹切屑，以防切屑飞入眼内；也不要用手去清除切屑，以防切屑扎破手指和手掌，应该使用刷子清扫除掉。

●挫刀用后，应妥善放置，不应重叠摆放，以免损坏挫齿；放在操作台上时，不要露出台面，以防掉下伤脚。

●严禁将挫刀做其他工具使用，不能当扁铲、撬棍使用，以防折断伤人。

### 5. 砂纸

砂纸是用黏合剂把磨料贴在特制的纸或布上制成的。砂纸用磨料粒度数码表示，数码越小，磨料越粗。磨料粒度不同，用途也不同。表3-14是国内常用砂纸表。

◆表3-14 国内常用水砂纸、砂布的规格表示和用途

| 种类 | 水砂纸、砂布规格 | | 用途 |
|---|---|---|---|
| 水砂纸 | 规格代号 | 0、80、100、120、150、180、200、220、240、260、280、300、320、360、400、500、600、700、800、900、1000 | 打磨腻子层及涂膜表面，砂磨量以湿磨施工 |
| | 粒度 | 100、120、140、150、160、170、180、200、220、240、260、320、400、500、600、700、800 | |
| 砂布 | 规格代号 | 4/0、3/0、2/0、0、1、1/2、1、3/2、2、5/2、3、4、5、6 | 打磨钢铁表面及底层腻子 |
| | 粒度 | 200、180、160、140、120、100、80、60、46、36、30、24、18 | |

## 二、刮涂工具

常用的刮涂工具大致分为钢片刮板、刮灰刀、橡胶刮板和牛角板四种类型。

### 1. 钢片刮板

钢片刮板由弹性极好的薄钢片制成，其特点是弹性好、刮涂轻便、效率高，刮后的腻子层平整，既可用

于局部刮涂，也可用于全面刮涂。比较适用于小轿车、大型客车等表面的腻子刮平。钢片刮板及拿法如图3-7所示。

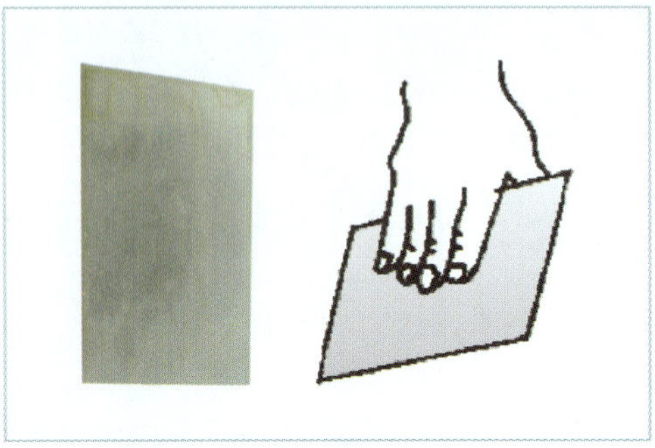

图3-7 钢片刮板及拿法

## 2. 刮灰刀

刮灰刀及拿法如图3-8所示。

刮灰刀又称油灰刀。它是由木柄和刀板构成的，木柄由松木、桦木等制作，刀板由弹性较好的钢板制作。规格有宽窄（按刀头宽度分）等多种。

●**特点：**成品刮灰刀的规格多，弹性好，使用方便。

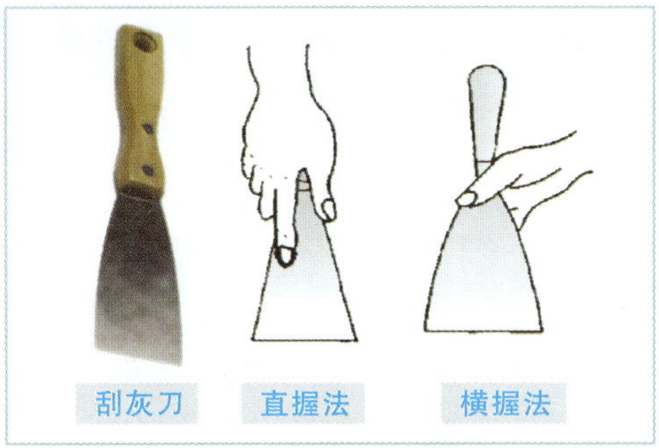


图3-8 刮灰刀及拿法

※**注：**宽灰刀有100mm宽和75mm宽两种，适于木车厢、客车大板等平整大物面腻子刮涂或基层清理，中号灰刀的宽度多为50～65mm，主要用于调配腻子、小面积腻子补刮及清除旧漆等。窄灰刀多用于调配腻子或清理腻子毛刺等。

## 3. 橡胶刮板

橡胶刮板及拿法如图3-9所示。

橡胶刮板采用耐油、耐溶剂和膨胀系数小的橡胶板制成，外形尺寸和形状根据需要确定，橡胶刮刀弹性极好，刮涂方便，可随物面形状的不同进行刮涂，以获得平整的腻子层。尤其对凸形、圆形、椭圆形等物面，使用橡胶刮板刮涂质量更优。适于刮涂弧形车门、叶子板等。

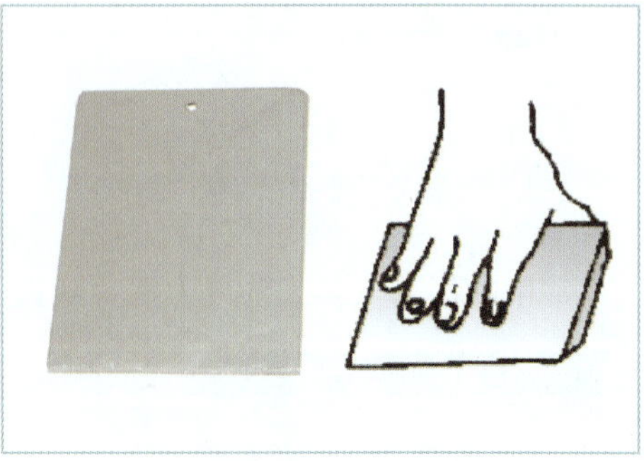

图3-9 橡胶刮板及拿法

### 4. 牛角板

牛角板及拿法如图3-10所示。

牛角板由优质的水牛角制成。

●特点：使用方便，可来回刮涂（左右刮涂）的特点。

主要用于修饰原子灰的补刮等。牛角板使用后，应清理干净置于木夹上存放，以防变形影响使用。

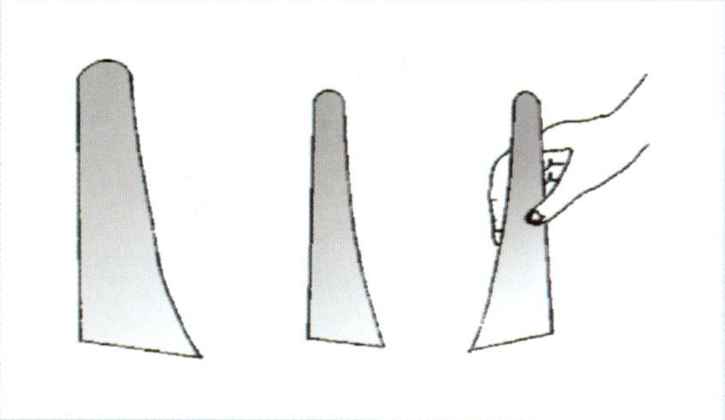

图3-10 牛角板及拿法

## 三、打磨工具

### 1. 手工打磨工具

汽车车漆修补手工打磨工具主要是用砂布包垫板进行打磨的，常用的垫板由木制或硬橡胶做成。垫板可选用长180～200mm，宽50～60mm，厚25～30mm的木制垫板或橡胶制垫板，如图3-11所示。

图3-11 手工打磨工具

### 2. 机械打磨工具

汽车车身表面护理打磨工具按动力装置不同可分为气动打磨工具和电动打磨工具。气动工具主要用于清除钢铁表面上的铁锈、旧涂层及打磨原子灰等。具有体积小、重量轻、速度快、使用安全、可水磨或干磨等优点；而电动打磨工具的主要作用同气动打磨工具。具有噪音小、震动轻、粉尘飞扬少等优点，但质量通常比气动打磨工具大些，且不适于水磨。

## 四、涂刷工具

涂刷的主要工具有漆刷、画笔、毛笔、盛漆容器等。

### 1. 漆刷

常用漆刷如图3-12所示。

漆刷有很多种类，按形状可分为圆形、扁形和歪脖形三种；按制作材料可分为硬毛刷和软毛刷两类。硬毛刷主要用长猪鬃、马鬃制作，软毛刷用狼毫、猫毛、绵羊和山羊毛等制作。按制作尺寸可分为12mm、19mm、25mm、38mm、50mm、65mm、75mm等。

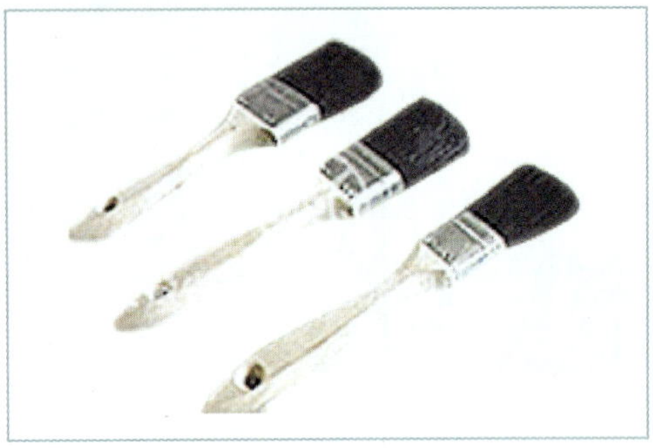

图3-12 常用漆刷

※注：在选购毛刷时，通常以毛直、口齐、刷斗与刷柄组合牢固、刷毛中无脱毛现象为上品。

### 2. 毛笔和画笔

常用毛笔如图3-13所示。

毛笔和画笔在涂装作业中用来描字、画线，涂刷不易涂到的部位和局部补漆用。常用画笔主要为长杆画笔，毛笔以狼毫为好。

图3-13 常用毛笔

## 五、调色设备

### 1. 调漆机

调漆机又称油漆搅拌机，各大油漆公司都有调漆机和其配套产品，有32、38、59、108等各种规格的调漆机。调漆机配有发动机、搅拌桨，利用这种工具很容易混合倒出涂料。涂料中的树脂、溶剂及颜料经过一段时间就会分离，这是因为它们的密度不同所致。因此，涂料在使用以前需要充分混合。油漆搅拌机如图3-14所示。

图3-14 调漆机

## 2. 电子秤

电子秤又称配色天平，是一种称涂料用的专用天平，帮助计算适当的混合比，由托盘秤、电子显示器、集成电路板组成，如图3-15所示。常用的电子秤量程可达7500g，精确度为0.1g，由明亮的发光二极管作为显示器，安装在托盘上方，使用方便，属于专为汽车修补漆称量用的配套产品。

### 电子秤的操作程序

①水平放置电子秤，避免高温、振动。

②打开电子秤总电源开关，按下电子秤电源处，暖机5min。

③按下归零键，将被秤物轻置于秤板中心，依序操作。

④使用完毕后，按下电子秤电源关闭键，关闭电子秤电源总开关。

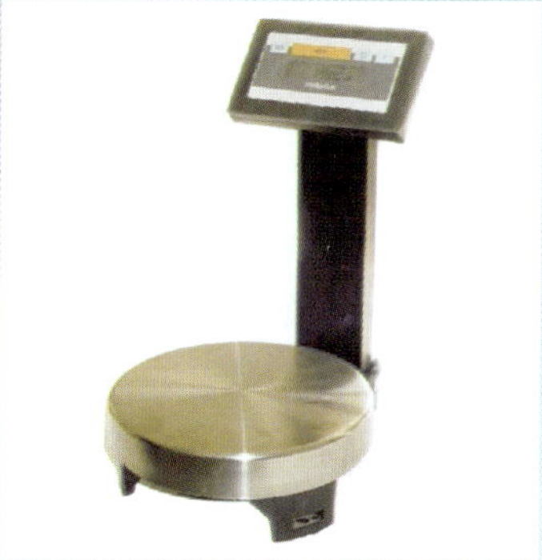

图3-15 电子秤

## 3. 阅读机

根据查阅油漆配方的工具不同，目前国内有胶片调色和电脑调色，如图3-16所示。胶片调色即通过阅读机阅读菲林片、查配方。因这种方式成本低、操作简单，所以目前采用较多。电脑调色即电脑中存有所有色卡配方，用户只需将自己所需漆号和份量输入电脑就可以直接查阅计算好的配方数据，快捷、方便、准确，而且数据更新，是一种先进的调色方法。目前各大油漆公司都具有完善的电脑调色系统。

图3-16 阅读机

### 阅读机操作程序

①打开阅读机总电源开关。

②拉开置片板，将微缩胶片依正确方向置入置片板上。

③推回置片后，打开机座底部电源开关。

④检视微缩胶片，查出颜色配方。

⑤使用完成后，关闭机座底部白色开关，拉出置片板，取出微缩胶片，推回置片板。

⑥关闭阅读机总电源开关。

### 4. 调色电脑

电脑调色机如图3-17所示。

电脑调漆就是利用电脑中的程序查阅配方、计算配比量。目前市场使用的调漆软件较多，但基本功能没有多大差别。某些电脑调漆系统将电子秤与电脑相连，这样在调漆时，一旦某一色母漆加多后，电脑则自动重新计算配比量，从而保证调漆的精度。

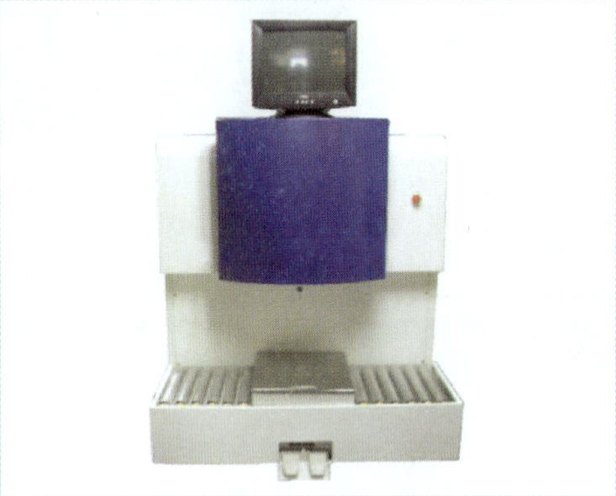

图3-17 电脑调色机

## 六、喷涂设备

喷涂设备主要指喷枪。喷枪的作用是将油漆和其他液态材料喷涂到被涂物表面上。要做好喷涂工作，保证喷涂质量必须正确使用和维护喷枪。

### 1. 喷枪的类型

按涂料供给方式分，空气喷枪有吸力式、重力式、压送式三种类型。

#### （1）吸力式喷枪

如图3-18所示。吸力式空气喷枪是使用最普遍的一种喷枪。油漆置于罐内，扣动扳机，压缩空气冲进喷枪，气流经过气帽开口时形成局部真空，罐中的油漆被真空吸往已开启的针阀，形成雾状喷射流。

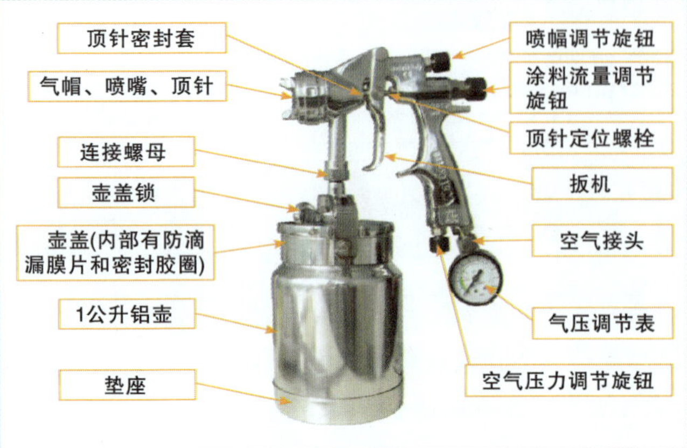


图3-18 吸力式喷枪

**涂料供给方式：** 油漆罐安装在喷嘴下方，仅用吸力供应油漆。

**优点：** 喷枪工作稳定，便于向油漆罐加油漆或变换颜色。

**缺点：** 喷涂水平表面困难。黏度变动导致排量变化，油漆罐比重力进给式大，因而操作者较易疲劳。

### （2）重力式喷枪

如图3-19所示，重力式空气喷枪是利用油漆自身重力流入喷嘴进行雾化喷射的。这种喷枪适用于较稠的涂料（如车身填料）的喷涂。

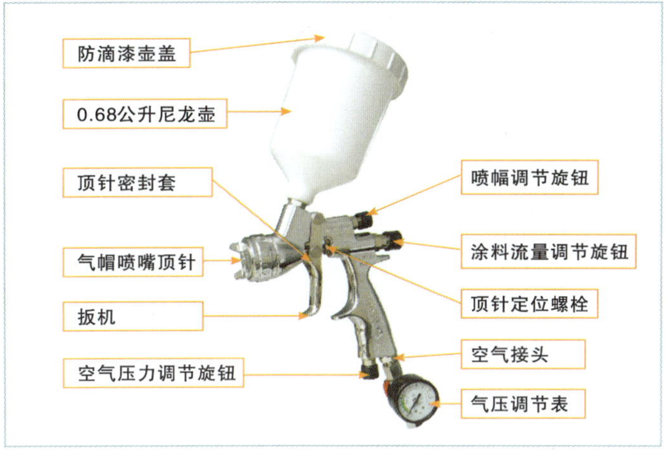


图3-19 重力式喷枪

**涂料供给方式：** 油漆杯安装在喷嘴上方，用重力及喷嘴尖的吸力供应油漆。

**优点：** 油漆黏度不变，所以喷量不会变化；油漆杯的位置可按喷漆件的形状变更。

**缺点：** 由于油漆杯安装在喷嘴上方，反过来就会影响喷枪的稳定性；油漆杯容量小，不适合喷射较大的表面。

### （3）压送式喷枪

如图3-20所示，压送式空气喷枪是利用压缩空气进入油漆罐中推动油漆从细管进入喷嘴。

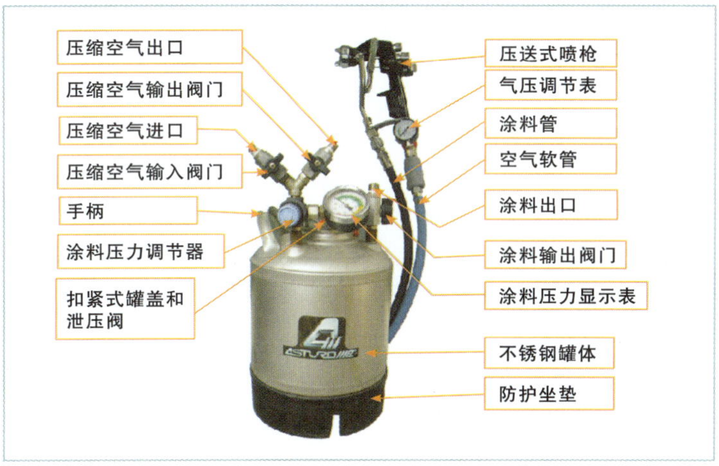


图3-20 压送式喷枪

**涂料供给方式：** 用压缩空气罐或泵给油漆加压。

**优点：** 喷涂大型表面时不必停下来向油漆罐加油漆。也可使用高黏度油漆。

**缺点：** 不适合小面积喷漆，变换颜色及清洗喷枪需要较多时间。

## 2. 喷枪的结构

喷枪主要由气帽、喷嘴、针阀、扳机、气阀、调节钮和手柄等组成，典型的吸力式空气喷枪的结构如图3-21所示。

空气帽引导压缩空气撞击涂料，使其雾化成有一定直径的漆雾。空气帽上有3个小孔，为中心孔、辅助孔、侧孔，如图3-22所示。中心孔位于喷嘴末端，产生喷出涂料所需要的负压。辅助孔可促进涂料的雾化，喷出空气量的多少与涂料雾化好坏有很大关系，如图3-23所示。侧孔喷出的气流可控制喷雾的形状，当扇形调节旋钮关上时，喷雾的形状是圆形的，当调节旋钮打开时，喷雾的形状变成长方形。

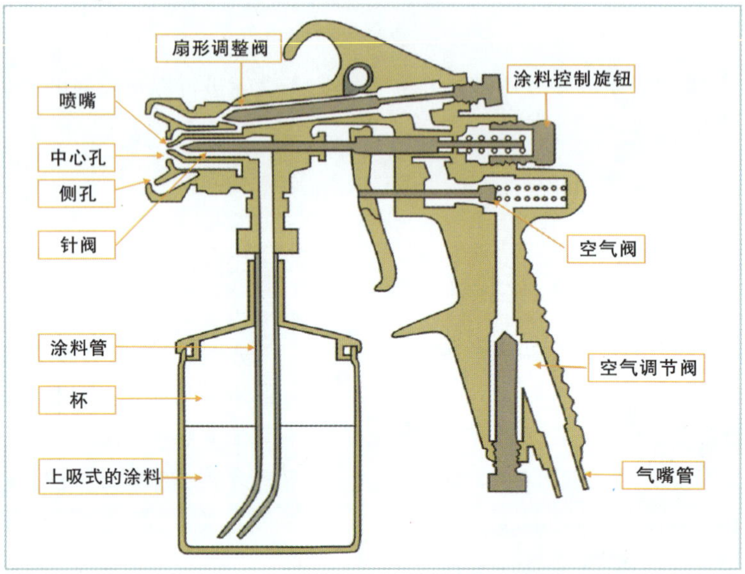


图3-21 吸力式空气喷枪的结构图

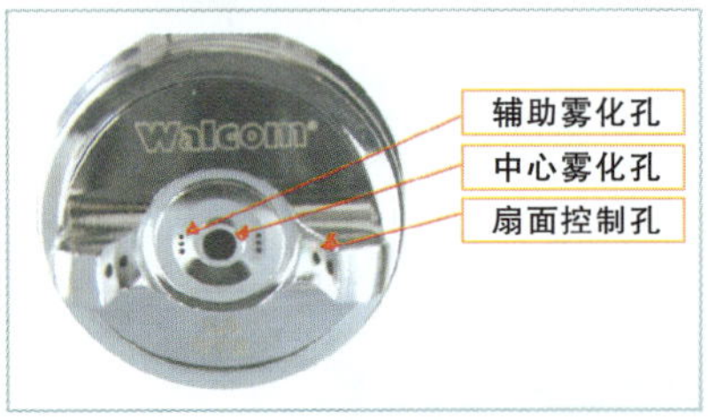


图3-22 气帽

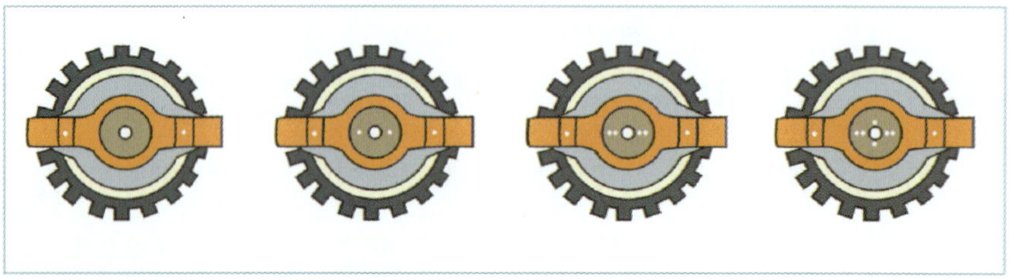

图3-23 辅助孔的大小与喷枪工作性能的关系

## 3. 喷枪的调整与操作

喷涂模式的调整是指喷雾扇形区域的调节，喷雾扇形取决于空气和雾化的涂料液滴的混合是否合适（就像发动机的工作取决于空气和燃油的混合是否合适）。涂料的喷涂应平稳，喷涂出的湿润涂层应没有凹陷或流泪现象，在一般情况下要想获得合适的喷雾扇形，有三种基本调节方式。

### （1）喷涂模式的调整

#### ①空气压力调节

喷枪喷嘴处的压力对于得到合适的喷雾扇形有明显的影响。空气压力的调节一般可通过分离/调压器来调节，但由于空气从调压器经过输气软管到达喷枪还受到摩擦力作用，因此存在压降。调压器处测得气压与喷枪处测得气压的差值取决于输气管的长度和直径，一般来说孔径越大压降越小，管长越短压降越小，但管长一般不超过10m。因此，应该在喷枪处测量气压值，而且我们所提到的压力值都是指喷枪处的气压。

测量气压最可靠的方法是使用一块插在喷枪和输气管接头之间的气压表。有些喷枪本身就带有气压表，可用来检查和调节喷枪处的压力值，而大多数喷枪的气压表是可选件，建议在生产实际中应使用气压表。

#### ②喷雾扇形调节

通过调节喷雾扇形控制旋钮可以调节喷雾直径的大小。调节喷雾形状时，将扇形控制旋钮旋紧到最小，可使喷雾的直径变小，喷涂到板件上的形状变圆；将扇形控制旋钮完全打开，可使喷雾形状变成宽的椭圆形。较窄的喷雾可用于局部修理，而较宽的喷雾则用于整车喷涂，如图3-24所示的是扇形控制旋钮从旋紧到最小到完全打开时喷雾形状的变化。

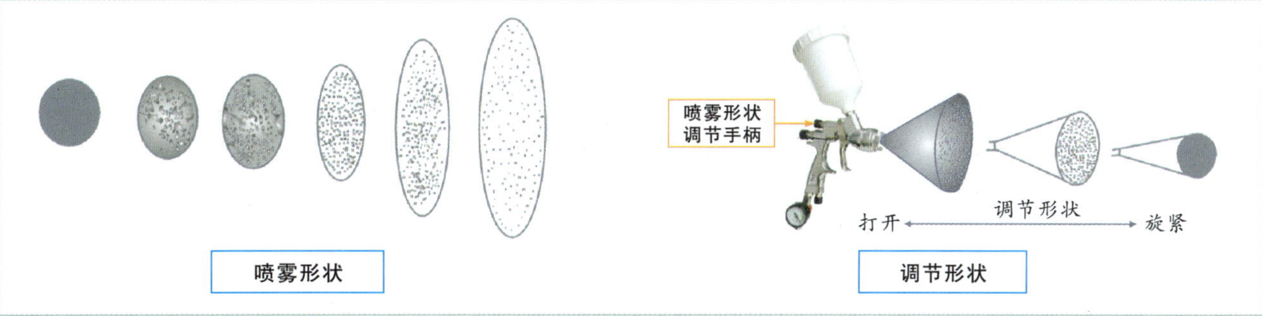


图3-24 喷雾扇形宽度调节

③涂料流量调节

调节涂料控制旋钮可调节适应不同喷雾形状所需的涂料流量，如图3-25所示。逆时针转动涂料控制旋钮可增大出漆量，而顺时针转动将减小出漆量。

最佳的喷涂压力是指获得适当雾化、挥发率和喷雾扇形宽度所需的最低压力。压力过高会产生过多弥漫的喷雾，从而导致用料量增加，而涂层流动性降低，因为在涂料到达喷涂表面之前已有大量的溶剂被蒸发掉了，易产生橘皮等缺陷。如果压力过低，会使涂层的干燥困难，因为大多数溶剂都保留下来了，因此容易起泡和产生流挂现象。

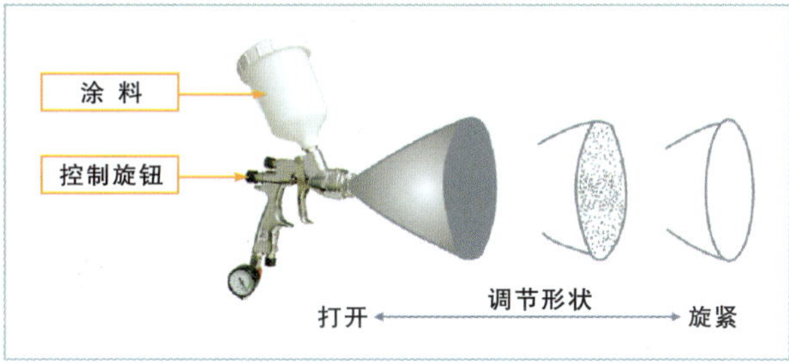


图3-25 调节涂料控制旋钮控制出漆量

## （2）喷涂试验

设定好空气压力、喷雾扇形、出漆流量后，就可以在遮盖纸或报纸上进行喷雾形状测试。喷涂清漆类涂料时喷枪与测试纸相距为15～20cm，而喷涂磁性漆时则相距20～25cm。试验应在瞬时内完成，将扳机完全按下，然后立即释放。喷射出来的涂料应在纸上形成长而窄的形状，然后旋转喷雾扇形旋钮，使试样高度达到一定高度为止。一般情况下，进行局部修理时，试样高度从底部到顶部应达到10～15cm；进行大面积或全身修理时，试样高度从底部到顶部应长23cm左右（通常情况下，试样高度在15～20cm即可）。如果涂料颗粒粗大，可以旋进涂料流量控制旋钮1/2圈以减少流量；如果喷得太细或过干则旋出涂料流量控制旋钮1/2圈，以达到增大涂料喷出量的目的。

## （3）喷涂操作要领

①喷枪与工件表面的角度（喷涂角度）

喷枪与工作表面必须保持垂直，绝对不可由手腕或手肘作弧形的摆动，如图3-26所示。

②喷枪嘴与工件表面的距离（喷涂距离）

正常的喷涂距离应与喷枪的气压、喷枪的扇面调整大小以及涂料的种类相配合。一般喷涂距离为15~20cm（可按涂料供应商提供的工艺条件操作）。实际距离可通过对贴在墙上的纸张试喷而定，如图3-27所示。

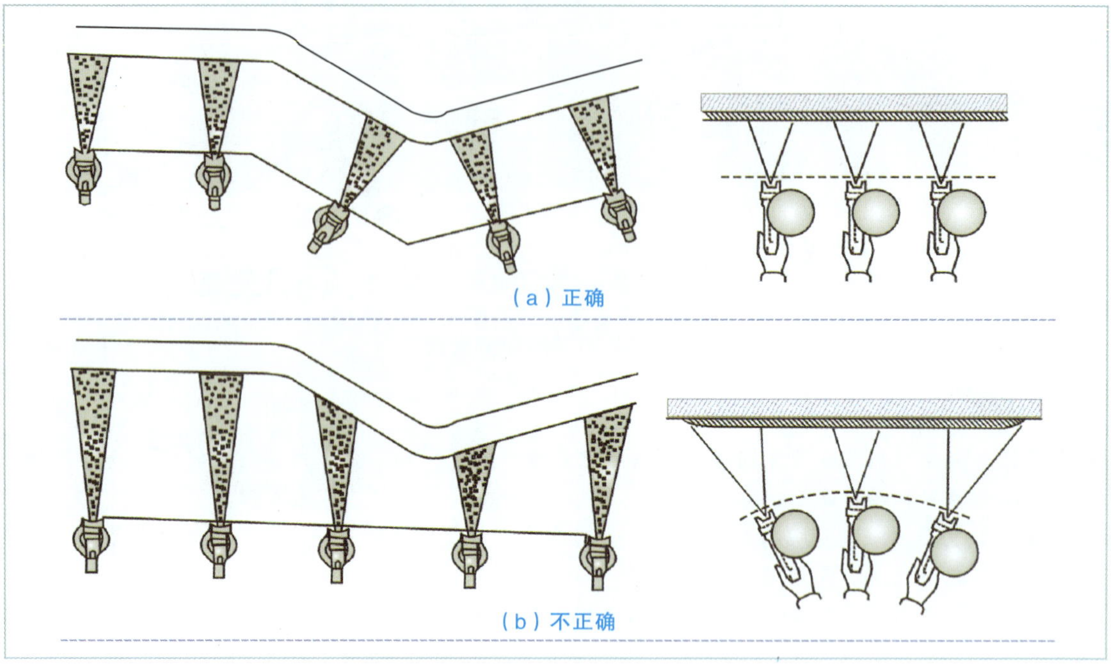


图3-26 喷枪与工件表面的角度

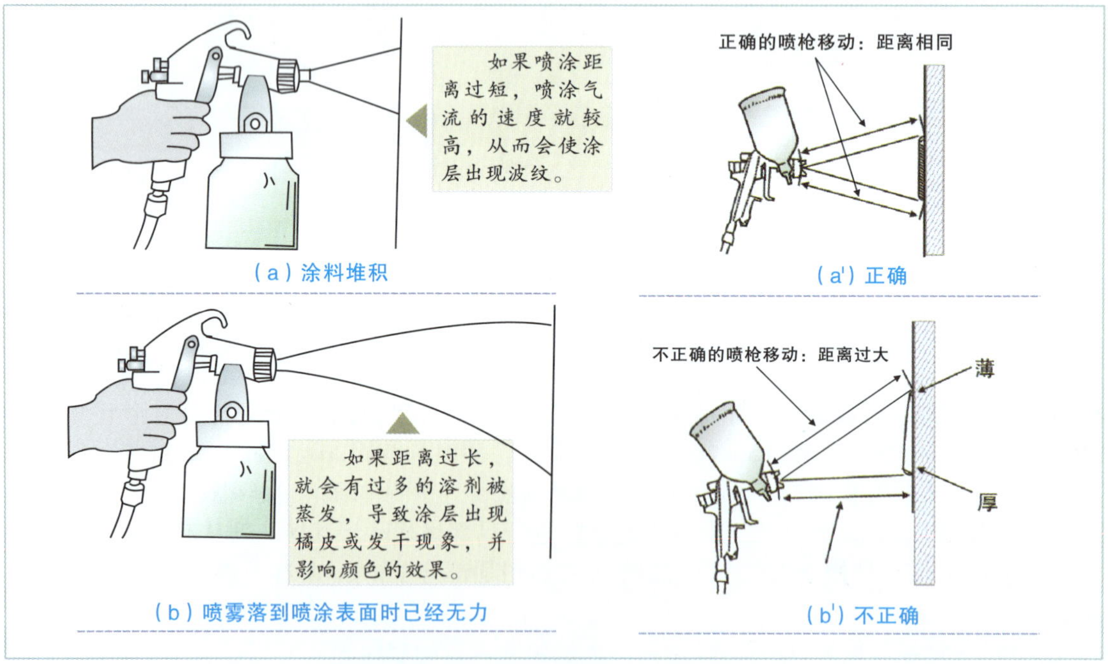


图3-27 喷枪与工件表面的角度和距离

### ③喷枪的移动速度（喷涂的移动速度）

喷枪的移动速度与涂料干燥速度、环境温度、涂料的黏度有关，约以30～60cm/s的速度匀速移动。喷枪移动过快会导致涂层过薄，而喷枪移动过慢，会导致出现流挂的现象。

### ④喷涂压力

正确的喷涂气压与涂料的种类、稀释剂的种类、稀释后黏度和喷枪的类型有关，一般调节气压2.0～2.5Pa，或按试喷而定。压力过低极有可能雾化不好，会使稀释剂挥发过慢，涂料像雨淋一样喷涂到工件的表面，容易产生流泪、针孔、气泡等现象。而压力过高则有可能过分蒸发，严重时形成所谓干喷现象。

### ⑤喷枪扳机的控制

扳机扣得越紧，液体流速越大。传统走枪，扳机总是扣死，而不是半扣。为了避免每次走枪行将结束时所喷出的涂料堆积，有经验的漆工都要略略放松一点扳机，以减少供漆量，如图3-28所示。

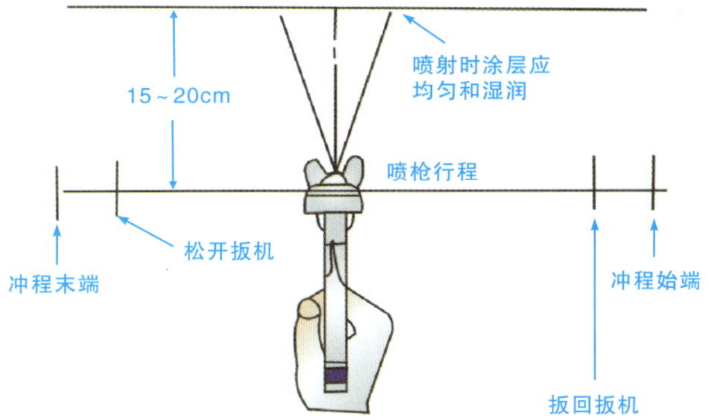


扣扳机的正确操作一般分四步：先从遮盖纸上开始走，扣下扳机一半，仅放出空气；当走到喷涂表面的边缘时，完全扣下扳机，喷出涂料；当走到另一头时，松开扳机一半，涂料停止流出；反向喷涂前再往前移动几厘米，然后重复上述操作步骤。

图3-28　扳机的控制

在“斑点”修补或者新喷涂层与旧涂层的边缘润色加工时都要进行“收边”操作。

收边法喷涂：通过手腕部移动，喷枪按月牙形轨迹离开修补表面，利用这种喷枪移动方法，漆层厚度会随着喷枪移开而逐渐变薄。

收边法喷涂，如图3-29所示。

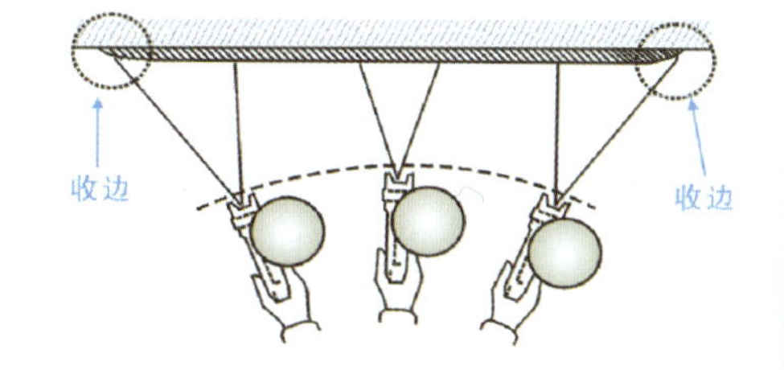


图3-29　收边法喷涂示意图

### ⑥喷涂方法、路线的掌握

喷涂方法有纵行重叠法、横行重叠法、纵横交替喷涂法。喷涂路线应从高到低、从左到右、从上到下、先里后外顺序进行。在行程终点关闭喷枪，喷枪第二次单方向移动行程与第一次相反，喷嘴与第一次行程的边缘平齐，雾形的上半部与第一次雾形的下半部重叠，重叠幅度应第二层与上一层重叠1/3或1/2，如图3-30所示。

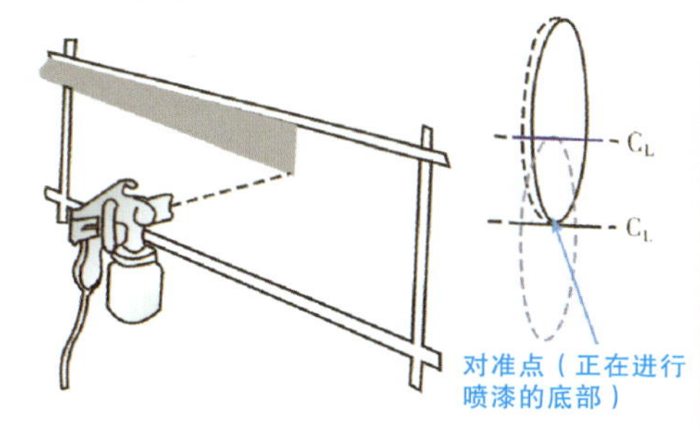


图3-30　喷程的重叠方式

### ⑦走枪的基本动作

汽车修补涂装中，被涂物的情况不同，喷漆走枪的手法也不同，以下叙述几种常用的喷漆走枪手法：

● 构件边缘的走枪手法（如图3-31所示）。

● 构件内角的走枪手法（如图3-32所示）。

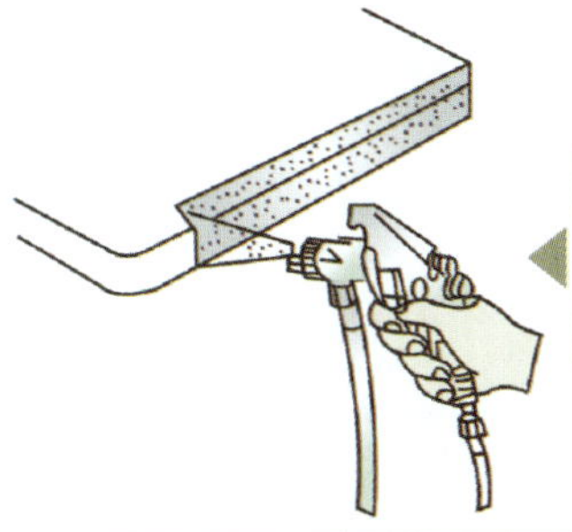

一般采用由右至左而喷涂，并采用纵喷（喷出涂料呈垂直方向）。

图3-31 构件边缘的喷涂

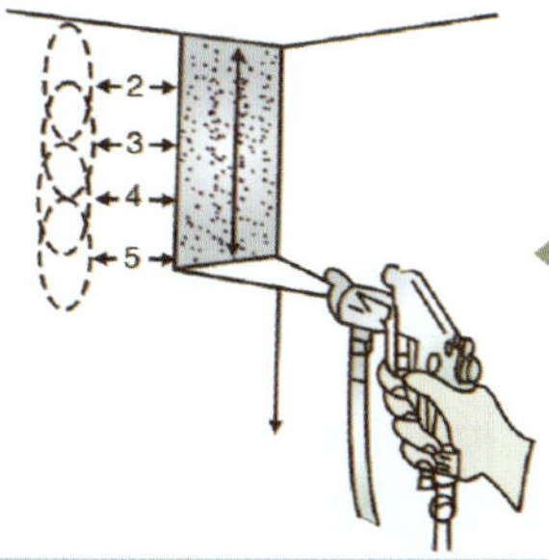


一般采用由下而上，再由上而下喷涂，并采用横喷（喷出涂料成水平方向）。

图3-32 构件内角的喷涂

●小而直立的构件平面的走枪手法（如图3-33所示）。
●长而直立的构件平面的走枪手法（如图3-34所示）。

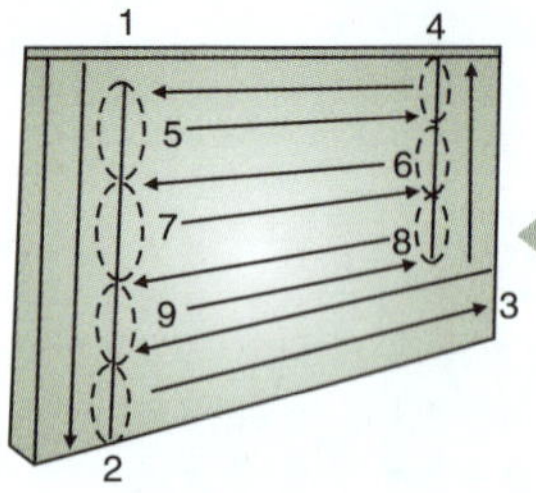


由上而下的行程进行（1→2），然后左至右（2→3），再由下而上进行（3→4），依次完成（4→1→5→6→7→8→9）。

图3-33 小而直立平面的喷涂

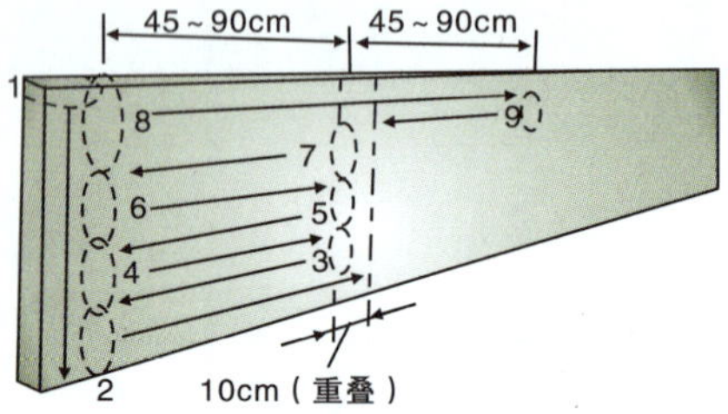


喷涂长而直立的构件平面时也是由上而下行程进行，再由左而右，依次沿横向行程，每行程45～90cm，次序“9”以后行程重叠10cm。

图3-34 长而直立平面的喷涂

●小圆柱构件的走枪手法（如图3-35所示）。
●大圆柱构件的走枪手法（如图3-36所示）。
●棒状构件的走枪手法（如图3-37所示）。

喷涂小圆柱构件时，由圆顶自上往下再自下往上，分3～6道垂直行程喷完。

图3-35 小圆柱体、中圆柱体的喷涂

喷涂大圆柱体时，则由左至右再由右至左，水平行程，依次喷完。

图3-36 大型圆柱体的喷涂

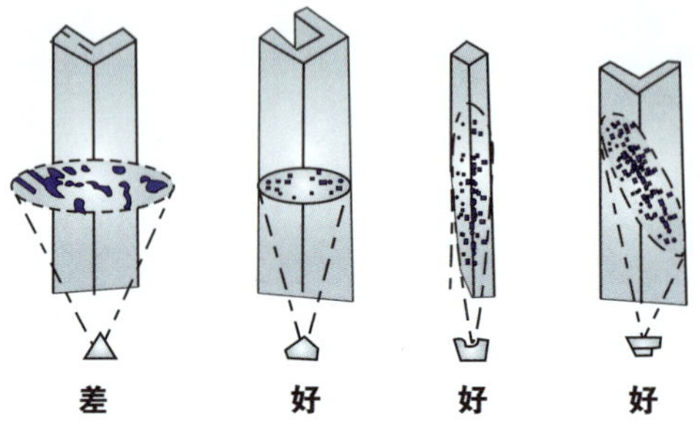


喷涂较长的、直径不大的棒状构件时，最好将雾束调窄一些与之配合。然而很多漆工为了省事，不愿经常调整喷枪，而是将喷枪雾束的方位与棒状构件相适应。这样可达到既完全覆盖又不过喷的目的。

图3-37 狭长面的喷涂

●大型水平表面的走枪手法。

喷涂大型表面如发动机盖、车顶、后盖等，可以采用长而直立构件平面的走枪手法。即由左至右移动喷枪至临近基材表面时扣扳机，继续移动喷枪至离开基材表面时放开喷枪。这样可以获得充分润湿的涂层，而不过喷或干喷最少。

在喷枪使用上，最好使用压送式喷枪，如果采用的是吸力式喷枪，当需要倾斜喷枪时，千万小心，不要让油漆滴落到构件表面上。为了防止油漆泄漏、滴落，在喷杯中油漆不要装得太满，整个操作过程要平稳、协调，随时用抹布或纸巾擦净泄漏出来的油漆。

## 七、干燥设备

干燥设备也称烘干设备，其种类很多。按其外形结构可分为室式、箱式、通道式 3 种形式；按其操作方式可分为周期式和连续式；按加热或传热方式不同可分为对流式干燥设备、辐射式干燥设备和感应干燥设备等。

目前，我国常用的干燥设备主要是对流式和辐射式干燥设备。

## 1. 对流式干燥设备

对流式干燥设备是利用热源以对流方式传递的原理制造的，通常由箱体、电热丝、电炉板、排雾管、小钢轨及活动推架组成，如图3-38所示。

图3-38 对流式干燥系统

### 对流式干燥设备具有的特点

- 对流式烘干设备加热均匀，能保证涂层的颜色不变。
- 烘干温度范围较大，基本能满足一般类型涂料烘干温度要求。
- 设备使用管理和维修较为方便，使用费用较低。
- 热量的传导方向和溶剂蒸发的方向相反。漆层的表面受热后干燥成膜，使漆层下面的溶剂蒸气不易跑出，干燥速度变慢。如果溶剂蒸气的压力克服不了漆膜的阻力，冲破膜表面而产生针孔，漆膜质量会因此受到影响。
- 烘干时，必须将烘室内的空气加热，热量消耗大。
- 由于空气和涂层的导热性差，故对流式干燥的速度较慢。

## 2. 辐射式干燥系统

辐射是热传递的一种方式，这种加热方法是将热能转变为各波长电磁振动的辐射能，其过程称为热辐射，是以红外线为辐射源的干燥设备，称为红外干燥设备。

红外线干燥设备是利用碳化硅管、碳化硅板、红外线辐射等组成的，如图3-39所示。

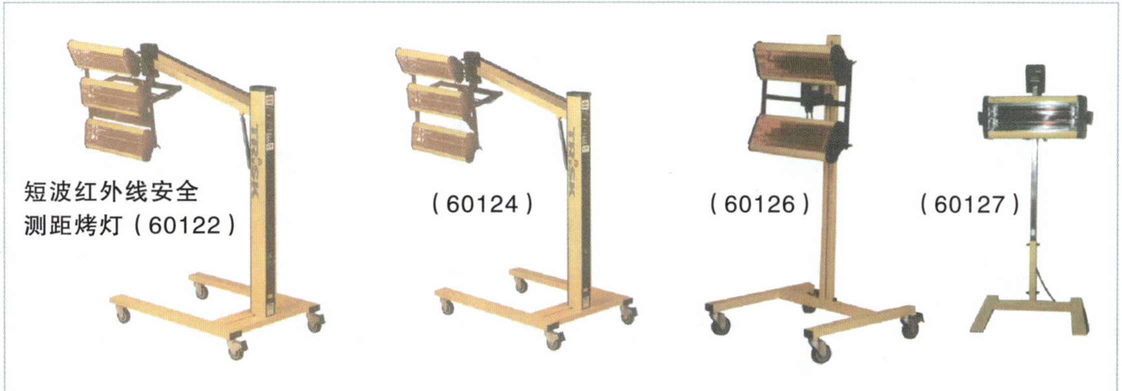


图3-39 红外线设备

**红外线干燥设备特点**

●干燥速度快：由于自内层向外干燥，油漆溶剂易于挥发。因而可大大缩短干燥时间，一般可提高效率2～5倍。

●干燥质量好：漆层干燥均匀，可避免或大大减少由于溶剂蒸发而产生的针孔、气泡现象。

●热损耗小：由于辐射不需要中间媒介，可直接将热源传到被加热的物体上，故没有因存在中间媒介引起的热损耗。

●升温迅速：大大地减少烘干时间。

●设备结构简单：节约设备投资和占地面积。

●具有方向性：可调节，可用于局部加热。

## 八、烤漆房

车身修理会不断产生粉尘和污物，许多微小的尘粒几乎无法控制其散发方向。在这样的环境中进行喷漆显然是不合适的，因此需要设置独立的喷漆房，为喷漆提供一个清洁、安全、照明良好的密封环境。这样做，既可以隔开其他工序对喷漆的影响，又可以将喷漆所造成的污染得到有效的控制和治理。其唯一的缺点就是不能进行烤漆，后来人们研究出烤漆房，是将喷漆和烤漆合二为一的设备。由于这种设备占地面积小，设备利用率高，投资少，经济实用等特点，被现代汽车维修厂或汽车美容店广泛使用，主要由房体、通风系统、空气过滤系统、加热系统、照明系统、废气处理系统等组成。

### 1. 通风系统

喷漆房有两种形式：一种是单室式的，只具有喷漆功能；另一种是双室式的，同时具有喷漆和烘干功能。

风机和过滤器都设置在喷漆房外。换气系统应达到每小时全换气两次或更多次的要求。如果喷漆区在冬季温度比较低，冷空气对冷物料喷成的冷面层会带来不利的影响，此时，在空气供给系统中应增加恒温装置，以提供温度适宜的空气来满足喷漆的需要。

目前，换气系统有三种形式：正向流动喷漆棚、反向流动喷漆棚和下向通风喷漆棚。

#### （1）正向流动喷漆棚

图3-40所示为正向流动换气喷漆棚的补气情形。汽车从空气进口进入，沿着气流方向走向喷漆棚另一端的空气出口并离开，气流是从汽车后部向前吹的。

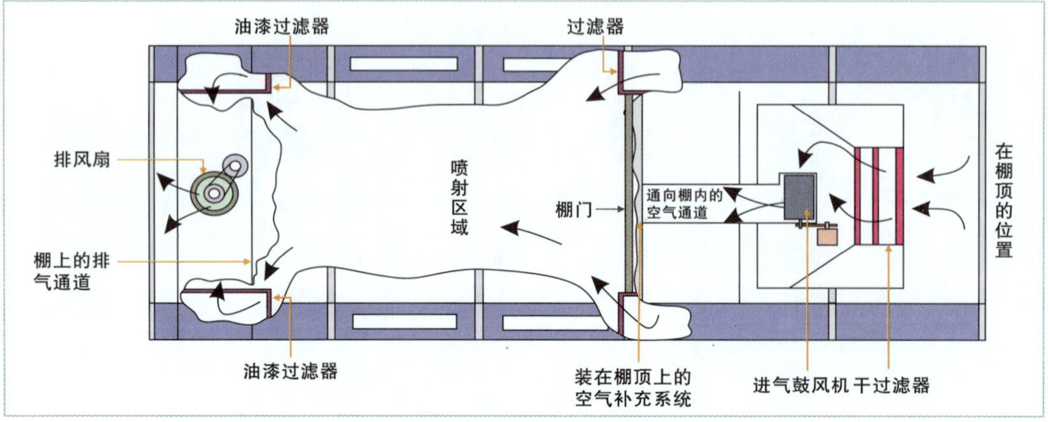


图3-40 典型的空气补充系统

### （2）反向流动喷漆棚

反向流动气流是从前向后的，即汽车是以倒车的形式进入喷漆棚的。不少反向流动喷漆棚的汽车是从后面迎着气流方向驶入的。

### （3）下向通风喷漆棚

目前，喷漆房最普遍采用的空气流动系统是下向通风式，如图3-41（a）。从天花板向下流动的空气在走向排出坑的过程中经过汽车表面时形成一道包围层，把沉积在新喷漆表面上的污染物和过多的漆雾清除掉，保证喷漆作业较为清洁。这个系统还有利于防止过喷。图3-41（b）为具有升降平台和地坑式的下向通风喷漆棚的示意图。

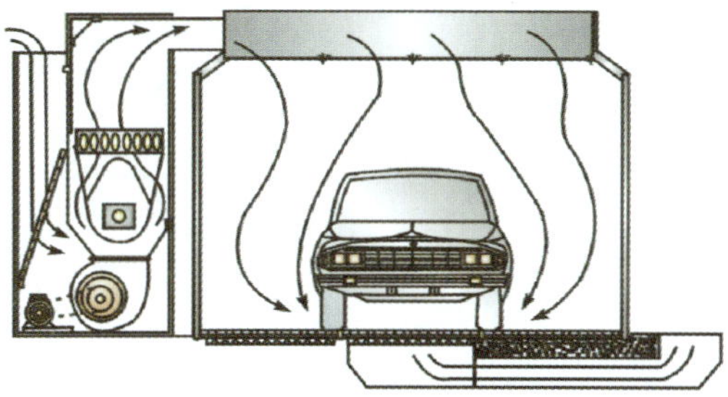
（a）下向通风喷漆棚的气流模型

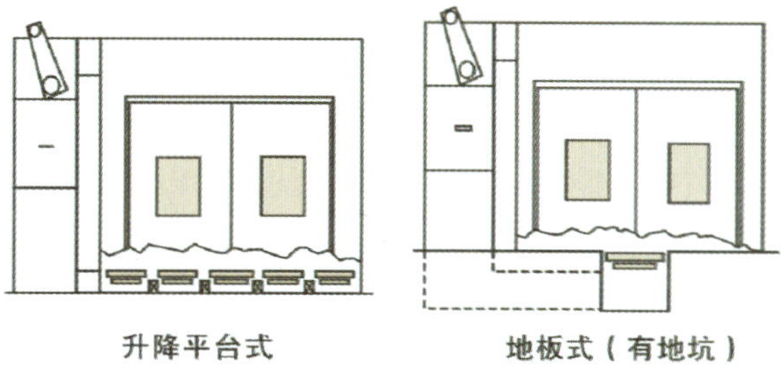

（b）下向通风喷漆棚的两种形式

图3-41 下向通风喷漆棚

## 2. 空气过滤系统

喷漆房最重要的安全设施是过滤系统，其作用主要是将混杂在喷漆房空气中的油漆粒子和其他污染物过滤掉，使排出的气体不致污染大气。另一方面，进入喷漆房的空气也要过滤才能保证喷漆的质量。目前使用的过滤系统有两种，即干过滤系统和湿过滤系统。

### （1）干过滤系统

干过滤系统就像一个筛子，在气流通过时，将油漆粒子和污物截住，只允许干净的气体通过。目前向下通风式喷漆房在进风口处安装有进风口棉[如图3-42（a）]，过滤空气中较大的尘埃粒子（15微米以上），从而使进入喷漆房的空气中的尘埃不至于过早地充满和堵塞顶棉，保证喷漆房有足够的风压；顶棉[如图3-42（b）]安装于喷漆房的顶部，为喷漆房做最后的过滤系统以保证喷漆作业顺利进行，收集10微米以上的细小尘埃微粒；在底处安装有底棉[如图3-42（c）]或“V”形过滤纸[如图3-42（d）]来收集喷漆房在作业时产生的过量喷漆游离粒子，使排放的气体达到环境保护的要求。

（a）进风口棉

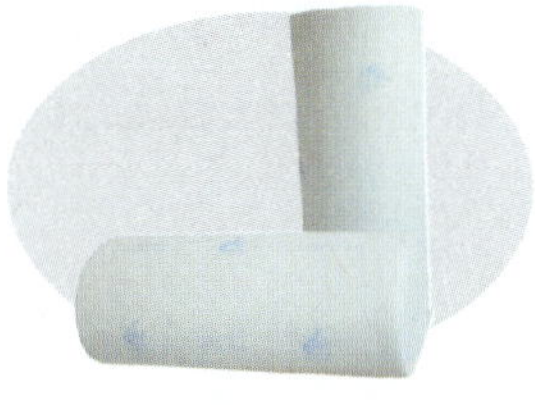
（b）顶棉

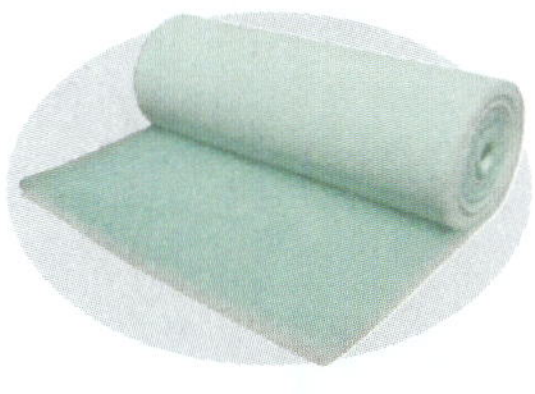
（c）底棉

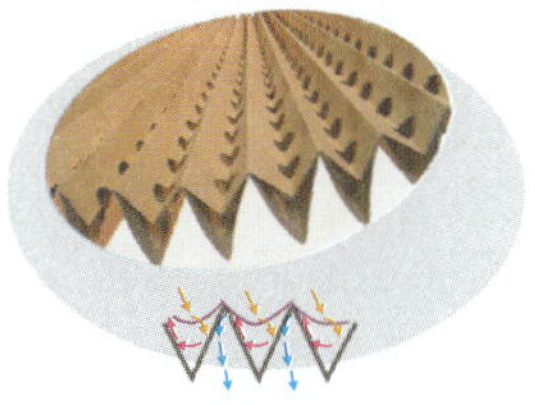
（d）“V”形喷漆过滤纸

图3-42 干过滤物体

**"V"形喷漆过滤纸的特点：**可替代烤房底棉，替代干过滤喷漆柜所用的过滤棉，也可用其配备干吸式喷漆过滤系统后替代水帘柜使用。

**"V"形喷漆过滤纸的优点：**过滤效果较其他过滤产品稳定，使用寿命长，而且经济、高效、环保、气流顺畅。

### （2）湿过滤系统

典型的下向通风喷漆棚采用水过滤系统（湿过滤系统）。棚内污浊空气经过水幕的冲洗，将油漆粒子和其他杂物带走，由排污水系统收集。经过清洗的空气再由排风机排到大气中，如图3-43所示。

## 3. 喷漆的操作方法与日常维护

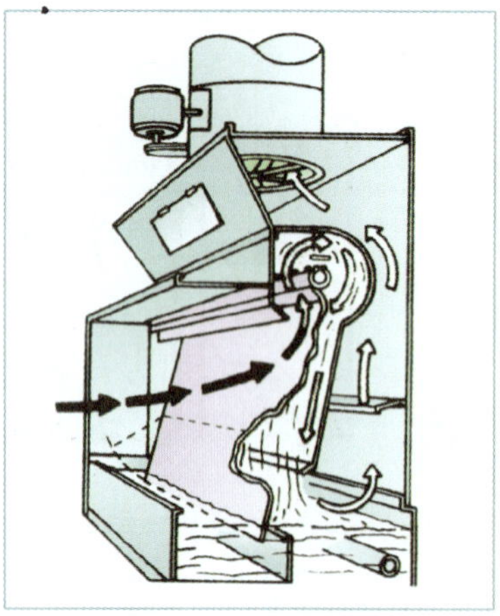

图3-43 湿过滤系统

### （1）喷漆

◎根据环境温度确定是用升温喷漆还是用常温喷漆。

◎当环境温度低于10℃时，先将温控仪温度设定在20℃，接通电源，将喷漆开关打到升温喷漆，使漆房的温度保持在20℃，处在最佳喷油温度状态。

◎当环境温度高于20℃，常温就可喷漆，漆房内不需升温，只需要通风。

### （2）烤漆

◎调节好烤漆时所需要的温度及时间，打开风机开关，再打开烤漆开关，即开始烤漆。

◎新鲜空气经加热器被加热后进入烤漆房使温度升高。当温度升至设定温度后15秒左右，风机自动关闭。漆房保持设定温度范围进行烤漆。

◎当温度降到比设定温度低45℃时，风机自动工作，使漆房内温度保持恒定。

◎当烤漆时间到达设定时间时，烤漆房自动关闭，烤漆结束。

### （3）烤漆房的日常维护

图3-44 烤房防漆保护液

◎定期清洗房墙、地板和挂在墙上的空气控制装置，除去灰尘和油渍。例行的保洁工作应在每次喷漆完毕之后进行，为下一次喷漆做好准备。也可以用烤房防漆保护液喷或刷在喷漆房墙上，形成一层防护层，并定期清洗和刷新。（如图3-44所示）

◎在房内不要存放零件、油漆、废料包装物或工作台，因为这些物品会累积污物，最终影响喷漆质量。

◎不要在房内用砂纸打磨车身表面或者抛光，以免尘粒弥漫，影响空气质量。所有待喷漆的准备工作，如整车的打磨清洁、油漆的调制等都要在房外进行，尽可能避免污染源的出现。

◎喷漆房除了大扫除可用少量水擦拭清洗，一般不提倡用水，清洁地沟或进出风口时，都必须用吸尘器及时清除粉尘和漆渣。

◎对于干式过滤系统，必须定期检查和更换过滤器。应每天使用气压计测量气压，若空气流动阻力增大，流动太慢，会造成房内空气质量变坏，形成过喷及其他缺陷。喷漆房底棉或“V”形过滤纸要定期更换。一般说来，干式过滤系统应按厂商推荐的空气流动速度运转才能获得良好效果。

◎定期检查房周边可能漏气的缝隙是否被密封，以免外部尘粒进入房内。

◎汽车在进入房内之前必须清洗干净。污物一般隐藏在汽车的裂隙、保险杠背面、发动机室，以及汽车底部不易被发现的地方，如不清除干净而带入房内，喷漆时在强大气流作用下，这些污物必然影响喷涂质量。一般应在房外用高压气流将这些部位的附着物清除干净。

◎喷漆用的辅助物件，如喷枪、胶纸、油漆罐、带子、车轮套、空气调节器、软管、工作服、防毒面罩、擦布等都可能集纳尘污，应将它们存放在密闭和通风的储藏室中，防止它们带来的污物落入喷漆面层之内。

◎定期对排风扇和电动机进行维护保养。

# 九、压缩空气供给系统

## 1. 空气压缩机

如图3-45所示。空气压缩机是空气供给系统的心脏，通称气泵，它将空气的压力从普通的大气压压缩到预定的压力值。按气泵的结构可分为活塞式、膜片式和螺旋式；按缸数可分为单缸、双缸和三缸。按工作方式分为一级压缩式和二级压缩式。

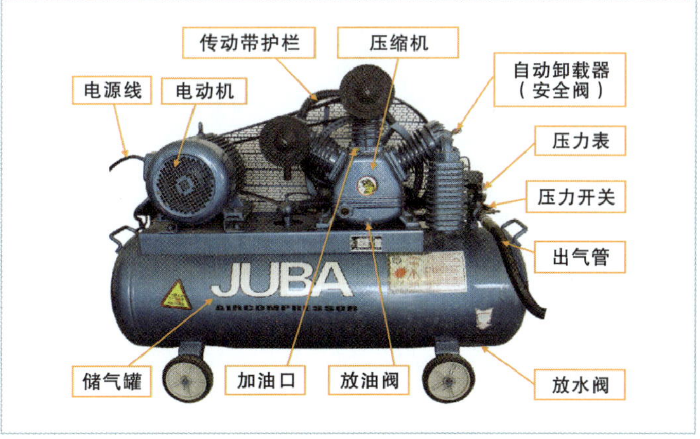


图3-45 活塞式空气压缩机

### 活塞式压缩机的结构

活塞式压缩机由曲柄连杆机构、冷却系统、润滑系统和自动调节系统四大部分组成。曲柄连杆机构主要包括活塞、连杆、曲轴、曲轴箱、缸体、缸盖、进排气阀等部件；冷却系统有风冷式和水冷式。风冷式主要靠缸体和缸盖上的散热片散热；水冷式的冷却器是靠冷却液来进行散热；润滑系统一般采用飞溅式润滑，在每个连杆的大头盖上装有油勺，当连杆运动时，油勺随之划开油面，将润滑油溅至各摩擦部位。

### 工作原理

当打开电源开关时，电动机带动压缩机，压缩机曲轴回转时带动活塞连杆组做上下来回运动。当活塞下降时，缸内压力降低，借大气压力推压弹簧阀打开进气阀，空气进入气缸；当活塞运行到下止点时，缸内充满空气，与大气压相同，借弹簧的弹力关闭进气阀。

随着活塞的上升，空气被压缩，缸内压力增加到超过气缸外气体压力时，排气阀打开，压缩空气进入储气筒。当活塞上升到上止点时，排气阀被关闭，如此反复运动，储气罐内空气压缩到一定的空气压力。

在日常使用空调压缩机时，我们也要对空调压缩机进行维护和保养。

## 空气压缩机的检查

●使用前检查油面的高度，如油面过低要及时加油。

●空气压缩机工作过程中要检查压力表的压力是否正常，各连接处有无漏气、漏油、漏水等现象，发现故障及时排除。

●每天应排放储气筒内的油水沉淀物1~2次，每两个月更换一次润滑油，每三个月清洗一次空气滤清器的滤网。

●启动空调压缩机时要注意运转方向，发现倒转或抱曲轴应立即停机检修。

●水冷式空气压缩机起动前，应接通冷却水，并注意冷却水流通是否正常。

●关闭减荷阀，使空气压缩机处于空负荷下启动。

●启动后打开减荷阀，让空气压缩机负荷运转，并注意观察运转情况。

空气压缩机如出现下列故障可参阅表3-15。

◆表3-15 空气压缩机的故障原因及排除方法

| 故障现象 | 产生故障的可能原因 | 排除方法 |
|---|---|---|
| 工作声音不正常 | ①组合阀未压紧 | ①拧紧组合阀螺母 |
| | ②阀片及阀片弹簧损坏 | ②更换损坏零件 |
| | ③组合阀的螺钉未拧紧，掉进气缸中与活塞碰撞 | ③检查排除 |
| | ④活塞在上止点时，活塞与组合阀下面的间隙太小，活塞与缸盖发生顶碰 | ④检查排除 |
| | ⑤连杆小头磨损太大，工作时在活塞槽内上下冲击 | ⑤检查修理 |
| | ⑥活塞环过分磨损，工作时在活塞槽内上下冲击 | ⑥更换活塞环 |
| | ⑦连杆轴瓦松动，工作时产生冲击 | ⑦修理排除 |
| 排气温度过高 | ①排气阀漏气或阀片小弹簧损坏 | ①修理与更换 |
| | ②排气阀严重积炭 | ②清洗 |
| | ③冷却水量不足，水套、中间冷却器内积垢堵塞 | ③检查排除 |
| | ④风扇转向不对 | ④检查电机线路更换接反线头 |
| 排气量不足 | ①滤清器堵塞 | ①清洗或更换 |
| | ②气缸活塞或活塞环磨损，间隙过大 | ②检查更换 |
| | ③组合阀漏气 | ③修理或更换 |
| | ④阀片弹簧损坏或卡住 | ④检查更换 |
| | ⑤排气管路漏气 | ⑤拧紧管接头 |
| | ⑥活塞在上止点时，活塞与组合阀下面的间隙过大 | ⑥调整垫片 |
| 润滑油温度过高 | ①油量过少 | ①检查加油 |
| | ②活塞环咬住，气缸发生硬磨 | ②检查排除 |
| | ③连杆轴承咬住 | ③检查更换 |
| 功率消耗增大 | ①活塞、活塞环与气缸咬住 | ①检查排除 |
| | ②连杆衬套、轴承、曲轴轴承烧坏 | ②检查排除 |
| | ③吸气、排气道不畅，阻力增大产生能量损耗 | ③检查排除 |

## 2. 储气罐

储气罐用来储存空气压缩机生产出来的压缩空气（如图3-46所示）。

储气罐的大小应根据用气量及空气压缩机的产气量来决定，储气罐的容积越大则空气压缩机两次启动间的间隔时间越长，储气罐的工作压力必须大于车间工具所需压力，以确保生产需要。

配备良好的储气罐可有效减少压缩机的工作时间，减少压缩机的频繁启动，从而减少压缩机的磨损和维修工作。因此，储气罐是所有工业厂家的必备品，同样建议一般修理厂也能配备，以减少开支，提高效率。

图3-46　储气罐外观图

**储气罐的作用：**

- 储存一定压力和体积的压缩空气。
- 排水功能。
- 保持气压和气流量的平衡。
- 避免空气压缩机的频繁启动。

提示：储气罐属高压容器，客户在购买时，必须选择符合国家规定并具有安检报告的厂家并由专业技术人员安装。

## 3. 调节装置

空气压缩机上装有自动调节空气压力的调压阀和安全阀，以保证空气压缩机正常、安全地工作。

### （1）调压阀

**调压阀的功能**

调整空气压缩机输送的空气压力，并使其恒定在规定的范围以内。

**调压阀的工作原理**

调压阀内装有溢流阀，当输出压力超过调整压力时，压缩空气将溢流阀顶开自动排气，此时空气压缩机空负荷运转，压力不再升高。当储气筒内的压力低于工作压力0.1～0.2MPa时，溢流阀自动关闭，此时空气压缩机又进气负荷运转，继续向储气筒供气。旋转调整调压器手柄，可使平衡弹簧的作用力发生变化。当调整杆旋入时，中间弹簧、平衡弹簧被压缩并迫使时气阀杆下移，进气阀被推开使输出端压力也相应提高，直至平衡气室的压力与平衡弹簧相平衡为止，输出端的压力再次恒定在一个新调高的压力上。反之，当调整阀杆旋出时，平衡弹簧的作用力也相应减弱，平衡气室的压力相对低一些，使其可将进气阀关闭，从而达到了调低输出端气压的目的。

### （2）安全阀

安全阀是保证空气压缩机安全运行的装置。当储气筒内的气体压力超压时，安全阀就自动打开排气，以保证储气筒内壁不因受压太高而爆裂。

## 4. 过滤装置

为了保证喷涂质量，空气压缩机所提供的空气必须是纯净、干燥的气体。但由于空气中存在水分，经压缩机压缩后的气体中还会带有水汽，这些水分和油气随漆雾喷涂到工作表面上，会使涂膜表面产生水泡和麻点，影响喷涂质量，严重的还会造成返工或报废。为了保证用于喷涂的空气无尘干燥，在空气压缩机上装有过滤装置。常用的过滤装置是油水分离器，如图3-47所示。

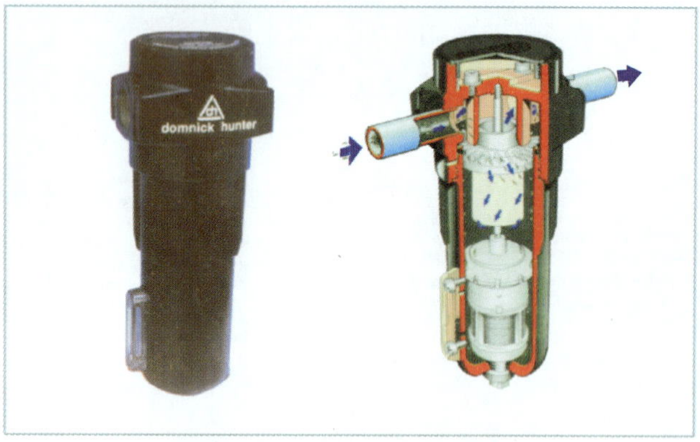


图3-47 WS油水分离器

油水分离器失效，将会使喷漆后形成的漆膜产生水泡或麻点，为此，必须加强维护，确保其工作可靠，其维护作业包括：

- 每日打开放水阀1～2次，将杯中的污水放掉。
- 要定期地清洗过滤杯或存水杯。
- 如果空调压缩机采用的是圆筒式过滤器，要定期更换过滤器的焦炭。
- 按使用周期或工作小时来更换过滤装置。

# 情境三：漆面划痕处理

汽车的漆面划痕根据其深浅度不同可分为浅度划痕、中度划痕和深度划痕三种类型。浅度划痕指表层面漆轻微刮伤，划痕穿过清漆层已伤及色漆层，但色漆层尚未刮透；中度划痕是色漆层已经刮透，但尚未伤及底漆层；深度划痕指底漆层已刮透，可看见车身的金属表面。

## 一、浅度划痕修复

对于漆面浅划痕，可以采用漆笔修复法进行修复，即用与车漆相近颜色的漆笔涂在划伤处。此种方法简单，但是修复处的漆附着力小，容易剥落而难以持久。因此对于表层漆面轻微刮伤的车身，经检查未刮透面漆层，可采用下列修补工艺进行修复。

### （1）清洗

首先要将面漆表层的上光蜡薄膜层、油膜及其他异物除掉，避免造成意外的伤害。方法是采用脱蜡清洗剂对刮伤部位进行清洗，然后晾干。

### （2）开蜡

开蜡的目的是为了保证下面工序中抛光的效果。开蜡作业要求使用专业的开蜡水，去除车身漆面上原有的蜡质层，在对蜡质层进行彻底分解的同时，又不会损伤漆面。

### （3）打磨

经打磨抛光的漆面已基本消除浅度划痕，对打磨抛光作业中残留的一些发丝划痕、旋印等，可通过漆面还原进行处理。其方法是：用一小块无纺布将还原剂均匀涂抹于漆面，然后抛光至面漆层与原来的涂层颜色完全一致为止。经还原处理后的漆面可达到亮丽如新。

### （4）上蜡

漆面还原后还需要进行上蜡处理。其方法是：先将固体抛光蜡捣碎放入汽油中热熔后备用，修补部位用洁净的棉纱先蘸汽油润湿，再蘸蜡涂满后进行擦拭，要反复多次擦拭至漆膜平整光亮为止。 在上蜡时，也可将汽车整个表面同时用蜡抛光一遍。方法是：用洁净的棉纱将蜡质全部擦净后，再涂上光蜡，至漆膜清晰、光泽、显目为准，最后用绒布均匀擦拭一遍即可。

### （5）质检

上述工序完成后，对修补表面外观质量要进行检查，检查的重点是涂层的色泽必须与原漆膜完全一样，若有差异说明表面清理和打蜡抛光没有完全按照要求操作，必要时应进行返工。

## 二、中度划痕修复

汽车漆面的中度划痕是指色漆层已经刮透，但尚未伤及底漆层的划痕。其一般的处理方法如下：

### （1）打磨

①检查底层涂漆是否附着完好。

②对中涂层及面漆层的刮伤部位进行打磨，使之平整、光滑。

③对损伤部位的边缘进行修整，使其边缘见不到刮伤的涂层为止，必要时可适当扩大打磨面积。

### （2）清洗、干燥

①用专用清洗剂去除打磨表面的油污、石蜡及其他污染物。

②用烘干设备使清洗表面干燥。

### （3）中涂层涂装

①确定施工工艺参数。根据不同的涂料确定施工黏度、雾化压力、涂装距离、干燥温度、干燥时间等参数。

②遮盖。对不需喷涂的部位进行遮盖。

③中涂层漆膜干燥。如果修补面积不大，可采用室温自然干燥，但时间较长；一般常用远红外线干燥灯或远红外线干燥箱(反射式)进行局部干燥。

④中涂层漆膜打磨清洁。中涂层漆膜干燥后，用320号的水磨砂纸对补涂的漆膜进行轻轻打磨，使之光滑平整，用手触摸无粗糙感觉为准。打磨方法有干式打磨和湿式打磨两种。在干式打磨时，用压缩空气吹净打磨部位，再用清洁的黏性抹布把浮灰等彻底抹净；在湿式打磨时，用320号的砂纸对修补的中涂层进行表面打磨，同样打磨到用手触摸无粗糙感为止，并用水冲洗干净。将水擦净、晾干或用压缩空气吹干，最好还是用远红外线干燥箱烘干。

### （4）面漆涂装

①第一道面漆。先将已选好的面漆按施工条件的要求调配到规定的工艺条件允许范围内，然后进行喷涂。再采用特制的远红外烘烤灯或烘烤箱进行局部烘干。烘烤的温度和时间视现场的实际状况而定，但必须要达到烘烤的质量要求。可用棉球法测定漆膜表面是否干燥。当其干燥后再用320号砂纸进行面漆表面打磨，使面漆涂层表面平整光滑，并用抹布、压缩空气边吹边擦，最后用带黏性的抹布将表面彻底擦净。

②第二道面漆。先喷漆再烘干，与第一道面漆相同。干燥后再打磨。此次面漆打磨是直接影响到涂层表面质量的最后打磨工序，应特别注意打磨质量。采用500~600号砂纸轻轻湿打磨，消除涂膜缺陷，然后再进行烘干。

### （5）罩光漆涂装

第二道面漆喷涂打磨干燥后，应再喷涂一层氨基罩光漆。喷完后若是局部小范围的干燥，采用远红外线加热器进行烘烤，时间以实际干透为止。若喷涂面积较大，可将车辆放置在干燥室内进行干燥。

### （6）抛光上蜡

抛光上蜡的操作方法是：

①先用棉布、呢绒、海绵等浸润抛光剂，进行抛光然后擦净。

②再涂E光蜡，并抛出光泽。

## 三、深度划痕修复

深度划痕包括创伤划痕，是汽车因碰撞、刮擦等原因造成车身局部损坏、板面变形、破裂等创伤，涂层严重损坏。对深度划痕首先应清除损伤板面的旧漆层，用钣金或焊装等方法，修复好已损伤车身的板面，达到与原来的形状尺寸轮廓相等的要求，然后进行修补涂装，其具体的工艺方法是：

### （1）表面处理

①用铲刀、钢丝刷等清除表面涂层、铁锈、焊渣，焊口较大处用砂轮打磨平整，用1.5～2.5号砂纸打磨，清除底层表面锈蚀和杂物。

②用溶剂将划痕处洗净、晾干。

③涂上一层薄薄的底漆。

④在底漆膜上涂一层防锈漆。

### （2）刮涂腻子

①将速干原子灰覆盖在金属层上。

②原子灰干燥后，用400号干砂纸将原子灰打磨平。

③用脱蜡清洗剂将划痕处擦净。

### （3）涂中涂层

①将不喷漆的地方用专用胶纸遮盖。

②先用喷枪轻轻地喷上两道底漆，然后再喷第二层较厚的底漆，并使其干燥。

③用600号砂纸将底漆磨平。

④如果划痕处仍低于漆面，可再喷涂3～5层底漆，并重复清洁步骤。

⑤用1500~2000号砂纸将周围部分打平，再用溶剂擦净。

### （4）喷涂面漆

①**喷漆：**选用与原车色漆配套的面漆，按原车颜色调配，并调至符合施工要求的黏度，经过滤后再进行喷涂施工。每喷涂一遍之后，应有涂膜需要的流平时间，然后再一遍一遍地进行喷涂。使第一次面漆涂层达到30~40μm厚度。涂料在涂覆后应有足够的流平和晾干的时间，常温干燥一般2h以上。

②**湿磨：**用280~320号水磨砂纸在喷涂四层的涂膜基础上将涂膜打磨平整光滑。用抹布、压缩空气边吹边擦，并使之表面干燥，可加热干燥，也可自然晾干。但自然晾干时，时间较长，并要注意防止粉尘污染涂膜表面。

③**罩光：**在原有面漆内，加清漆20%以下，再适当加入稀释剂混合使用，以增加光洁度。其黏度以15s/20℃为宜。经过滤后再喷涂。喷后流平性要好，以便第二天易于抛光打蜡。总厚度为80～110μm。

### （5）抛光上蜡

①拆除喷涂完并干燥后的车身遮盖物。

②用400~500号水磨砂纸带水将车身表面打磨至涂膜表面光滑平整为止。打磨长度来回在100mm以内。

③用抛光剂打磨。先用抹布将涂层表面擦净。用呢绒、海绵等浸润抛光剂进行抛光。

④抛光之后再用上光蜡抛出光泽，使其表面光亮如新。

## 思考与练习

1. 汽车涂料由哪些部分组成？各起什么作用？

2. 汽车漆面工具和设备包括哪些？

3. 喷枪在使用时怎样进行调整？

4. 怎样正确使用喷枪进行喷漆？

5. 漆面的划痕有哪几种类型，应如何修复？

# 第四部分

# 汽车外部装饰

汽车外部装饰是在不改变车身结构和功能的前提下，通过对车身加装或改装大包围、保险杠、导流板、后视镜以及天窗等饰件，改变汽车的外观，达到使汽车更加安全、靓丽的目的，以满足人们对安全性和审美观的需求。

## 情境一：车身大包围

汽车大包围是指车身下部宽大的裙边装饰。一般由前包围、侧包围和后包围组成，在一些车型上还包括轮眉、挡泥板和门饰板等，现在很多车型都安装了大包围，加装大包围后，汽车变得更加美观，给人以雍容气派之感，车身富于动感。

### 一、大包围的作用

**车身大包围的学名是车身“空气扰流组件”，源于赛车运动，用于改善车身周围的气流对运动中车身稳定性的影响。**而目前国内市场上的“大包围”大多不具备这种功能，而更多是为美观而设计的，不过汽车在安装大包围后使车身加长，重心降低，降低车身重量，提高了汽车行驶的稳定性。

车身大包围起源于赛车运动，是利用空气动力学原理，增强赛车在高速行驶时的稳定性，所以车身大包围的学名是车身的“空气动力学”套件。我们在F1比赛中看到F1赛车的车身上的各种“翼”都是空气动力学套件。而到了普通的汽车上，空气动力学套件就成了车身大包围。车身大包围能够减低汽车行驶时所产生的逆向气流，同时增加汽车的下压力。使汽车行驶时更加平稳，从而减少耗油量。但是绝大多数车主选择给爱车改装汽车大包围主要还是为了美观。因为低速行驶的汽车的大包围基本不会对车辆行驶产生影响。一般的大包围是由生产厂家根据不同的车型设计而成的，通常会有几种型号，每一种型号包含几个车身不同部位的组件，选用大包围时根据车型及汽车的具体情况（如颜色），按照与车身协调并且不影响汽车安全性的原则，通用性不高。随着人们汽车消费理念的提高，现在有一些大型的汽车装饰店已经具有为顾客专门制作大包围的能力，迎合了消费者要求汽车外貌独一无二的需要。图4-1和图4-2为大包围的效果图。

图4-1 POLO大包围

图4-2 本田飞度大包围

## 二、汽车外部清洗

目前市面上的大包围按照安装款式分为两类：一是唇款，即在原车的保险杠或车身侧部下方安装半截包围件；二是保险杠款，即拆下原车的保险杠或车身侧裙等，安装新的完整的大包围件。

唇款对于包围件的质量和安装技术要求很高，包围件和车身缝隙不能超过1.5mm，否则会影响外观，而且可能在高速行驶时脱落。但是唇款的优点在于不用改变原车，易于拆下包围件并恢复原有外观。因为保留了原车的保险杠，所以安全性有保障。

保险杠款可以大幅度改变原车外观，更易于造型，更有个性化，而且安装相对容易。但是因为拆除了原车的保险杠，故安全性会受到大包围件材料性能和质量的影响。按照制作材料的不同主要可以分为两类：

### （1）玻璃钢

利用玻璃钢制作大包围套件，制作方便，对模具和生产设备要求不高，成本低廉，所以一般的大包围材料首选玻璃钢。但是由于材料物理性质的缺陷，玻璃钢大包围比较脆，抗冲击能力极低，安全性差。而且由于其塑性低，其安装、打孔过程比较麻烦。

### （2）PU（合成橡胶）

由于其抗冲击、不易变形、不易断裂、耐候性好（-40℃～80℃）且环保无公害等诸多优点，PU汽车大包围已成为国际汽车装饰业界公认最适合做汽车装饰板的原材料。同时PU大包围由钢模做成产品，规格标准；安装非常容易，两名工人约十分钟可以安装一台车（为汽车厂家节约大量的安装费用及时间）；PU大包围采用PU液体原料灌注而成，外形平、光滑，表面喷涂亮漆后，外观非常靓丽。但是PU材料价格极高，一般消费者很难承受。

### （3）ABS塑料

此类的产品因为是以真空吸塑成形，厚度较薄，强度较差，所以此类材料不能做保险杠款的包围，只能制作唇款的包围。

### （4）ADP合成树脂材料

此类材料收缩性较小，韧性较好，耐热不变形，所以制作出的产品表面光滑，同时抗扭力较强，密合度较高，但价格相对也较高。

大包围的价格按照档次不同也有较大的差异，一般在400～2000元，可以按照车主的需要进行选择。

# 三、大包围的制作和安装

## 1. 大包围制作

下面以传统的玻璃钢大包围为例，简单介绍一下大包围的制作工艺。

首先用玻璃钢做成大包围的形状，称为主模，然后在主模的内部喷涂胶衣，它是大包围的表面，其形状决定着大包围的表面形状，等胶衣干后，把预先裁好的纤维往主模上铺，一般要铺3~5层，等待1~4小时玻璃钢干透后即可脱模，最后将毛坯进行打磨处理，喷涂专用的FRP（玻璃钢）底漆后再经过喷面漆和烤漆之后，大包围的制作就完成了。

## 2. 大包围的安装

大包围的安装过程相对来说比较简单，前包围、后包围、侧包围的安装步骤基本相同，现按其中的一种介绍如下。

### 步骤一

准备好安装所需的工具和材料。一般常用的工具有手电钻、锤子、螺丝刀、活动扳手、钳子等，准备好大包围及其附属零件并按照安装说明做好各种处理工作。

### 步骤二

将大包围的安装部位进行擦拭和清洗，去除油污和污垢，使之清洁、干燥。

### 步骤三

在车身上安装大包围的相应部位贴上保护用的皱纹纸，防止在安装过程中碰坏车身油漆，如图4-3所示。

### 步骤四

将大包围在车身上相应位置试放一下，观察两者的贴合程度。注意安装侧包围时应该把车门打开，安装后包围时注意排气管。如图4-4 所示。

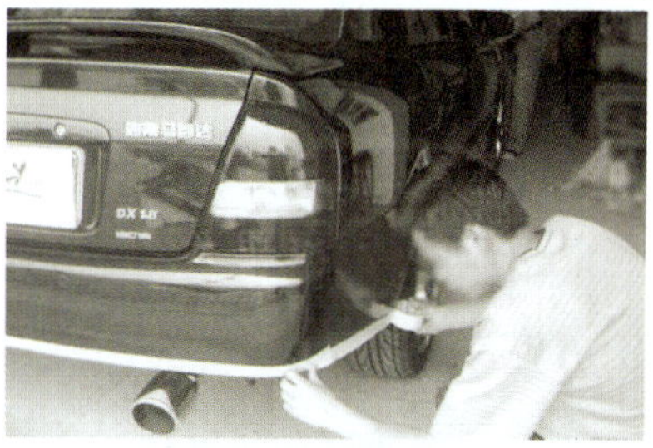

图4-3 贴保护纸

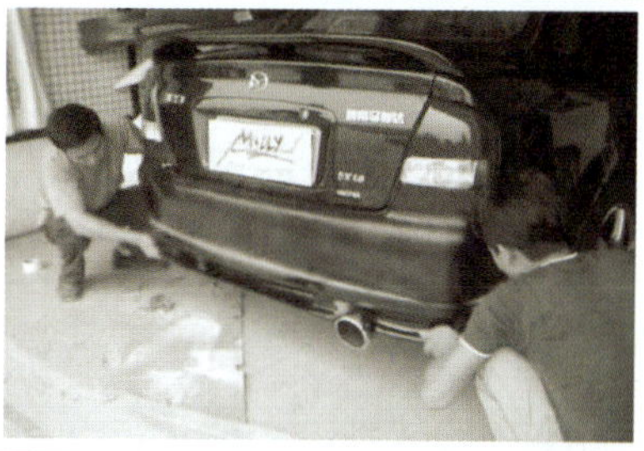

图4-4 试放

### 步骤五

取下大包围，按照试放的效果对大包围进行修整，将大包围修边角和去毛刺，按照安装要求在车身下端钻好安装孔，并去掉孔周围的毛刺。如图4-5所示。

步骤六

安装大包围，施力时应注意技巧，避免用力过猛损坏车身或者大包围，使两者达到紧密的贴合，必要时可以在大包围内侧与车身贴合的位置涂上专用的胶水。如图4-6所示。

图4-5 修整大包围

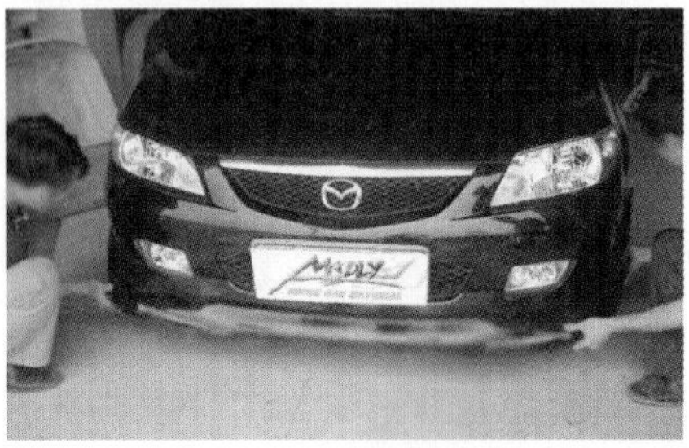

图4-6 安装

步骤七

拧上固定螺钉，最好在螺帽上涂上油漆，使之与车身颜色协调。

至此，大包围的安装过程基本完成。安装后的效果如图4-7所示。

图4-7 安装包围件后的状态

## 四、安装大包围的注意事项

对车主来说，加装汽车大包围应注意以下事项：

（1）汽车是否加装大包围，要根据使用的实际情况决定，只有完全在平坦良好的道路上行驶才能加装大包围。

（2）应选用高质量的产品，因为高质量的大包围，无论是坚固程度还是外观效果都远远强于一般产品。

（3）最好不要选用需要拆掉原车保险杠才能安装的大包围，因为非原厂的大包围件的抗撞击能力较差，所以选用将原保险杠包裹其中的大包围不会影响车辆的牢固性。但如果一定要选用拆保险杠的大包围，可将原保险杠中的缓冲区移植到玻璃钢包围中，以起到保护作用。

（4）应该到有经验的改装店加装大包围，因为这些改装店有制作玻璃钢的能力，大都会免费为车主修复不慎碰坏的包围，令车主不必为包围的一点小损伤就得花钱去换一个新的。

# 情境二：汽车外部安全装饰

汽车外部安全装饰是指在汽车上加装或改装保险杠、导流板和扰流板、电动后视镜以及车灯等装置，以提高汽车行驶的安全性。

## 一、汽车保险杠装饰

保险杠是汽车车身的一个重要组成部分，是吸收、缓和外界冲击力，防护车身前后部的安全装置，作用主要有四个方面：

①当汽车与其他车辆或障碍物发生低速碰撞（通常小于10 km/h）时，保护翼子板、散热器、发动机罩和灯具等部件。

②当汽车与行人发生碰撞时，最大限度地保护行人。

③满足车身空气动力性的要求。

④装饰和美化车身。

图4-8为各种保险杠的示意图。

图4-8 各种保险杠

### 1. 汽车保险杠的种类

按保险杠所用材料不同可分为钢板保险杠、塑料保险杠、铝合金保险杠和镜钢保险杠等。

### （1）钢板保险杠

20年前，轿车前后保险杠是以金属材料为主，用厚度为3mm以上的钢板冲压成U形槽钢,表面处理镀铬，与车架纵梁铆接或焊接在一起，与车身有一段较大的间隙，好像是一件附加上去的部件，此即钢板保险杠。现在钢板保险杠主要用于货车上。

### （2）塑料保险杠

塑料保险杠不但具有固有的保护功能，而且还能与车体保持和谐、统一，使车身轻量化。这种保险杠具有很好的强度、刚性和装饰性。从安全上看，汽车发生碰撞事故时能起到缓冲作用，保护前后车体；从外观上看，可以很自然地与车体结合在一块，浑然一体，具有很好的装饰性，成为装饰轿车外形的重要部件，多用于轿车。

### （3）铝合金保险杠

铝合金保险杠是由铝合金构成的管状保险杠，这种保险杠具有造型多、美观、气派等特点，多用于越野车和小型客车。

### （4）镜钢保险杠

镜钢保险杠由钢管制成，并经电镀处理，具有美观、庄重等特点，多用于小型客车。

按安装位置不同可分为前保险杠、后保险杠和车门保险杠等。

前后保险杠是防护车身前后部的安全装置，在现代汽车上是不可缺少的。安装车门保险杠是汽车防侧撞所采取的安全措施。

汽车设计者从交通事故中发现，汽车发生侧面碰撞的案例比较多，尤其是路面湿滑或车速较快的情况下，因各种原因造成汽车拦腰碰撞的可能性大大增加。轿车上实行防侧撞的安全措施有两种常见方法：一种是从设计上改进轿车车厢的结构，使其能起到分散侧撞冲击力的作用；另一种是安装车门保险杠，增强车门的防撞冲击力。后一种方法实用、简单，对车身结构的改动不大，已经普遍推广使用。

安装车门保险杠，就是在每扇车门的门板内横置或斜置数条高强度的钢梁，与车前、车后保险杠具有相同的作用，做到整部轿车前后、左右都有保险杠保护，使得轿车乘员有一个最大限度的安全区域。

## 2. 汽车保险杠的结构及功能

常见的汽车保险杠系统通常由外盖板、内衬、横梁、支架等部分组成，其中内衬和支架都可作为缓冲吸能元件。

### （1）普通式保险杠

普通式保险杠也称为自身吸能式保险杠。这种保险杠结构比较简单，它主要通过内衬和支架的变形吸收能量。大部分轿车都是使用这种形式的保险杠。由于支架需要有一定的强度，因此通常使用金属材料，而内衬的材料则多种多样，包括各种塑料、泡沫状金属材料、树脂等复合材料和蜂窝状材料。这种保险杠的缓冲性能通常由缓冲材料的特性决定。

#### ①塑料保险杠

塑料保险杠是一种普通式保险杠，由外板、缓冲材料和横梁等三部分组成。其中外板和缓冲材料用塑料制成，横梁用厚度为1.5 mm左右的冷轧薄板冲压成U形槽;外板和缓冲材料附着在横梁上，横梁与车架纵梁螺钉连接，可以随时拆卸下来。这种塑料保险杠使用的塑料，大体上使用聚醋系和聚丙烯系两种材料，采用注射成型法制成。国外还有一种称为聚碳醋系的塑料，渗进合金成分，采用合金注射成型的方法，加工出来的保险杠不但具有高强度的刚性，还具有可以焊接的优点，而且涂装性能好，在轿车上的用量越来越多。

②泡沫垫吸能保险杠

泡沫垫吸能保险杠同样是一种普通式保险杠，它是在冲击杆和塑料面杆或盖之间，采用厚氨基甲酸乙醋泡沫垫。

### （2）特殊式吸能保险杠

特殊式吸能保险杠的主要组成部分为吸能器。吸能器在碰撞过程中起着主要的吸能缓冲作用。吸能器有三种，分别为液压式吸能器、弹簧式吸能器和隔离式吸能器。

①液压式吸能器

液压式吸能器有一个充满液压流体的气缸，受冲击时，充满惰性气体的活塞管被压入气缸，液压流体在压力下经小孔流入活塞管，受压的液压流体吸收冲击所产生的能量并推动活塞管中的浮动活塞，从而压缩惰性气体。当释放冲击力时，压缩气体的压力促使液压流体从活塞管返回气缸，这种作用使得保险杠回到原来的位置，如图4-9所示。

②弹簧式吸能器

当汽车受到冲击时，流体从储存器经过量阀进入外气缸。当冲击力释放时，吸能器的回动弹簧使得保险杠回到原来的位置，如图4-10所示。

③隔离式吸能器

隔离式吸能保险杠在隔离式吸能器和车架之间装有橡胶垫，当受冲击时，隔离式吸能器因冲击力而动，使橡胶垫伸展，橡胶的变形吸收冲击能量。当冲击力释放时，橡胶恢复原形，从而使保险杠回到原来的位置，如图4-11所示。

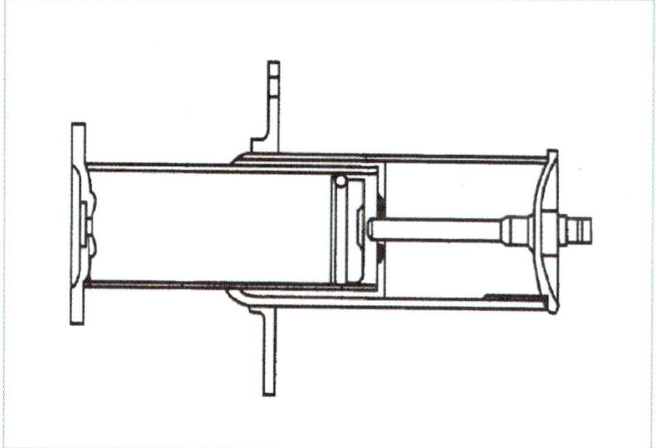

图4-9 液压式吸能器剖面图

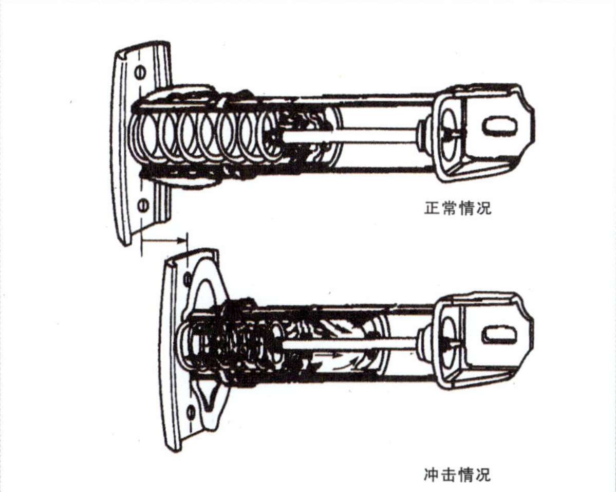


图4-10 弹簧式吸能器

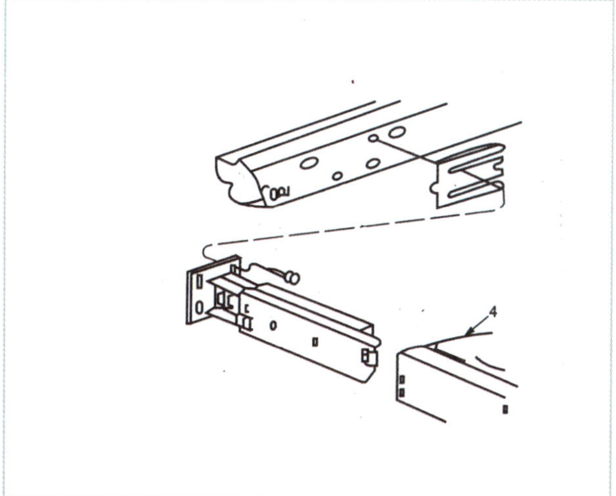


图4-11 隔离式吸能器

### （3）安全气袋式保险杠

这是一种专门为了保护行人而设计的保险杠。简单地说，就是把安全气囊装入保险杠内。在行人触及保险杠的瞬间，保险杠内藏推板迅速落下，阻止行人被撞倒在车底下，与此同时，保险杠前方和两侧的气囊迅速充气，将被撞行人托起。这种保险杠可以有效地保证被撞行人的安全，但尚处于研究和试验阶段。

## 3. 保险杠的选择和安装

目前在售后市场上，汽车用品生产厂家针对不同款式的车型量身定做了多种保险杠，车主可以根据自己的喜好进行选择。值得注意的是这类专用车型保险杠不可在不同车型之间套用，如陆风的保险杠就不宜用在帕拉丁上。保险杠应该与整车协调，不能改变车子原有的配置，切实起到防撞的作用。一些塑胶防撞架往往只是一个好看但并不实用的摆设，不仅不能有效"防撞"，而且一般都不装在汽车大梁或主结构架上，而仅以塑胶螺钉固定在原来的保险杠上，减少了接近角和离去角等。所以，它们根本不符合防撞架的要求。

安装过程中注意保持它与翼板和前隔栅的距离相等，两边对称，如果需要，可以在保险杠和装配托架之间加设填隙片以调整保险杠对准，拧紧螺钉，用力摇动时是否牢固，此时振动是越小越好。

## 4. 保险杠划痕的修复

在汽车零部件中，最容易受伤的便是保险杠。如果保险杠被撞得变了形就只能更换，但是一般情况下，如果保险杠只是被轻轻地擦伤，虽然并无大碍，但满是伤痕很是难看，必须想办法将它修补好。此外，为了避免保险杠多次被撞伤，平时应注意掌握一些保护方法，只有这样，才能让保险杠永远保持光鲜的外观。

选用专用化学合成剂修补保险杠是一个好方法，且操作起来非常简单，任何人都可以进行修补，虽然很难恢复到新车时的模样，但可以做到不仔细看很难分辨出来的程度。具体操作步骤如下：

**步骤一**

将保险杠上面的毛刺削去，最好用小刀削，将整体整理平滑，这样便于修补。坑洼部分涂上油灰使之平滑。

**步骤二**

保险杠伤痕周围通常粘有很多污垢，为使油灰粘得较牢，应先将其清洗干净。

**步骤三**

如果保险杠上沾有油污，油灰就很不容易粘牢，所以最好用涂料稀释液使修补部分脱漆。

**步骤四**

准备各种颜色的油灰，最好选择较接近的颜色。

**步骤五**

混合保险杠用油灰，把灰主剂、硬化剂均挤出相同长度，根据产品使用说明进行。

**步骤六**

混合好后，用刮刀涂好油灰，窍门是嵌入伤痕部分。

**步骤七**

经过 2 ~ 3 小时，油灰坚固后，用1000号左右的水磨砂纸打磨，经过一周后再喷漆。

## 二、扰流板和导流板装饰

漫步都市街头，你会发现越来越多新的轿车在其尾部行李箱盖外端都装有一块像是倒装的飞机机翼，使原本就拥有华丽迷人外观的轿车又平添许多妩媚和生气。许多人都以为这新颖美丽的汽车尾翼是厂家为了好看才给轿车安装的装饰件，其实其作用不仅仅在此。

### 1. 扰流板和导流板的概念

“汽车导流板”是指轿车前部保险杠下方的抛物线形风罩，而“汽车尾翼”是指安装在轿车后箱盖上形似鸭尾的突起物，国外一些人根据它的形状形象地称它为“雪橇板”，国内也有人称它为“鸭尾”。比较科学的叫法应为“汽车扰流器”或“汽车扰流翼”，如图4-12所示。

早在20世纪30年代，各大车厂已经开始致力于降低气流阻力，而对于浮升力的研究，各车厂大致要到60年代才开始关注。法拉利的赛车手RICHIE GINTHER于1961年发明了能产生下压力的车尾扰流器，他也因此闻名于世。而第一辆使用前扰流器（俗称气霸）的汽车应该是大名鼎鼎的FORD Gt40。

图4-12 各种类型的扰流器

### 2. 扰流板和导流板的工作原理和作用

根据气体动力学原理分析，我们知道汽车在行驶过程中会遇到空气阻力，这种阻力可分为纵向、侧向和垂向三个方面的作用力，并且空气阻力与车速平方成正比，所以车速越快，空气阻力就越大。一般情况，当车速超过60km/h时，空气阻力对汽车的影响表现得就非常明显了。

因为车身上表面的侧面投影的边界线长度较底盘面长很多，空气流过汽车时会产生升力，减小了路面附着力。升力也是空气阻力，称之为诱导阻力。在汽车高速行驶时，这种升力影响汽车性能和行车安全。为了减少轿车在高速行驶时所产生的升力，汽车设计师除了在轿车外型方面做了改进，将车身整体向前下方倾斜而在前轮上产生向下的压力，将车尾改为短平，减少从车顶向后部作用的负气压而防止后轮飘浮外，还在轿车前端的保险杠下方装上向下倾斜的导流板，它与车身前裙板联成一体，中间开有合适的进风口加大气流度，减小车底气压，将轿车行李箱盖上后端做成如同鸭尾一样的扰流板，将从车顶冲下来的气流阻滞一下，形成向下的作用力，增加汽车后轮的附着负荷，抵消一部分升力，控制汽车上浮，使汽车能紧贴着道路行驶，从而提高行驶的稳定性。

近几年，随着我国高速公路、高架路和高等级道路的建设及投入使用，车速有了较大的提高，汽车尾翼的作用显得越来越重要。以排气量为1.8升的轿车为例，如果装上尾翼，空气阻力系数降低20%，在一般道路上行驶，耗油量减少或许不明显。如果在高速公路上以120km/h的时速行驶，则能省油14%，此时汽车尾翼的作用就很明显了。

与此同时，有些旅行轿车或者两厢车的顶盖后缘安装扰流板，使顶盖上一部分气流被引导流过后窗表面。这样既可以使后窗后部的升力降低，也可引导气流将后窗表面浮尘消除，避免尘污附着而影响汽车后视野。

目前大多数汽车尾翼都是用玻璃纤维或碳素纤维制成的，也有一些是由铝合金制成的，既轻巧又坚韧，并且它的形状尺寸是经过设计师精确计算确定的，不宜过大也不宜过小。过小的尾翼可能达不到安装的期望，而过大的尾翼可能往往因为车速不够而无法发挥效能，并且增加车重。除此以外，安装尾翼可能导致无法通过年检，所以选择安装时必须注意。

轿车前端在气流作用下，无导流板时受力状态如图4-13所示；安装有导流板后其受力状态如图4-14所示。无扰流板时，轿车后端气流和受力状况如图4-15所示；安装扰流板后，轿车后端气流和受力状况如图4-16所示。

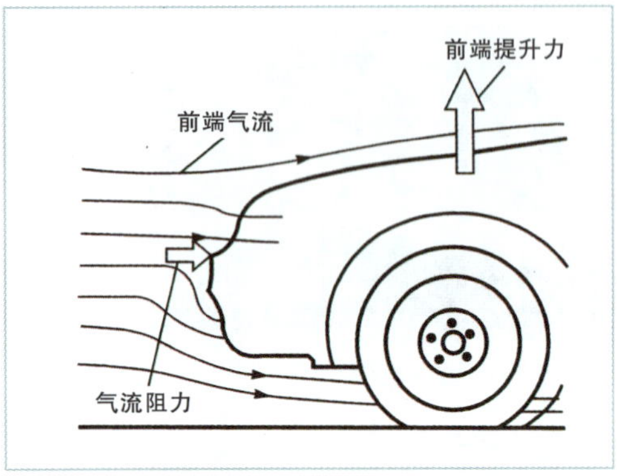


图4-13 轿车前部受力状态（无导流板）

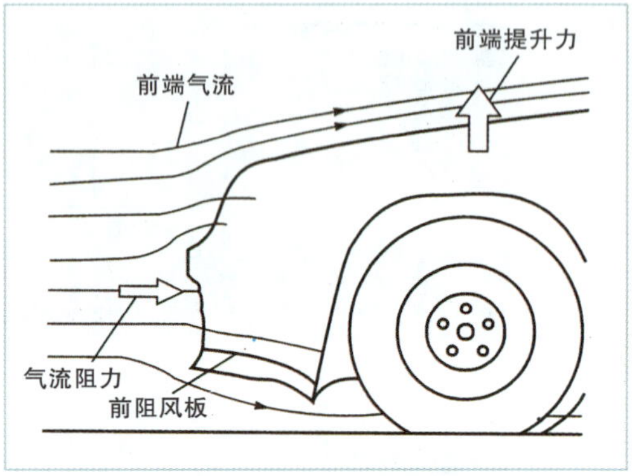


图4-14 轿车前部受力状态（有导流板）

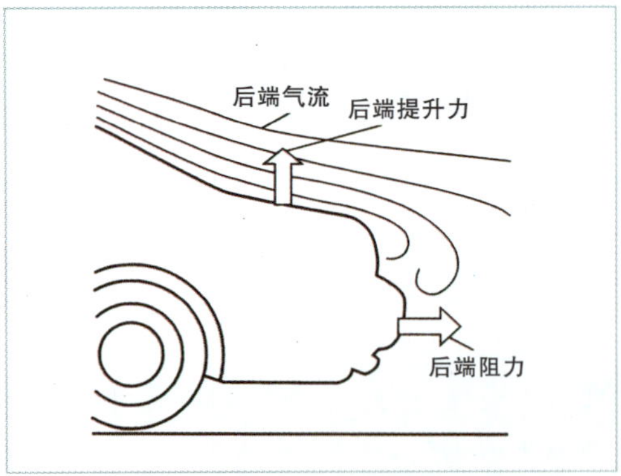


图4-15 轿车后端受力状态（无扰流板）

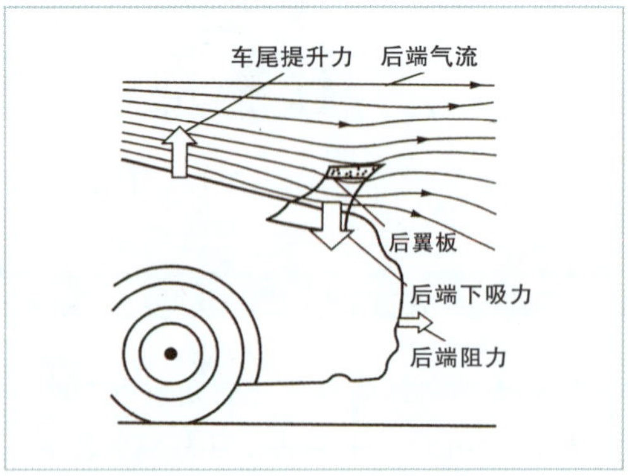


图4-16 轿车后端受力状态（有扰流板）

## 3. 扰流板和导流板的安装

### （1）扰流板的安装

精心雕琢的后扰流板提高了空气的低风阻性能，使操纵控制性更优良。如出厂车子没有安装而想加装扰流板时，应注意以下要点：

要点一

选择合适的扰流板，考虑因素包括：颜色、型号是否与车辆匹配。

要点二

选择合适扰流板的安装位置，要和扰流板类型和整车布置相匹配。

要点三

选择合适的扰流板材料，不同材料的性能、外观和价格可能悬殊很大。一般来说扰流板的材质有玻璃纤维、碳纤维和合金材料等。

要点四

扰流板的尺寸、长度要适中，宽度不可超过车宽，否则有安全隐患。

要点五

扰流板有粘贴式或螺钉固定式，前者可避免破坏行李箱盖，不会漏水。而后者固定牢固，但因有钻孔会破坏行李箱盖的面貌，且安装不好时会发生漏水现象。

要点六

在行李箱盖上找了适合位置，再与扰流板上的螺钉孔配合，做好记号，在行李箱盖上钻贯穿孔。

要点七

先在钻孔位置与扰流板接合处注上硅胶以防漏水。

要点八

将固定螺钉由行李箱内侧往外再固定锁紧。

要点九

为避免漏水，应在固定后在固定架周围注入透明硅胶。

### （2）导流板的安装

要点一

拆下前保险杠下的车身板件。

要点二

在前保险杠下面装上导流板，并与两个轮罩对中，同时应该保证导流板前面的上缘在前保险杠的里边，调整位置，使之协调。

要点三

在车身和导流板上确定安装孔的位置。

要点四

钻孔，拧紧紧固件。

## 三、车灯装饰

车灯包括照明和标识两类，在一段时间里，汽车的照明系统只包括法律上要求的前照灯、尾灯和牌照灯。现在为了方便汽车的夜间行驶，保证舒适和安全，一般轿车都安装有15～25个外部照明灯和约40个内部照明灯。

按照功能分，汽车上主要有夜行灯、信号灯、雾灯、夜行照明灯等，各种灯光具有不同的用途，使用很有讲究，既不可乱用也不可不用。

对车灯进行装饰，其作用主要有两个：

使汽车更加美观。

提高照明质量，保证行车安全。

### 1. 前照灯（大灯）

#### （1）对前照灯的基本要求

前照灯又叫前大灯，装于汽车头部的两侧，为照明不良情况下行车提供道路照明。一般来说，前照灯有两灯制和四灯制的区别。

由于前照灯对于夜间行车安全有决定性影响，各国的交通管理部门对于汽车前照灯都有严格的标准，其基本要求是：

①前照灯应保证车前有明亮而均匀的照明，使驾驶员能辨明车前150m以内路面上的任何障碍物。随着汽车行驶速度的提高，汽车前照灯的照明距离也相应要求越来越远。

②前照灯应该具有防止炫目的装置，以免夜间行车车辆迎面相遇时使对方驾驶员炫目而造成交通事故。

#### （2）前照灯的结构

前照灯的光学系统包括灯泡、反射镜和配光镜三部分。

目前，汽车前照灯灯泡主要有三种：

①充气灯泡

其灯丝是用钨丝制成的。由于钨丝受热后会蒸发，从而缩短灯泡的寿命。因此，制造时将玻璃灯泡内的空气抽出，然后充约86%的氩气和14%的氮气的混合惰性气体。随着技术的进步，充气灯泡已经非常少见了。

②卤钨灯泡

传统钨丝灯泡在使用一段时间后就会发黑，这是因为钨丝在高温发光的过程中，会自然蒸发成钨蒸气，钨蒸气在灯泡玻璃表面沉淀就出现了灯泡发黑的现象。这种现象即使是在抽出灯泡内空气的真空灯泡，或者是在使用惰性气体的充气灯泡上，依然不可避免地发生。而卤钨灯泡则可以大大地避免这一现象的出现。因为卤钨灯泡利用卤钨再生循环反应的原理制成。其再生过程是：从灯丝上蒸发出来的气态钨与卤素反应生成了一种挥发性的卤化钨，它扩散到灯丝附近的高温区又受热分解，使钨重新回到灯丝上去，被释放出来的卤素（指碘、溴、氯、氟等元素）继续参加下一次循环，从而防止了钨的蒸发和灯泡变黑的现象。

卤钨灯泡尺寸小，泡壳的机械强度高，耐高温性强，所以充入的惰性气体压力较高，因而工作温度高，钨的蒸发也受到工作气压的抑制。

### ③发光二极管大灯（LED）

发光二极管是一种可以自身发光的包含PN结的固体半导体组件。

不过就目前的市场情况来说，LED灯的应用主要集中在转向灯、雾灯和汽车内部照明灯等。但是越来越广泛的应用，LED灯是汽车市场的发展方向。

#### LED灯与白炽灯比较有显著的优点

- 寿命长，一般可达几万乃至十万小时。
- 非常节能，比同等亮度的白炽灯起码节电一半以上。
- 光线质量高，基本上无辐射属于“绿色”光源。
- LED灯的结构简单，内部支架结构，四周用透明的环氧树脂密封，抗震性能好。
- 无须热启动时间，亮灯响应速度快（纳秒级）。
- 适用电压低，仅为6~12伏，适合汽车使用。
- LED灯占用体积小，设计者可以随意变换灯具模式。

### ④氙气大灯（HID）

HID全称为High Intensity Discharged，即高强度放电灯，它曾是只有奔驰等高档车才有的配置。随着一汽大众在升级版奥迪A6上使用氙气大灯，改装市场上越来越多的改装氙气灯冒了出来，许多车主都十分好奇究竟氙气大灯与一般的灯泡有什么不同呢?

HID灯有很多优点，它与市面上常见的卤素灯也就是传统钨丝灯泡不同，它没有灯丝，是通过充满玻璃灯泡的介质氙气和一个电极放电而发光。所以HID产生的光亮可以说是达到一个新的等级，它的色调非常完美，是仿制太阳光那样的真实色调。

#### 氙气大灯（HID）的主要优点

- 亮度：使用同样功率的HID，亮度大约是钨丝灯的2～3倍。
- 高效：HID的效率是卤素灯的3倍，对于提升夜间及雾中驾驶视线清晰度有着明显的功效。
- 节能：与钨丝灯相比，能够节约一半电能。
- 寿命：由于HID没有灯丝，所以它不存在灯丝断裂问题，使用寿命大约可以达2000h。
- 亮度、舒适度：氙气大灯可以制造出4000K左右的色温光，这是由白略微开始转蓝的色温，也最接近正午日光的颜色，人眼的接受度及舒适度更高。这样的灯光用在车辆的夜间照明上，可以有效减少驾驶员的视觉疲劳，对于驾车安全性也间接有所助益。

#### 氙气灯系统与一般卤素灯的对比

氙气灯的一大缺陷是其价格过高，一般售价达到1500～5000元。普通车灯和氙气车灯的对比如表4-1及图4-17所示。

由于前照灯发出的光线光度有限，如果没有反射镜，那么只能照亮汽车灯前6m左右的路面。反射镜的作用是将灯泡的光线聚合并导向前方，经过反射镜反射后的平面光束，光度增强几百倍至上千倍，达到20000～40000cd以上，从而使车前150m甚至400m内的路面照得足够清楚。

配光镜又称散光玻璃。它是用透明玻璃压制而成，是很多块特殊的棱镜和透镜的组合，其几何形状比较复杂，外形一般为圆形和矩形。配光镜的作用是将反射镜反射出来的平行光束进行折射，使车前路面和路缘具有良好而均匀的照明。

前照灯按照反射镜的结构可分为可拆卸式、半封闭式和封闭式三种。

◆表4-1 普通大灯与HID大灯的比较

| | 普通大灯（卤素） | HID大灯 |
|---|---|---|
| 耗电 | 50~100W | 约35 W |
| 亮度 | 1330流明 | 3500流明 |
| 寿命 | 350h | 2000~3000小时 |
| 照明光 | 白色 | 纯白 |
| 色温 | 2400K | 5000~8000K |
| 燃烧方式 | 燃烧钨丝发光 | 高压击穿气体电弧发光 |

A 普通大灯　　B 氙气大灯

图4-17 普通大灯与氙气大灯的比较

### （3）前照灯的防眩

为了避免前照灯的眩目，并保持良好的路面照明，在现代汽车上，前照灯灯泡一般有两根灯丝。一根灯丝作为远光，光度较强，灯丝放在反射镜的焦点上；另一根灯丝作为近光，光度较弱，位于焦点的上方和前方。当夜行无迎面来车时可接通远光灯丝，使光束射向远方，便于提高车速。当两车相遇时，接通近光灯丝，使光束倾向路面，从而避免迎面来车驾驶员的眩目，并使车前50m以内的路面比较清晰。

但是氙气大灯没有灯丝，调节远近光一般有两种办法。一种是远卤近氙，即远光灯依然使用卤素灯泡，只是较为常用的近光灯使用氙气大灯，这样做成本比较低。另一种方法在中高级汽车上常见，就是只使用氙气大灯，但是通过调节遮光板和车灯透镜的位置和角度实现远近光可调。

### （4）车灯亮度的提高

车辆的灯光是汽车厂设计好的。但是如果感觉不够亮可以通过一些简单的办法提高。通常如果车灯打开后灯光暗淡，可以从以下几个方面去解决：

方法一

检查蓄电池的工作状况，可能是蓄电池的老化导致输出电压不足。

方法二

检查连接线是否接触不良，是否有锈蚀或松动。如有，用砂纸打磨并重新安装好，或直接更换。

方法三

使用质量更好的线材。

方法四

大灯内可能有污垢遮挡，必要时需要拆开清洗。

方法五

如果灯丝不在反射镜焦点上，或者使用常见方法无法解决问题，应更换灯泡。

### （5）车灯的更换和安装

不少车主认为只有那些“发烧友”才会想尽法子收集各种车灯将车扮酷，其实关注车灯不只是扮酷那么简单，改装车灯应注重其实用性，不应该只是车迷的事，它与每位车主都是密切相关的。因为一般国产车的原厂车灯出厂时的色温为3000K，经过一年使用会降到2500K，甚至2000K，这时如果继续使用，会明显影响照明质量，易引发交通事故。

选配汽车灯时，不要只看产品的价格，一般情况下应尽量选用飞利浦、欧司朗等大型正规灯泡生产厂商的产品，不要购买三无产品。同时，购买灯泡时要注意灯泡型号，如H1、H2、H3、H4等多种型号，如果型号不对，是无法安装的。汽车灯具产品外观应无不良缺陷，手感光滑，无毛刺；灯泡应为国标规定的汽车产品灯泡；对于汽车前照灯产品，消费者在选购时可以查看其光型的明暗截止线是否清晰、整齐。

在安装过程中要注意的事项

●不要直接用手接触灯泡玻璃，以免手分泌的油质沾在玻璃管上，造成玻璃表面热胀不同而导致破碎。如果万一车主让脏物沾在玻璃管上，要用布或纸巾擦拭干净。

●更换灯泡应该在干燥的室内完成，注意灯罩防水衬套的严密安装，防止水汽进入。

●更换灯泡时应该关掉电源，灯泡工作时温度很高，不要用手直接接触，以免烫伤。

●在卤素灯的基础上改装HID氙气大灯时，要把高压包及安定器放置在比较通风的位置，以方便散热。禁止把高压包、安定器放在发动机等发热较大的地方。如果两灯共用一根保险丝，该保险丝必须使用25~30A，如果两灯独立使用保险丝，必须使用10~15A，安装时要特别注意电源正负极和接地极。

## 2. 辅助型车灯和探射灯

和白天开车相比，车主不喜欢黑夜行车，因为会有诸多不便，其中有一个很大的问题便是车灯的照射范围有限，尤其遇到下雨、有雪或大雾的恶劣天气里，大多数车主会觉得车灯不够亮、穿透力弱且射程近。其实这种时候只要为车安装一种辅助型车灯，就可以行车无碍了。

辅助型车灯又叫竞技型车灯，它既可以作为装饰来扮靓爱车，更是提高能见度的有力工具。安装后，无论天气如何变化，车主都能轻松地应对。目前，这些辅助灯提供选择的功能较多，有超白光型，也有聚光型、雪雨雾灯型等。车主可以根据自己行车时常处的环境，选择不同功能的辅助型车灯。

探射灯其实也可以归类于辅助型车灯，不过由于它的用户定位较窄，一般车主不太用得着，所以在这里将它专门“拎出来”，为一些特殊车主服务。探射灯的射程极远，安装在车顶上，能360度旋转，它的光线能够从一个山头照到另一个山头，主要用于越野车和一些工程车。

### 3. 其他车灯

#### （1）夜行示宽灯

俗称“小灯”。此灯是用来在夜间显示车身宽度和长度的。司机平时进行例行保养时要经常检查，有的司机认为小灯不起照明作用，对其不够重视，这是非常错误的。

#### （2）制动灯和尾灯

制动灯亮度较强，用来告知后车，前车要减速或停车，此灯如使用不当极易造成追尾事故。另外，更换刹车灯泡要注意：我国生产的车辆尾灯一般都是“一泡二用”，灯泡内有两个灯丝，较弱的为小灯，较强的为刹车灯。有的厂家将其设计为高低脚插入式，使用起来非常方便。更换时一定要注意不要接反。

尾灯最安全的为转角三色尾灯，同时提供后方及侧方的安全信息。一般刹车灯安装在与尾灯相同或接近的位置，而最近出现的安装在玻璃窗等处的高位刹车灯，因距尾灯较远，位置又较高，因此驾驶员踩刹车时其信号更易被后面车辆发现，刹车状态显示的效果更为理想。

#### （3）转向灯

转向灯是在车辆转向时开启，断续闪亮，以提示前后左右的车辆和行人注意。转向灯的开启时间要掌握好，应在距转弯路口30～100m左右时打开。开得过早会给后车造成“忘关转向灯”的错觉，开得过晚会使后面尾随车辆、行人毫无思想准备，往往忙中出错。

#### （4）雾灯

雾灯可以帮助驾驶员在雾天驾驶时提高能见度，并能保证使对面来车及时发现，以采取措施安全交会。所以，雾天驾车时司机一定要开雾灯，不能用小灯取而代之。非雾天气如果打开后雾灯，对后车司机会非常刺眼。

#### （5）倒车灯

倒车灯提供了倒车时的照明，较好地消除车主的后视盲点，是倒车安全的实用工具。

#### （6）内部照明灯

现代汽车的内部安装了各种各样的照明灯，用于一般照明和指示，其发光强度一般不超过2cd。公共汽车、旅行车均采用低压日光灯作为内部照明，提高了光的亮度且光线柔和均匀。

一般来说，以上6种车灯，尤其是示宽灯、转向灯等越来越多地应用了LED灯。

## 四、后视镜装饰

**后视镜俗称倒车镜，是汽车主动安全装置，用来观察汽车两侧和后方的情况，被驾驶员形象地称为“眼睛”**。汽车后视镜属于重要部件，它的镜面、外形和操纵都颇有讲究。后视镜的质量及安装都有相应的行业标准，不能随意。

**后视镜以安装位置划分，有外后视镜、下后视镜和内后视镜。以用途划分，外后视镜反映汽车侧后方，下后视镜反映汽车前下方，内后视镜反映汽车后方及车内情况**。用途不一样，镜面结构也会有所不同。一般后视镜镜面主要有三种，一种是平面镜，顾名思义镜面是平的，用术语表述就是“表面曲率半径无穷大”，这与一般家庭用镜一样，可得到与目视大小相同的映像，这种平面镜常用作内后视镜；一种是凸面镜，镜面呈球面状，具有大小不同的曲率半径，它的映像比目视小，但视野范围大，好像相机“广角镜”的作用，这种凸面镜常用作外后视镜和下后视镜；另外还有一种棱形镜，棱形镜的镜表面平坦，但其横截面为棱形，通常用作防眩目型的内后视镜。按照镜面角度的调节方式，后视镜又可以分为手动后视镜和电动后视镜，前者的调节需要人工完成，后者内部装有驱动部件，驾驶员可以在车内操纵按钮以调整后视镜的角度。

后视镜的一些指标如下：

### （1）视界

指镜面所能够反映到的范围。视界三要素即驾驶者眼睛与后视镜的距离、后视镜的尺寸大小和后视镜的曲率半径。这三要素之间具有一定的关系，当后视镜的距离和尺寸相同时，镜面的曲率半径越小，镜面反映的视界越大。当镜面的曲率半径相同时，镜面的尺寸越大，镜面反映的视界越大。但是，事物总有两重性，虽然镜面的曲率半径越小视野范围越大，但同时镜面反映的物体变形程度也越大。从行车安全的角度出发，有一个映像失真率的问题。行业标准规定，平面镜的失真率不得大于3%，凸面镜的失真率不得大于7%，要求不能反映有歪曲变形的实物图像。因此，镜面的曲率半径就有一个限制范围，行业标准规定外后视镜的曲率半径为R1200，内后视镜的曲率半径为无限大（平面镜）。

### （2）反射率

反射率越大镜面反映的图像越清晰。反射率的大小与镜内表面反射膜材料有关。汽车后视镜反射膜一般用银和铝为材料，它们的最小反射率为80%。高反射率在一些场合会有副作用，例如夜间行车在后面汽车前大灯的照射下，经内后视镜的反射会使驾驶员产生眩目感，影响安全。因此内后视镜一般采用棱形镜，虽然镜面也是平的，但其截面形状是棱形的，它利用棱形镜的表面反射率与里面反射率不一样的特点，达到无眩目要求。

### （3）后视镜安装位置

驾驶员眼睛与后视镜的距离，也就是后视镜的安装位置，直接影响到后视镜的视界、清晰程度和汽车轮廓尺寸，对行车安全很重要。因此，后视镜的安装位置要求达到行业标准的视界要求；后视镜应尽可能靠近驾驶员的眼睛，应方便驾驶员观察，头部及眼球转动尽量小；后视镜应安装在车身上下振动最小的位置上。

### （4）外后视镜外形轮廓

外后视镜外形轮廓不但影响到车身的外观，也影响到车身尺寸，行业标准有轿车外后视镜的安装位置不得超出汽车最外侧250毫米的规定。同时，由于一般轿车的速度提高，风阻和噪声是设计者要考虑的重要问题，因此外后视镜外形轮廓要符合空气动力学，用圆滑的线条尽量减少风阻及风噪。

正确的后视镜位置和角度可以保证最大的后视范围，减小后视盲区，提高行车安全，那么，怎么调节后视镜呢？

### （1）中央后视镜

左右位置调整到镜面的左侧边缘正好切至自己在镜中影像的右耳际，这表示，在一般的驾驶情况下，从中央后视镜里是看不到自己的，而上下位置则是把远处的地平线置于镜面中央即可，如图4-18所示。

图4-18 中央后视镜的调节

### （2）左侧后视镜

上下位置是把远处的地平线置于中央，左右位置则调整至车身占据镜面范围的1/4，如图4-19所示。

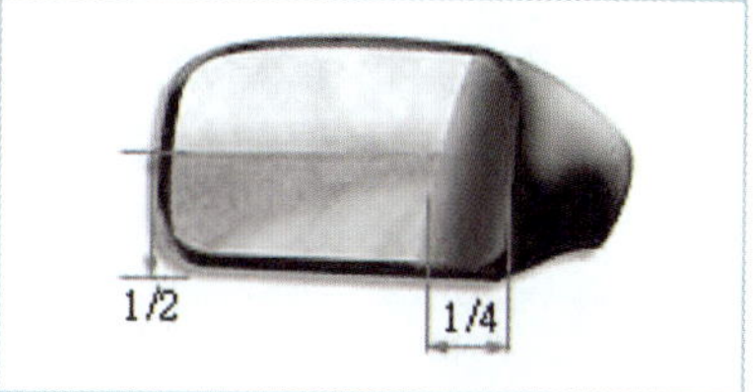

图4-19 左侧后视镜的调节

### （3）右侧后视镜

因为驾驶座位于左侧，因此驾驶员对车身右侧的掌握不是那么容易，再加上有时路边停车的需要，右侧后视镜在调整上下位置时要使地面面积较大，约占镜面的2/3，而左右位置则同样调整到车身占1/4面积即可，如图4-20所示。

图4-20 右侧后视镜的调节

## 1. 电动后视镜

驾驶员在行车前或行车过程中通过后视镜观察车侧和车后情况时，有时需调节镜面以便获得最佳视野。对镜面与镜框固定的固定式后视镜，在调节视角时，操作者用手直接调节镜框来完成，镜框与支架连接，是可调节的。这种调节方式费时费力，很难方便地一次完成视角的调节，驾驶员需用手伸出车窗外调节，在行车、雨天等情况下调节很不方便。对直接调节镜面后视镜，驾驶员在调节镜面时，用手来按住镜面直接调节视角。同固定式后视镜类似，方便在于不必大动干戈来扳动整个后视镜镜框，也不致于破坏整车造型的美观，但依然不方便。对拉索在车内操作转动部件来调节镜面的后视镜，驾驶员在车内通过后视镜转动部件上的拉索来调节镜面的视角。在行车时调节或雨天调节均比较安全方便，但自动化程度不高。

电动调节式后视镜为驾驶员提供更便捷、更舒适的操作条件，它是目前中高档轿车普遍采用的标准装备。驾驶员在车内通过按钮用电气装置控制转动部件来调节镜面，达到所需视角，这样的操作轻松、快捷、方便、正确，还解决了拉索后视镜在调节右侧外后视镜时因驾驶员远离按钮而产生的操作不便的问题。经过不断完善，电动后视镜上可能出现的松动问题、电磁干扰问题已基本解决。电动后视镜的布置示意图如图4-21所示。

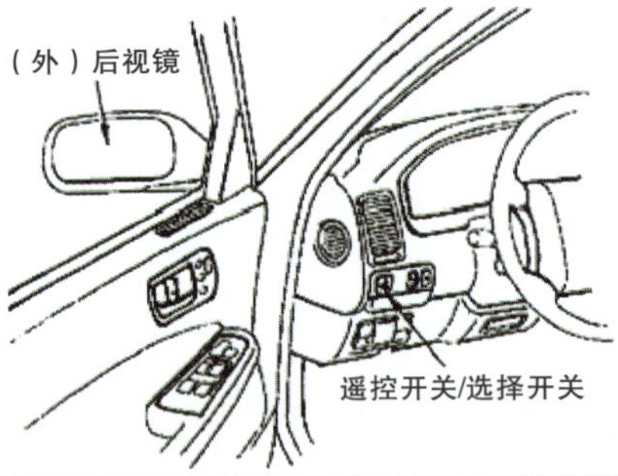

图4-21 电动后视镜

### 电动后视镜的结构和工作原理

电动后视镜总成结构如图4-22所示，后视镜总成由2个可逆电动机、减速齿轮、蜗轮、螺旋枢轴、折叠机构等组成。带有螺旋的枢轴与安装在蜗轮上的夹箍啮合，当施加于后视镜一侧的力量很大时，枢轴的螺旋便使夹箍扩张并脱开，使大力量不致于传递到后视镜上。万一电动机出现故障，后视镜也能用手动进行调整。工作时，动力从电动机螺旋枢轴蜗轮（夹箍）减速齿轮蜗轮（轮齿）进行传递。由于螺旋枢轴的末端被嵌入后视镜的基座里（图4-23），所以它不转动，只能随蜗轮的旋转在其上面作前或后的移动。这种移动经枢轴传送给后视镜基座，使后视镜绕其中心轴旋转，从而作垂直或水平方向的调整。图4-24所示即为后视镜遥控开关及其选择开关的外形及电路图。

遥控开关具有上、下、左、右4个位置，选择开关装于遥控开关内部，专供选择后视镜所处的理想位置，并可加以调节（左或右）；在空档位置上设有标记，在此位置时遥控开关不起作用，即后视镜不向任何方向移动。

电动后视镜有如下特殊功能：

图4-22 电动后视镜的结构图

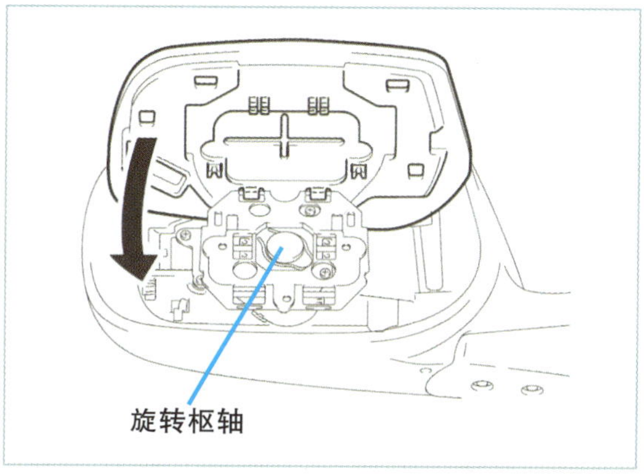


图4-23 电动后视镜安装示意图

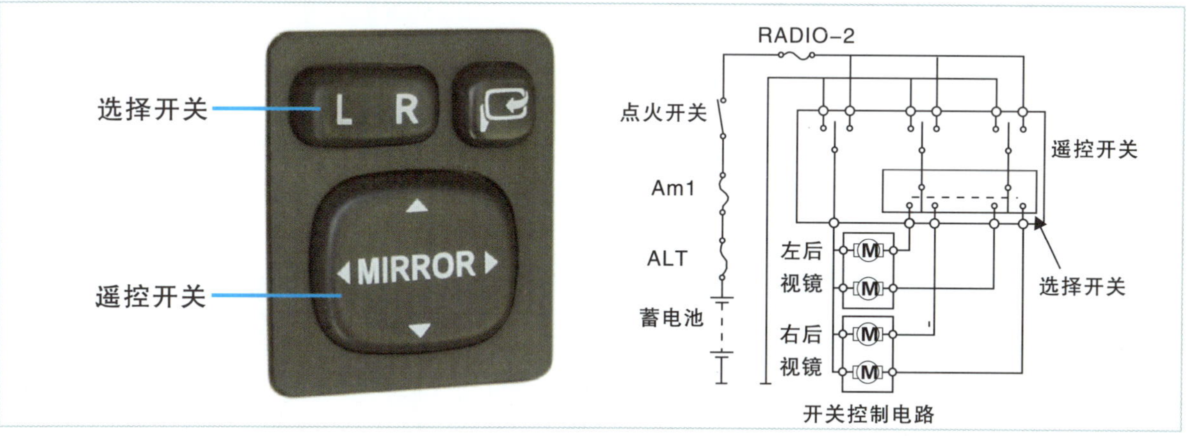


图4-24 后视镜遥控开关及选择开关

## （1）记忆储存式后视镜

此类后视镜的镜面调节设计与驾驶员座椅、转向盘、内视镜构成一个调节系统，每个驾驶员可根据个人身高与驾驶习惯的不同，来调节后视镜的最佳视角、座椅、转向盘最佳舒适性，然后进行记忆储存。当其他人驾驶汽车后或被他人调整已记忆的视角，你就可以非常轻松地开启你的记忆储存，所有内在设施就可恢复到最佳的设定状态。

## （2）加热除霜功能

当驾驶员在雾天或雨天行驶时，由于雾气造成的后视镜镜面的积雾、冬天积霜或雨水侵袭会造成驾驶员对侧后方的视线不清，影响行车安全，因此，为了功能上的完备，驾驶的安全性及操作的方便性，设计采用加热除霜装置，例如采用电加热除霜镜片，当产生上述情况时，驾驶员就可方便地开启加热除霜按钮，解除不必要的后顾之忧。

## （3）后视镜自动折叠功能

当汽车进入较小区域，如弄堂、停车泊位时，由于后视镜镜框是车身最宽部位，这时为防擦伤及缩小停车泊位空间，保证在后视安全性上把损害程度降低到最小限度，就需将镜框折叠，通常做法是用手伸出窗外或人到车外将镜框折拢，这样在行车时就很不方便，因此，在折叠上设计了电动折叠功能，驾驶员在车内就可方便地调节，解决了许多操作上的不便。折叠结构的设计既要有保证缓冲及缩小车位的作用，又要保证后视功能的正常使用。

车外后视镜一般都是安装在车门玻璃旁或前方发动机盖旁的翼子板上，现以车门玻璃旁的后视镜安装为例，介绍一下车外后视镜的更换步骤：

步骤一

使用工具从车内将塑胶板固定螺钉拆下。

步骤二

取下塑胶板，将后视镜与车门之间的固定螺钉卸下。

步骤三

将新后视镜从窗外装入，连接好电源线。

步骤四

拧紧车门固定螺钉，装上塑胶板并锁紧其安装螺钉。

## 2. 特殊功能后视镜

### （1）ADM（Automatically Dipping Mirror）自动防眩后视镜

传统的防眩后视镜必须以手动的方式调整室内后视镜的镜面角度来产生防眩作用，而自动防眩后视镜可随后方来光反射的刺眼程度自动调整后视镜的镜面反射率，其调整的方式并不是调整镜面角度，而是透过后视镜内的电解液的电子回路，按照不同的后方光线的照度来调整镜面的反射率，在白天不刺眼的情形下，通常镜面反射率会固定于约75%的固定反射率，使得白天时仍能维持好的后方视野，但到了晚上则会随着刺眼程度大小，随时调整最适合的反射率，愈刺眼则反射率愈低，反之则反射率较高，可大大地增加夜间行车的视野安全性。

### （2）广角室外后视镜

广角室外后视镜在镜面的外缘设置了曲率半径逐渐变小的非球状辅助镜，可以使车子的侧方视野加大许多，如与相同大小的旧型固定曲率的后视镜相比，大约增大1.5～2倍的视野范围，可以轻松地辨识10m以内的交通状况，尤其是在变换车道或高速公路上，由于车速较高，因此必须有更宽广的后方视野以增进行车安全。

### （3）摄像后视系统

通过车辆两侧和车尾的摄像装置及红外线装置，将摄到的图像在后视显示屏上显示出来。其作用除了能够帮助驾驶员确保行驶安全外，还能用来扩展信息和收集图像。整个仪表板是一个显示屏，显示了汽车后面及两侧的图像，取代了后视镜的作用。不过由于其系统复杂性以及价格比较高，目前只安装在概念车和一些高档车型上。

# 情境三：天窗装饰

现代人追求的是时尚、潮流，车主们当然也少不了要追求车的品味。带天窗的轿车往往给人浪漫的色调，越来越多的人选择购买带天窗的车辆，也有很多人选择改装天窗。随着双天窗、超大天窗的出现和流行，一些老车型的车主也会“眼馋”。这就为天窗改装市场提供了契机。

## 一、汽车天窗的作用

### （1）通风换气

天窗的主要功能是负压换气，汽车在正常行驶时，正面的气流越过天窗形成负压，将车内污浊的空气抽出，换气时不会卷入尘土，达到换气的目的。行驶中打开侧窗，会产生涡旋气流，产生极大的风噪，且驾驶者直接受强风吹，增加疲惫感觉。而且在高速行驶中打开侧窗后，极大地增加空气阻力，增加油耗。汽车天窗利用空气动力学设计，开启时几乎没有通风噪音，用自然风以负压原理对车辆内部进行换气，从而提供清爽和湿润感，减轻驾驶疲劳，保持头脑清醒，确保行车安全。在潮湿的天气和寒冷的季节，启动时车内外往往由于温差，会产生很多雾气，挡住了司机的视线，这时若打开天窗，车内很快就会变得干净透彻，而且下雨也不必担心雨水吹进车内。

### （2）开阔视野，增加采光

汽车天窗可以使驾乘人员视野开阔，亲近自然，沐浴阳光，驱除被封在车厢内的压抑感。特别是长时间在高速公路行驶时，风噪声使人心烦意乱，这时候，汽车的天窗可以让你心静舒适，远离噪音干扰。越来越多的车子采用更大面积的全景天窗，或者更多的天窗，其开阔视野和采光效果更佳，可以使车内乘员获得与众不同的驾乘体验。

### （3）经济性和实用性

冬季室内憋闷的空气转换成轻松、舒适的自然空气；炎热的夏季作为空调的辅助装置能感受多倍的清爽，自然空气的循环可预防因使用空调引起的头痛和冷房病，停车时利用天窗排出车内热气，防止温度上升。在夏天，经过曝晒的汽车温度可达60℃，这时打开天窗可以迅速降温，比开空调降温速度快 2 ~ 3 倍，而且不易产生空调病，同时还可节约油耗三成左右。

### （4）美化汽车

提高汽车档次，使汽车更加美观。驾车时打开遮阳板，可以欣赏到更多的风景，增添驾乘的乐趣。

此外，天窗还有如下作用：

①车辆发生事故时的紧急出口窗。

②在野外进行拍照、摄像和狩猎等时尚活动时能充分利用。

③车辆报废后，天窗依然可以使用，可以节约车主开支。

④是车辆保值增值的有利条件。

## 二、天窗的分类和组成

### 1. 分类

天窗按动力形式分为两种：

#### （1）手动式

天窗没有动力装置，要靠人手动推开或者关闭，价格比较低，一般用在经济型轿车上。

#### （2）电动式

带有电力驱动机构，只需操作开关即可自动开启和关闭，多用于商务车、高档车。

按结构形式分为四种：

#### （1）内藏式

开启时天窗有不同的弧度，安装工艺较为复杂，材质、用料较为讲究，可阻隔99.9%的紫外线和96%以上的热能，具有防夹功能和自动关闭功能，配有独立的内藏式太阳挡板。它能与汽车的内装饰融为一体，看起来比较自然，犹如原装天窗。如图4-25所示。

#### （2）外倾式

开启时向外、向后倾斜，有不同大小的尺寸，此类天窗结构比较简单。如图4-26所示。

图4-25 内藏式天窗

图4-26 外倾式天窗

#### （3）上掀外滑式

这种天窗一般是手动式，先推起然后滑动至天窗全部打开，关闭时，先滑动到原位置，然后拉下关闭。如图4-27所示。

#### （4）敞篷式

开启时天窗完全打开。这种天窗在开启时分段折叠在一起，敞开的空间大，结构紧凑。如图4-28所示。

现在从理论上讲，一部车可以安装任何一款天窗，专业天窗安装店会根据汽车的售价和车内空间、车顶尺寸帮助车主选择天窗。不同种类的天窗价格相差很大，目前加装天窗的价格在1800～14000元。手动天窗的价格一般在3000元以下，电动内藏式天窗的价格在10000元以上，而电动外滑式天窗的价格在4000～7000元，进口天窗一般比国产天窗价格要高一些。

图4-27 上掀外滑式天窗

图4-28 敞篷式天窗

### 2. 组成

电动天窗主要由驱动机构、滑动机构、控制系统和开关等部分组成。

#### （1）驱动机构

驱动机构主要包括电动机、传动机构、滑动螺杆等，电动机用以提供动力，必须能够通过改变电流的方向而改变旋转方向，实现天窗的开闭。

#### （2）滑动机构

滑动机构主要由导向销、导向块、连杆、托架和前后枕座等构成。

#### （3）控制系统

主要包括一个ECU，用来接收开关输入的信息，通过运算和判断，控制天窗的开闭。

#### （4）开关

电动天窗的开关由控制开关和限位开关组成，前者产生控制信号，后者用来检测天窗所处的位置。

## 三、天窗的选择和安装

目前市面上的天窗质量参差不齐，有的甚至带有“先天缺陷”。所以车主在资金充裕的前提下应尽量选用进口天窗。世界各国的天窗市场基本由五个品牌占据，包括德国/荷兰生产的韦巴斯特豪华牌、德国的美驰、荷兰的伊纳帕、意大利的奥泰克以及美国的ASC。同时，在天窗规格和款式的选择上，应与汽车相匹配，建议选择比较大一点的，这样天窗安装后边框比较接近纵梁，安全性得到了提高，不会在行驶颠簸中形成“打鼓”现象。

选择了过硬的产品之后，一定要找专业化的公司来安装。天窗是相对较为专业的改装项目，各个汽车装饰美容店的经验、工具、用料、手法良莠不齐，车主应尽量选择正规、专业的天窗改装店。

◆第一，应该有封闭车间，安装汽车天窗是一项非常精细的工作，安装过程中绝对不能受到任何外界干扰。

◆第二，检查店家是否有天窗厂家授权的安装证书，因为安装天窗需要的专业技术性非常强。

◆第三，选择有专业工具的店家，如果天窗切口处理不好会直接影响汽车今后的防水问题。

◆第四，要选择服务信誉好的店家，这样安装后的保修、保养及零配件更换能够得到保障，因为天窗不仅要有精细的安装，还要有定期的保养，应定期对天窗的密封机构、滑动机构、泄水机构、驱动机构进行有效的保养，这一点都是由专业的天窗安装公司来完成的。

◆第五，要在天窗安装完毕后看看店家是否做淋水试验。

◆第六，一定要向店家索要保修单，天窗的保修期应该是1年到3年不等。

**把车顶割开后加装天窗会不会影响车身的强度，带来危险？**

其实，大家大可放心，车顶盖横梁一般是两根，有的车有三根。前风挡、举升门、横梁同侧框一起组成了车顶的框架，顶盖只不过是在上面蒙了一层薄钢板。车顶的横梁多安置在立柱上。天窗一般是开在顶盖的横梁之间，也就是在薄钢板上开天窗，与车顶框架没有任何关系，所以不会影响车身的强度。电动内藏式天窗柱柱相连，就等于是在前风挡横梁不破坏的前提下又加了一根横梁，增加了车身的安全强度。但是，如果开天窗的时候将车顶横梁切断，就会对车身的强度造成一定的影响。另外，天窗使用的轻质合金材料也已经充分考虑到克服变形的问题。如果天窗距离车顶板两侧的纵梁比较远，不能依靠纵梁的支撑，会在颠簸中造成车顶的变形。

**后安装的天窗会不会漏水呢？**

不少车主还担心，后安装的天窗会不会漏水呢？其实，欧美自20世纪50年代起就有天窗产品推出，至今产品技术已经非常成熟，天窗和车顶之间用特制的胶水和紧固件连接，只要安装得当、保养得法是不会产生漏水问题的。但是，天窗的电机、滑动机构、泄水机构在正常的使用中会有磨损。所以，每年都应该进行一定的保养，进入暴晒期之前应喷一些橡塑保护剂；进入冬季前，对机件进行必要的润滑，避免沙砾沉积。

吉普车、跑车等特殊的车型不适合后加天窗，由于吉普车和跑车的车顶有相对复杂的钣金结构，有的汽车车顶还有空调管路、电路、灯具等设备，所以这些车辆一般不具备后加天窗的条件。

天窗的安装步骤和方法，一般在说明书上会有明确的说明，应严格按照这些规定进行安装施工。

下面按一种天窗的安装过程简单说明。

**步骤一**

洗车。

**步骤二**

开大灯、音响等电器进行检查，并让车主确认检查结果。

**步骤三**

定位。利用胶带将施工图固定在准备开天窗的位置。开天窗的位置与前挡风玻璃最好相距25公分，这样才能照顾到前后排乘客的需要。

**步骤四**

划线开孔。用刀片将车子内饰板切割下来，再用电剪将天窗位置剪出来。

**步骤五**

切口打磨，涂防锈油。

**步骤六**

折开仪表台，布线安装电机。

步骤七

加装天窗。

## 四、天窗的使用和保养

很多车主以为装上天窗就一劳永逸了，其实天窗也同样需要车主的精心保养与呵护。一般来讲，天窗的寿命很长，有的甚至在车辆报废后仍然可以使用。随着时间的推移，风、尘土和阳光会对天窗产生腐蚀，如果不及时保养，会对天窗的密封性产生很大的威胁。车主在使用天窗时应当注意以下几点：

（1）春季在北方风沙较大的地区，天窗的滑轨、缝隙中一般会有不少沙砾沉积，如不定期清理，则会磨损天窗各部件。应经常清理滑轨四周，避免沙砾沉积，延长天窗密封圈的使用寿命。一般在使用2~3个月的时候，把密封胶条或滑轨用纱布沾着清水清洗一下，待擦干净后涂抹少许机油或黄油就可以了。

（2）开启天窗前应注意车顶是否有阻碍玻璃面板运行的障碍物。天窗面板的设计有隔绝热能和防紫外线的功能，请用软布和清洁剂清洗，切勿用粘性清洗剂清洗。

（3）使用天窗最大的顾虑就是漏雨、漏水，天窗的正确使用和保养能有效避免漏水。在进入雨季之前，除了清理滑轨、密封条缝隙里的沙尘，还应在密封条等塑料部件上喷涂少许塑料防护剂或滑石粉。

（4）冬季在雪后或者洗车后，天窗玻璃与密封胶框可能被冻住，这时如果强行打开天窗，易使天窗电机及橡胶密封条损坏。正确的做法是：在雪后或者洗车后，将天窗打开，擦干边缘残留的水分。

（5）在极为颠簸的道路上最好不要完全打开天窗，否则可能因天窗和滑轨之间振动太大而引起相关部件变形甚至使电机损坏。此外，下雨或清洗车辆时严禁开启天窗。

（6）在使用电动天窗时，一定要特别注意旋钮的使用，因为很多天窗的故障都是由于旋钮的旋转方向拧错导致。

# 情境四：车窗玻璃装饰

车窗的美观与否关乎汽车的整体效果，所以车窗绝不仅仅是车门上的一块玻璃而已。从近百年前，汽车开始采用封闭的乘员舱室结构之后，车窗就成了汽车不可缺少的一部分。随着近几年汽车贴膜的兴起，车窗的装饰越来越受到车主们的欢迎。

## 一、车窗玻璃装饰

### 1. 传统玻璃和新型玻璃

车窗为驾驶员及乘员提供清晰的视野，挡风并防止异物侵入，保护乘客的安全。

尽管汽车业与玻璃业是属于两个不同领域的行业，但从汽车的发展历程来看，两者的关系越来越密切。玻璃技术已经完全渗入汽车行业之中，成为汽车技术领域中不可缺少的一员。汽车玻璃以前挡风玻璃为主。早在20世纪20年代，玻璃已装在美国福特汽车厂出产的T型车上，当时是用平板玻璃装在车厢的前端，使驾车者免除风吹雨打之苦。

汽车安全玻璃是汽车被动安全设施之一，因满足GB9656-2003《汽车安全玻璃》的要求，汽车玻璃必须满足以下安全因素：良好的视线、足够的强度、意外事故时对乘员起到保护作用。常见的汽车玻璃有以下几种：调质（钢化）玻璃、局部调质（钢化）玻璃、层压玻璃。

①调质玻璃

调质玻璃是将普通玻璃板加热与淬火而成，使其内部存有内应力，这种内应力使玻璃具有很高的抵抗物理冲击的能力，调质玻璃的抗力比普通玻璃高出4倍。当受到强大冲击时，将碎成粒状，不致于对人产生伤害。此外，由于经过了热处理，其耐温度变化的能力增强。一块5mm厚的普通玻璃，温度变化大于70℃就会破裂。而调质玻璃约能承受170℃的温度变化。

②局部调质玻璃

局部调质玻璃是调质玻璃的一种，与调质玻璃一样坚固。

③层压玻璃

层压玻璃是由两块普通玻璃胶合而成，中间夹有一层薄膜，经强力胶压制而成。当它破裂时，会形成特殊形状和大小的碎片，中间夹的薄膜可以防止石块或其他飞掷物件穿透到另一面，亦能防止碎玻璃飞溅。层压玻璃可以保证驾驶所需之最小能见度。

汽车挡风玻璃一般都做成整体一幅式的大曲面型，上下、左右都有一定的弧度。采用曲面玻璃，首先从空气动力学的角度出发，因为现代轿车的正常时速大都超过100km/h，迎面气流流过曲面玻璃能减少涡流和紊流，从而减少空气阻力。加上窗框边缘与车身表面平滑过渡，玻璃与车身浑然成一体，从视觉上既感到整体的协调和美观，又可以降低整车的风阻系数。另外，曲面玻璃具有较高的强度，可以采用较薄的玻璃，对轿车轻量化有一定的意义。现代轿车的曲面挡风玻璃要做到弯曲拐角处的平整度要高，不能出现光学上的畸变，从驾驶座上的任何角度观看外面的物体均不变形，不眩目。以前轿车玻璃通常用整齐的条带沿玻璃边缘修饰或保护，现在轿车上的玻璃都采用陶瓷釉，即所谓“黑边框”。

传统的汽车玻璃具有良好的光学和机械性能，随着科学技术的进步以及汽车玻璃工业的发展，各种新型玻璃不断涌现，除了具有上述的功能以外，还能够满足许多特殊的要求。现举例介绍如下：

### （1）阳光控制镀膜玻璃与低辐射镀膜玻璃

这种玻璃一面涂有一层膜，根据不同的功能要求，涂以不同的镀膜，这也产生了两大类：一类是阳光控制镀膜玻璃，另一类是低辐射镀膜玻璃。

#### ①阳光控制镀膜玻璃

阳光控制镀膜玻璃的镀膜层以硅或金属钛为主。这种玻璃有很好的反射作用，对可见光有一定吸收能力。此特性使得这种玻璃产生了神奇的阻挡夏天酷热的本领。使用这种玻璃，室内空调至少节能50%以上，很多高楼的幕墙玻璃就使用这种玻璃。

#### ②低辐射镀膜玻璃

低辐射镀膜玻璃表层涂了以二氧化锡为主的涂层，这种涂层能隔热，阻挡人体发射出来的一定波长的红外线，热量就不会散发出去。把隔热和防冷的镀膜通过一定技术一起涂上玻璃，普通玻璃马上脱胎换骨，在夏天能抗热，在冬天能抗冷，成了地地道道的“聪明玻璃”。

### （2）防污玻璃

在玻璃表面涂敷氧化钛薄膜，通过太阳光中的紫外线激发，氧化钛中产生电子和空穴，使水和氧能通过，将玻璃表面上的有机污物分解。

### （3）防紫外线玻璃

阳光中的紫外线对人体造成伤害的同时还会降低天然材料制成的汽车内饰件的性能。近年来，随着大气臭氧层空洞的扩大，辐射到地面的紫外线强度越来越大。为此科研人员开发了这种玻璃。目前抗紫外线玻璃主要包括两种类型：

#### ①紫外线吸收剂涂敷型

在汽车玻璃表面涂敷一层紫外线吸收剂，例如氧化铈、氧化锌、氧化钛等。

#### ②紫外线吸收剂本体型

将紫外线吸收剂（例如铁、钛离子、卤族元素化合物结晶等）熔化在玻璃基体中，这类玻璃可将400nm以下的紫外光和1100nm附近的红外光大幅阻断。

### （4）电热风窗玻璃

在玻璃内侧表面涂敷透明的导电膜，通电后对玻璃加热，使玻璃上的冰霜融化，防止玻璃模糊。

### （5）热反射玻璃

热反射玻璃应用在汽车车窗或前后挡风玻璃上，车主就不需要额外购买隔热膜。热反射玻璃是有较高的热反射能力而又保持良好透光性的平板玻璃，热反射玻璃也称镜面玻璃，有金色、茶色、灰色、紫色、褐色、青铜色和浅蓝色等。

## 2. 车窗玻璃的保养、修补和安装

汽车玻璃好比汽车的眼睛，要时刻保持明亮干净，才能确保行车安全。但汽车玻璃却极易受到伤害，容易产生各种油膜、划痕和裂纹，影响汽车美观和司机的视线，从而带来很多安全隐患。

### （1）去油膜和抛光

前挡风玻璃是否有油膜存在，雨天时最容易测试出来。若前挡风玻璃上面的雨水结成水珠且不规则，表示有油膜存在。通常较干净的玻璃，雨水会形成一层非常均匀的水膜，平均地附着在玻璃的表面。若油膜污染严重，雨天或夜间行驶时，会严重影响驾驶视野，需要进行清洗。

如果玻璃只是有轻微的污迹，可以不用车身清洁剂，用毛巾使劲擦，可以立刻擦干净，同时去除油膜。若普通的方法难以清除，可用清除油膜专用的化学合成剂来擦拭。将脏物完全清除干净后，再涂上防止玻璃表面附着脏物、油膜的车窗保护剂。保护剂打上吹干后会变白，这时，只要用柔软的布将它拭去即可。一般来说，涂上保护剂后，玻璃的透视性会有很大的改观，这些保护剂除了能完全清除玻璃油膜外，还能填补玻璃上的细孔，使玻璃更光滑，形成一层保护膜，使油膜不易附着在前挡风玻璃上，而且能让雨刷更轻易地扫除玻璃上的水。

据了解，一般车辆如果行驶达到5万千米或以上，汽车玻璃受到的损伤较为严重，最好能进行汽车玻璃抛光修复。不过，只有在划痕比较浅的情况下可以进行抛光处理，大面积深度伤痕通过手工操作一般无法研磨达到精密的效果，这种情况建议更换新的玻璃。

在进行抛光处理时，尽量使用高精度的仪器。因为使用精密度不高的抛光机，在高温的研磨下容易出现歪歪扭扭的面，操作不好也出现因研磨玻璃造成更加严重的损伤。抛光处理可以把粗糙的玻璃表面修整划痕，通过去掉油膜，排除用肉眼不易发现的微细划痕，磨平玻璃毛孔无任何痕迹。最后用抛光机和含氟的抛光剂进行研磨，玻璃会变得崭新如初。

### （2）车窗玻璃的修补

不少车主在日常使用汽车的过程中，可能因为误操作或其他原因而让雨刷器在挡风玻璃没有水的情况下工作。次数一多，前挡风玻璃上就会留下细小的划痕。这样的划痕对视线影响不大，但是非常影响车主的情绪。一般来说，修补这样的轻微划痕，只要到专门的汽车美容店，使用高精度抛光机对划痕区域进行抛光就可以解决这一问题。但是如果划痕很严重，面积也很大，那就必须进行修补了。

在高速行车时，挡风玻璃常会被石子或其他硬物弹裂。遇到这种情况，如果为了一个小裂痕就换掉整块玻璃，不仅浪费，而且实在是不值；如果置之不理，风压又会让裂缝越扩越大，不仅影响美观，更会对安全造成威胁。汽车玻璃的修补主要是在裂缝中填补液态胶质，消除缝隙。填补玻璃所用的材料是一种透明度很高的液态胶质，靠紫外线加热可迅速凝固，强度可达原玻璃的90%以上。施工过程也不是很复杂，主要工具是一支类似针管构造的真空注射器，功能是将玻璃伤口内的空气抽掉，然后填以玻璃修补剂（液态胶质）。经过反复几次抽、压后，修补的空间至少会有90%盛满了填补液，这时再用紫外线灯上下、左右各照射两分钟，让修补液凝固。机器移开后，伤口的中心点还会有一个小缺口，这时再滴入浓度较高的修补剂，盖上玻璃片，同样用紫外线灯照射烘干后，用刀片将表面刮平，涂上打光剂，用布磨光即可。

通常一个圆形的伤口，在修补完成以后只会剩下一个小小的圆形痕迹或蛛丝状的裂纹；长条裂痕只会留下一条隐隐约约的线，而且只有在某个反光的角度才看得到修补的痕迹，一般看到的仍是一块“天衣无缝”的好玻璃，而且修补处的强度可以保证，硬化后的胶质玻璃强度可达到原玻璃的90%以上。不过修补不是任何破损都可以做的，一旦玻璃已经断裂分离，或是破成碎片，都是不可修复的。

### （3）车窗玻璃的安装

镶嵌式安装的操作步骤如下：

步骤一

在密封胶条唇口的槽内穿一条3～4mm的尼龙绳，绳头伸出400mm左右。

步骤二

将胶条镶在风窗玻璃上。

步骤三

在胶条和窗框止口处涂上一层肥皂水，将镶上胶条的玻璃放在车窗前面，对准密封胶条和窗框上的止口之间的位置。

步骤四

从车内抽出绳子，使胶条唇口翘起压在窗框止口上，再从车外推压靠近胶条处的玻璃表面，这样胶条就镶嵌在窗框架上了，注意应从玻璃下端中央开始向两边扩展。

步骤五

装好后在车外用掌心敲打玻璃，使之与车身牢固贴合。

步骤六

沿在窗框和玻璃贴一层胶纸，然后在密封胶条与窗框及玻璃之间加注黏结剂，等干后揭去胶纸，清除泄漏的黏结剂，装上外镶条。

黏结式安装的操作步骤如下：

步骤一

清理窗框上残留的聚氨酯胶以及灰尘，使用玻璃清洁剂清理玻璃边缘。

步骤二

在玻璃边缘涂抹透明的聚氨酯胶。

步骤三

将密封材料安装在窗框上，在窗框上涂上聚氨酯玻璃胶，其高度应高于密封材料以保证密封程度。

步骤四

将风窗玻璃放在正确的位置，压至适当的高度。

步骤五

如有必要，应改用除胶剂除去多余的黏胶。

## 二、车窗贴膜

汽车贴膜发展到今天，已经不是简简单单的隔热或者防爆那么简单了。随着技术的不断进步，汽车贴膜承载的科技含量越来越高，实现的功能也越来越多。不仅仅有汽车隔热膜、汽车防爆膜，也有有效阻隔眩光的贴膜。而使用深色涂布贴膜的车辆还有更加私密的车内空间。随着车内温度的升高，驾驶者可能有更高的犯错概率，而高温和强烈的阳光可能会让驾驶者晒伤，引起车内饰件的老化，甚至引发自燃。总之，汽车贴膜有保障驾驶安全，节约能源，眩光隔离，营造舒适驾乘环境，保护隐私以及防止晒伤驾驶者和车辆的功能。值得一提的是，现在有很多技术先进的贴膜能够在一张贴膜上实现以上全部功能。

## 1. 车用贴膜的分类及其作用

过去汽车膜可以分为两大类，一类是普通太阳膜，而另一类则是防爆膜，现在出现了第三代的超红外线的陶瓷纳米技术的太阳膜，那么三者有何区别呢？

### （1）材料

防爆膜是在基膜上电镀金属、紫外线吸收剂等，而太阳膜只是在基膜上涂了一层颜色，还有些普通防爆膜则是铝粉镀膜，所以在反光材料上有很大区别。

### （2）防爆性

防爆膜能起到防爆作用，也许一些车主会认为和自己利害相关的前挡风玻璃已是双层结构，不需要“画蛇添足”了。但是一旦发生事故，不少的车主仍然会被细小的玻璃碎片扎伤，我们可以从电视画面看到满头鲜血的事故车主。贴了防爆膜，由于它是多层塑料胶合而成，黏张力极强，所以能大大减少玻璃破碎机会。换成一般太阳膜，多为单层结构，所以防爆性较弱。

### （3）抗紫外线

目前市场上多数品牌防爆膜的抗紫外线率达到了98%以上，而普通太阳膜则对抗紫外线率极低，仅有防爆膜的十分之一。

### （4）隔热率

这是车主最易感受到的防爆膜的功能，所以它成为车主鉴别防爆膜质量好坏的标准之一。一般太阳膜的隔热能力很有限，防爆膜的隔热率却达到80%。

### （5）透视性

透视性高的防爆膜，见光度高，车主安装后根本就无须为视线不佳而烦恼。优质车膜在夜间的清晰度应在6米以上，而劣质膜清晰度差，尤其在夜间，两侧及后挡风玻璃视线不清。

### （6）耐磨性

在经常洗车的情况下，一般的太阳膜很容易留下刮痕，而好的防爆膜由于经过硬化处理，耐磨性强，所以不易被刮花。

### （7）颜色

因为材料的不同，在使用过程中，铝粉镀膜易氧化、变黑，而金属膜能够在较长的时间内颜色保持相对稳定。

**纳米太空膜是如何起隔热作用的呢？**

纳米太空膜对光线是有选择性的吸收，它对紫外线的阻隔率接近100%，对红外线的透过率为20%，而对可见光的透过率则达80%以上。

超红外线的陶瓷纳米技术的太阳膜与众多防爆膜采用的“金属反射”的原理不同。我们知道，防爆膜是通过金属对光的反射与散射达到隔热防晒目的，所以，像这种金属膜具有单面透光性，也就是我们通常所看到的汽车贴膜后“里面看到外面，而外面却看不到里面”的“镜面效应”。而采用纳米材料，由于它是有选择地透过可见光，同时能反射紫外线、红外线等对人体有害光线，所以可以形象地将它比喻成“筛子”，另外，由于材料不同，纳米膜不易像金属膜那样褪色。

在价格方面，低档太阳膜（茶纸）一般80～150元，300～500元的大多是胶染色膜，中高档的贴膜需要1000～2500元，而进口高档贴膜则要3000～5000元，防爆膜市场上假货很多，在选择时应注意。由于隔热防爆膜性能优异而且在市场上比较流行，下面的介绍以这种产品为主。

## 2. 隔热防爆膜的结构和品牌介绍

汽车贴膜已成为广大车主的需求，真正的高档汽车隔热防爆膜的生产工艺极为复杂，以3M至尊汽车隔热膜为例，它由8层功能各异的汽车膜层叠组合而成，具有隔热、防爆、耐磨和美观等属性。3M至尊汽车隔热膜由透明基材、胶膜层、感压式黏胶层、紫外防护基层、低反光膜层、强化胶膜层、C.S.Film安全隔热基材和耐磨外层组成，如图4-29所示。

紫外防护基层和安全隔热基材能够隔热、隔紫外线，防止紫外线对人体的伤害，并能节省冷气能源，保护汽车内饰不被烈日晒伤。安全基材能够防止玻璃爆裂飞散，保护驾驶者安全。耐磨外层则是超级耐磨，超长寿命，令车体始终保持美观。3M专利技术感压式黏胶层和“易施工”胶膜使得施工方便、省时。独有的低反光涂层，确保高隔热率、透光率的同时，能降低刺眼眩光，减少内外反光比率，使驾车更安全、舒适。

目前，比较受广大消费者欢迎和认可的名牌膜有以下几种：威固、强生、3M、优玛、雷朋、龙膜、贝尔卡特量子膜。

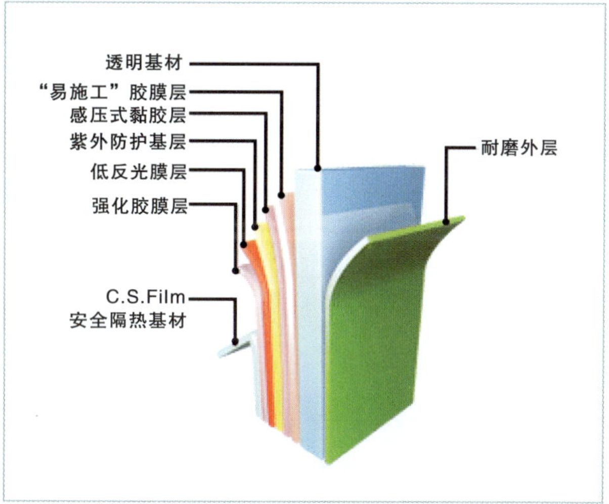


图4-29 3M至尊膜的结构

## 3. 隔热防爆膜的选用和鉴别

市面上的隔热防爆膜品种繁多，质量和性能参差不齐，优质隔热防爆膜使用寿命远远超过普通膜，当然价格也相对要高一些，与此同时，隔热防爆膜市场上假货很多，这给隔热防爆膜的选购带来了很大的困难，如何才能选择一款合格的隔热防爆膜呢？消费者可以从以下几个方面去考虑：

### （1）清晰度和透明度

不论颜色的深浅，透明度都要很高，不能有雾蒙蒙的情况。车窗膜，尤其是前排两侧窗的膜，应选择透光度在85%以上较为适宜。这样，侧窗膜无须挖孔且不影响视线，夜间行车时能把后面来车大灯照射在后视镜的强烈眩光反射减弱，使眼睛非常舒服。此外，在雨夜行车、倒车、调头时也能保证视线良好。

### （2）手感

优质膜摸上去有厚实平滑感，而劣质膜手感薄而脆，而且比较软，容易起皱和老化。

### （3）颜色

优质膜的颜料是溶合在车膜中，经久耐用，不易变色，在粘贴过程中经刮板涂刮也不会脱色。而劣质膜的颜色在胶中，撕开车膜的内衬后用指甲刮一下，颜色就掉了，膜片被指甲刮过的地方会变得透明。在贴膜过程中，当刮板膜时，有时颜色会自行脱落，这种膜当年就会变色，一年后褪色更为明显。

### （4）气泡

当撕开车膜的塑料内衬后，再重新复合时，劣质膜会起泡，而优质膜复合后完好如初。

### （5）隔热性能

隔热性是太阳膜的一个重要指标，而这一点仅凭肉眼和手感是很难鉴别的。可以通过一个简单的测试方法来作比较：在一个碘钨灯上放一块贴着车膜的玻璃，用手感觉不到一丝热的是优质膜，而立即有烫手感觉的则表明其隔热性能有问题，是劣质膜。

### （6）防爆性能

这也是涉及安全的又一重要性能。一般太阳膜或劣质防爆膜的材质与真正的防爆膜不同，其膜片很薄，手感发软，缺乏足够的韧性，不耐紫外线照射，易老化发脆，当遇意外碰撞或外物打击时，膜片很易断裂，不能把玻璃粘牢在一起。

### （7）紫外线阻隔率

高质量的膜紫外线阻隔率指标一般不低于98%，最高可达99%。高紫外线阻隔率能有效防止车内的人被过量的紫外线照射，灼伤皮肤，还能保护车内音响不会被晒坏。而劣质膜很多没有这项指标，或者远远低于98%的标准。

### （8）保质期

看其是否有质量保证卡，好的膜保质期通常为5年，长可达8年。在保质期内正常使用，隔热膜不褪色，金属层不脱落，膜层不脱胶。

## 3. 隔热防爆膜的安装

隔热防爆膜的粘贴步骤如下：

**步骤一：清洁玻璃**

用干净不起毛的抹布蘸上清洁液从上到下彻底地清洁玻璃，然后用干净的湿抹布再擦拭一遍，清除玻璃上的所有污物，使玻璃清洁干燥，为贴膜做好准备。

**步骤二：曲面的预定型**

利用该前后挡风玻璃的外侧面为模型，对隔热防爆膜进行加热预定型。预定型的方法是将隔热防爆膜的保护膜朝外，铺于曲面玻璃的外侧，在贴膜和玻璃之间洒上水，采用温度可调的电吹风对太阳膜进行加热，一边加热一边用塑料刮刀挤压玻璃上的气泡和水，使隔热防爆膜变形，直至与玻璃的曲面完全吻合。需要特别留意的是，加热要均匀，不要过分集中，否则温度太高有可能造成玻璃开裂。

### 步骤三：贴膜

先在清洁的玻璃的内侧喷洒清水，然后撕去隔热防爆膜的保护膜，对涂胶的表面也喷上清水，便可以将隔热防爆膜贴于玻璃上，再用塑料刮刀进行挤压，去除隔热防爆膜内的气泡和多余的水分。对于曲面玻璃来说，如个别部位不吻合，还可用电吹风加热，使其变形，达到完全吻合，然后用干净的毛巾擦去多余的水分。待隔热防爆膜干燥后，便能牢固地黏附于玻璃上。由于隔热防爆膜上是压敏胶，刚粘贴上去黏度不大，所以在两周之内不要摇窗或用力擦拭。

### 步骤四：检查

仔细检查粘贴是否牢固，有没有褶皱和气泡以及划痕等。

隔热防爆膜注意事项如下：

（1）要选择无尘贴膜工作室，因为贴膜最怕灰尘和沙砾，街头作业很难做到环境清洁。

（2）观察一下膜的背面是否有防伪标志，正规品牌的背面都印有防伪标志。

（3）选膜时，要注意搭配，膜与车身颜色和谐，贴前后风挡不能开刀，一定要整张贴，否则会降低防爆性，而且影响美观。

（4）粘贴过程要防止灰尘、毛发等粘到贴膜或车窗上。

（5）膜面出现污渍，不要用化学溶剂擦拭，最好用清洁的湿毛巾、纸巾沾水或棉布配合洗洁精清洗。

（6）车主不要为了美观将一些吸盘或黏物吸附在贴膜上，这样容易造成膜脱落。

# 情境五：车身装饰

汽车车身是整车中最为醒目的地方，车身的艳丽装饰是美化汽车的一个重要途径。目前，主要的车身装饰方法有喷涂、贴装饰膜、安装镀铬件等。

## 一、汽车装饰贴膜

随着车主对个性化汽车的需求的急剧膨胀而改变车型，投资巨大，而且很麻烦，所以很多车主开始用贴饰来装扮车身，贴饰的制作难度比较低，制作方案随意和简便，从一般的汽车装饰品厂家到印刷厂甚至是车主个人都可以制作适合各种车辆的贴花，这就导致了贴饰市场上产品质量差异比较大。一些进口贴饰产品例如“3M”、“macfleet”等的品质和材料都要好过一般小厂生产的产品，而且其质保可达8～10年，不过价格比较贵。一套国产贴饰的价格在100元以内，而进口的则需要300～500元，车主如果不希望整车粘贴的话可以选择单张贴花（随意贴），价格在10～50元。

选择贴饰时除了品牌以外，还应该观察一下贴饰的印刷技术，一些色彩鲜艳的贴花寿命不太长，几个月后就会出现掉色和脱落现象，适合喜欢新鲜的车主便于更换，正规贴饰生产厂家大多拥有专业的贴花设计师，采用的是先进印刷工艺和设备，生产的贴花产品可以带来不同的视觉效果，例如有一些贴花随着角度的变化会呈现不同的颜色和花纹，如图4-30所示。

图4-30 车身贴饰的装饰效果图

除了一般的使用图案和色彩进行装饰的贴膜外，还有专门仿碳纤维车壳的贴膜，如图4-31所示。这样的贴膜主要是使车身外壳看上去像是碳纤维材质，以达到模仿高性能改装车的目的。仿碳纤维发动机舱盖贴膜价格一般在200元左右。

图4-31 仿碳纤维发动机舱盖膜

贴饰的粘贴步骤如下：

步骤一

确定需要贴纸的部位。

步骤二

将车身需要贴纸的部位清洁干净。方法如下：用清洁剂与水的混合剂（1∶10）均匀地喷洒在车身部位，再用塑胶刮片或干净的毛巾将喷洒部位擦拭干净。（若擦得不干净，贴上贴纸后会有一点一点的凸起将贴纸顶起，产生不平滑，影响美观）

步骤三

用洗洁精混合剂将要贴的地方再均匀喷洒一遍，保持湿润。

步骤四

将贴纸背面的一层保护层揭去，贴在车身部位，先固定左侧，再固定右侧，注意不能有褶皱和气泡。

步骤五

车身与车门缝隙连接处，用剪刀沿着车门边剪开。注意：剪切应该整齐，与地面垂直。

步骤六

以剪开处为中心，将贴纸分别往两侧反方向平移1.5～2mm的距离（避免开/关门时擦到贴纸，引起贴纸卷边）。

步骤七

分别以车门及车体两侧贴纸各自中心为中心，用塑胶刮片向四周均匀刮开，将水刮出来，若仍有少量沙砾，可将贴纸一角轻轻掀起，将沙砾取出后，再继续刮。

步骤八

全部刮好后，保持15～20分钟，使贴纸完全干后，再将贴纸表层撕去。

步骤九

若要贴纸快速干，可用特制风筒轻吹，注意要保持一定的距离，否则会因高温破坏贴纸，产生起泡现象。

步骤十

贴好后，亦可用风筒将贴纸边角四周吹干。

## 二、汽车镀铬件

亮闪闪的镀铬件，其抛光的亮银色和车身颜色反差巨大，能够明显地提升轿车的外在气质，给人以一种运动和高贵的感觉，如图4-32所示。很多车主都喜欢自己的车上有镀铬件，所以很多轿车在生产的时候就在车身上安装了很多镀铬件。但是许多车主依然不满意，选择自己选装更多、更有个性的镀铬件。一般来说，镀铬件包括车门把手、装饰条、中网隔栅、保险杠等。在国外，也有一些车主选择全身镀铬，但是在国内，这是禁止上路的，因为过多的镀铬件会影响周围驾驶者的视线，造成隐患。

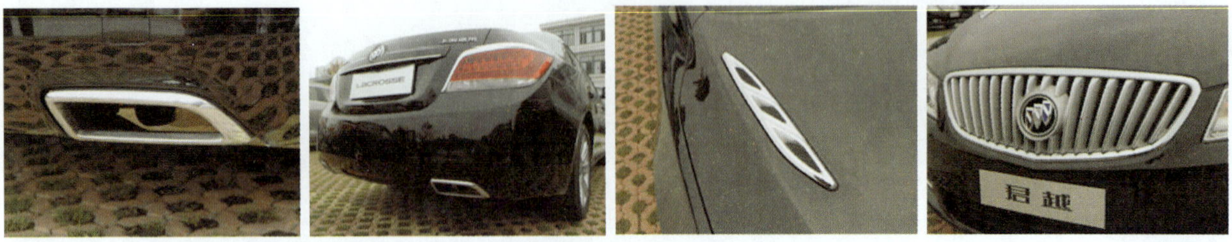


图4-32 君越车身镀铬件

虽然我们习惯性地统称这些零部件为镀铬件，但并不是所有的都是电镀铬的。因为镀铬装饰件主要使用ABS塑料制作，所以也有很多是塑料喷漆工艺制作出镀铬效果。但是不论哪种工艺，其寿命都不是很长，而且需要车主注意保养。因为无论是电镀还是喷涂，这些零部件都是怕酸碱的，所以当车子被雨淋过之后，车主需要擦拭车身上的镀铬件，防止其老化。

# 情境六：其他外部装饰

## 一、车轮饰盖

我们见到路上的许多车辆拥有风格独特的车轮，赞叹之余，许多人会错误地称之为“轮辋”。其实这些汽车的轮辋往往还是原厂的轮辋，只是安装了独特的车轮饰盖。车轮饰盖是比较简单的改变汽车外形的方法之一，只需要将原装的车轮饰盖拆下，装上车主选择的个性的饰盖即可，如图4-33所示。

图4-33 车轮饰盖

原厂的车轮饰盖为了降低成本，一般都是钢制的，十分沉重。而汽车美容市场上的车轮饰盖可以选择许多轻量化的材质，比如铝合金。使用轻量化材质的车轮饰盖往往可以获得不错的节能效果和更加出色的外观。

车轮饰盖除了外观装饰性以外，更有其安全特性。车轮饰盖靠不锈钢卡簧和固定支夹固定在车轮轮圈上，合格产品须经过制造商的拆卸力测试，以确保产品安全性。在选购时要注意饰盖的装配性，如果卡口不紧、弹簧材料不过关，容易导致饰盖脱落，特别是在高速行驶时，脱落的饰盖对汽车、行人都是相当危险的。

## 二、货架

汽车货架安装在车子的顶部或者后部，用于放置货物，如图4-34所示。汽车货架按照放置的物品不同可以分为车顶货架、行李架以及后背式专用货架等。

图4-34 汽车货架

汽车货架一般采用铝合金制作，表面比较光滑，安装方便，坚固耐用。安装时一般由车顶排水槽或车门框上缘来扣住货架的基座。一般来说，汽车货架常见于SUV等体积较大的车辆。

## 三、防撞胶

防撞胶是指贴在车身突出位置的一层特殊保护层，主要用于在发生轻微擦碰时保护车身，同时与车身颜色相配的防撞胶还能起到美化车身的作用，如图4-35所示。

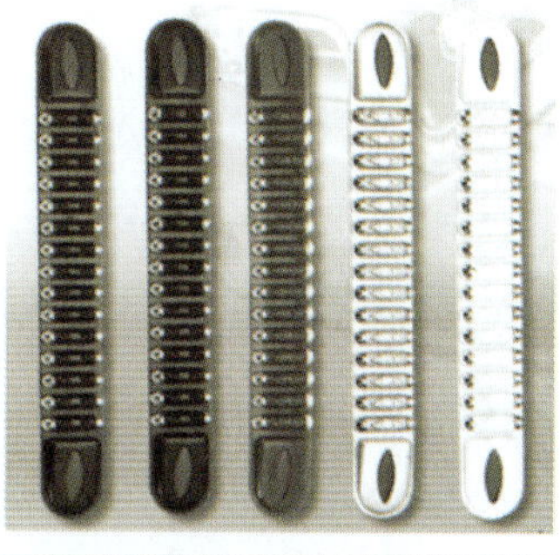

图4-35 防撞胶

在粘贴前先把车身粘贴部位擦洗干净，贴上后轻压一下，等3小时后再压一次，24小时以内避免与水和油接触。

## 四、车灯眼线

眼线也称眼眉，是贴在前车灯上表面部位的装饰件，它使车灯显得很有个性，楚楚动人。车灯眼线大多是类似彩条的不干胶制品，应选择质地好、寿命长、颜色丰满、粘贴牢固的眼眉材料。粘贴时注意左右两个车灯应该对称，粘贴前先将粘贴位置清洁干净，粘上去后应避免有皱纹和气泡的缺陷。

## 五、发动机舱盖

从正面看过去，发动机舱盖无疑是最显眼的一个部件。但是这个面积巨大的地方往往因为太没有个性，仅仅是千篇一律的大空白，而让人兴味索然。除此以外，发动机舱盖一般来说都是由钢板制造，重量很大，强度也是一般，如图4-36所示。

有些有个性的车主会选择在发动机舱盖上贴一些印花，但是这仅仅是解决了外观的问题，并没有让发动机舱盖“沉重”的身躯有任何的改观。

图4-36 本田Civic思域的碳纤维发动机舱盖

## 思考与练习

1. 简述车身大包围的制作和安装过程。

2. 天窗的作用是什么？如何分类？

3. HID的工作原理是什么？有什么特点？

4. 防爆膜有什么作用？如何选择和安装？

5. 后视镜有哪些技术指标？如何调整？

第五部分

# 汽车内部装饰

汽车内部装饰主要是指汽车内部改装所用到的汽车产品，涉及汽车内部的方方面面，比如汽车防晒膜、汽车握手套、汽车地垫、汽车防滑垫、坐垫座椅等，都是汽车内饰产品。汽车内饰是汽车车身的重要组成部分，人们在车内真正享受的是汽车的内饰部分。

## 情境一：汽车座椅

### 一、座椅的结构

#### （1）骨架

座椅的骨架主要由金属型材制作。主体是金属焊接结构，起到座椅定型和支撑人体的作用；靠背和坐垫处的基本型体，有的是用薄钢板冲压而成，如图5-1所示。

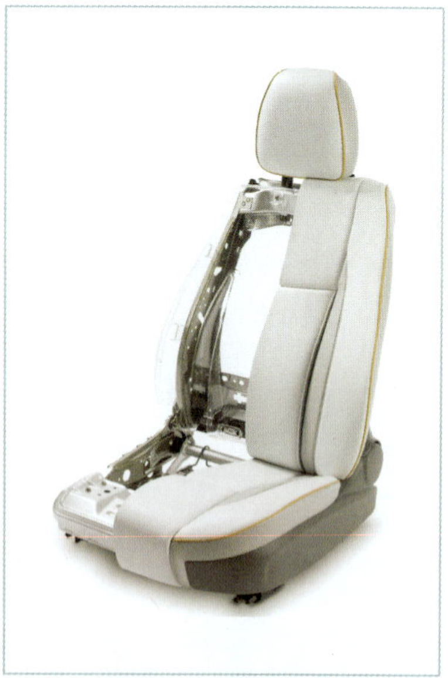

图5-1 车身的骨架

#### （2）填充层

为了增加人们乘坐时的舒适感，在座椅骨架上装有填充物，一般用发泡塑料制作定型的填充层，柔软舒适，造型好且不易变形，还具有一定的弹性，既提高了座椅的舒适性，又易于座椅的批量生产，并保证了座椅的质量。

#### （3）表皮层

汽车座椅的表皮层是座椅质量和装饰的重点部位。汽车表皮层一般是用真皮制作。

### 二、座椅的种类

#### 1. 真皮座椅

真皮座椅如图5-2所示。

图5-2 真皮座椅

### （1）真皮座椅的优缺点

真皮座椅的优点如下：

①容易清洁

相对于绒布座椅来说，灰尘只能落在真皮座椅表面，而不会深入座椅深层，因此用布轻轻一擦就可以完成清洁工作，对于绒布座椅来说还需要购买坐垫等，否则一旦弄脏，脏物就有可能渗入座椅内部。

②更易散热

虽然真皮也会吸热，但是它的散热性能表现更好。夏日正午被阳光灼热的车辆，座椅一定很烫。但如果是真皮座椅，用手拍几下就可以散去热气，或者坐上去一段时间就不会感觉那么烫了。而绒布座椅就没有这么好的散热性。

真皮座椅的缺点如下：

①表面易损

锐物是真皮的克星，一旦遇上刀、剪、针等，真皮上就会留下印痕。比较来说，绒布就不会那么娇气了。而且修补起来，绒布的成本也远远低于真皮。当然更重要的是，真皮比绒布更容易出现老化现象，因此真皮座椅更需要小心呵护。

②坐感过滑

车主可能用系安全带或是增加坐垫的方法来解决这个问题。事实上，一般生产厂家已经针对这个问题对真皮表面进行皱褶处理，以增加摩擦系数。

### （2）皮质的分类和特点

真皮一般分为黄牛皮和水牛皮。

①黄牛皮

也就是我们常说的A级皮，是所有汽车真皮座椅中最为常见的使用材料，表面细腻，手感柔软，几乎看不到毛孔，质地结实又非常具有韧性，因而加工出的座椅极为美观。

②水牛皮

水牛皮也被称为B级皮，同黄牛皮相比，优势是结实耐磨，缺点是不够柔软、手感差、韧性差、表面粗糙、毛孔清晰，加工出的座椅同黄牛皮相比外观稍差。

除了以上两种皮质以外，在市面上还经常能见到一种C级皮，也就是黄牛和水牛的二层皮。

C级皮，同A级皮和B级皮相比，无论是质量、美观、价格以及使用年限，都要相差很多。因此不主张客户使用B级以下的皮质加工座椅。

在正常情况下，A级皮和B级皮加工出来的座椅一般都能使用5到8年以上，也就是说，在中国目前情况下，即使汽车报废或更新了，真皮座椅也基本能够保持完好。

C级皮的优势是价格便宜，但寿命短，客户选择使用C级皮是不可取的。

无论是好皮、次皮，关键在于养护。如果日常养护不当，使用寿命不过一两年。为此，建议一个月要养护一次，三个月要清洗一次，可以终身受用。

就如皮鞋要经常打鞋油保养一样，真皮座椅养护，要用皮革上光剂（一种油质剂），可以给皮座椅加一层保护膜，使皮面看起来更加油滑光亮，防止皮革干涩、脱皮。车主可以要求汽车美容店做，也可以自己动手。

### （3）五招辨识真假

五招即看、摸、烧、擦、拉。

①看

不怕不识货，就怕货比货。首先是看，好皮皮面光滑，皮纹细致，色泽光亮，都有细小的毛孔。

②摸

这是最有效的办法。好皮手感质地柔软、滑爽有弹性，若皮面颗粒多、板硬或发黏均为下品。

③烧

合成皮虽然也是皮，但在加工过程中会添加一些胶类化学物质，烧后会有一些焦状物，真皮就没有。

④擦

用潮湿的细纱布在皮面上来回擦拭9次，若有脱色现象，则说明质量不过关。

⑤拉

两手拉起皮子向两边拉，若皮面出现缝痕或露出浅白底色，则说明皮子的弹性及染色工艺不过关。

### （4）真皮座椅的清洁与养护

皮革简单的保养方法如下：

方法一

汽车皮椅尽量要距热源两英尺的位置，若离热源太近会导致皮革干裂。

方法二

不要长时间暴露在阳光下暴晒，这样可以避免皮革褪色 。

方法三

经常实施清洁保养，一周使用吸尘器吸去尘灰。

方法四

在清洁时不要用吹风机去快速吹干皮革，要做到自然风干。

中高级轿车多是真皮座椅，也有许多司机自行加装真皮座椅，以显舒适、豪华高贵，而且使用寿命也较长。真皮是天然之物，保养起来自然不能轻而视之。日常保养，除了人人皆知的避 免尖锐物体刮伤皮革外，还要注意防尘防晒。因为灰尘无孔不入，会将皮革内的天然油脂吸掉，那便成为一张干皮了。灼烈的阳光会使真皮老化，应避免阳光的暴晒。

皮革座椅的保养同样适用真皮座椅。真皮座椅还应切忌用化学清洗剂清洗，清洁真皮座椅应选用强碱性的清洗剂，像肥皂水之类，并且少用所谓的皮革保护剂，保护剂会令真皮产生依赖性，如停止使用皮子就会暗淡无光。

真皮的最大敌人是刀剪、硬物及高温。平时要小心锐物撕破真皮。为延长使用寿命，应该避免曝晒，最好不要超过60℃。因此，配有真皮座椅的汽车，最好贴防晒膜（防紫外线和红外线照射），平时停车尽量选择阴凉处，避免长时间曝晒在太阳光下使皮革变硬、龟裂、褪色。

生活妙招：透明皂清洗真皮座椅

用干净软毛巾温水浸泡，将适量肥皂均匀打在毛巾上，然后轻轻擦拭座椅(褶皱处可反复擦拭)。此时，毛巾若会变脏，证明去污有了显著效果。擦完肥皂通风晾干，用清洗过后不含肥皂的湿毛巾擦拭两遍即可。此法去污，皮面干净蓬松，清新如初。此法也适用门内饰和仪表盘处塑料件。其原因是肥皂(香皂)去污性强，且对人体皮肤无刺激，对真皮件更实用。

## 2. 绒布座椅

绒布座椅如图5-3所示。

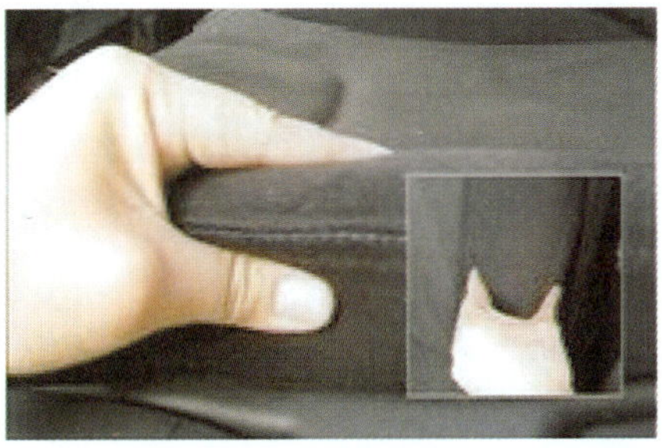

图5-3 绒布座椅

### （1）绒布座椅的优缺点

绒布座椅的优点如下：

①表面不易破损，寿命长

一旦遇上刀、剪、针等，真皮上就会留下印痕。比较来说，绒布就不会那么娇气了。而且修补起来，绒布的成本也远远低于真皮。当然更重要的是，真皮比绒布更容易出现老化现象，绒布座椅使用寿命更长。

②坐感稳固，防滑

绒布座椅坐上去感觉更稳，不会有打滑的感觉。

③其他优点

价格低，重量轻，透气性好等特点。

绒布座椅的缺点如下：

①容易藏污纳垢，不易清洁

灰尘会深入座椅深层，因此清洁工作比较繁重，所以对绒布座椅来说还需要购买坐垫等，否则一旦弄脏，就有可能渗入座椅内部。

②散热性差

夏日正午被阳光灼热的车辆，座椅一定很烫。但如果是真皮座椅，用手拍几下就可以散去热气，或者坐上去一段时间就不会感觉那么烫了。而绒布座椅就没有这么好的散热性。

### （2）绒布座椅清洁与养护

织物面料的座椅处置起来相对简单一些。座椅不是很脏的时候，可用长毛的刷子和吸力强的吸尘器配合，一边刷座椅表面，一边用吸尘器的吸口把污物吸出来。对于特别脏的座椅，清洁时就要进行以下几个步骤：首先用毛刷子清洗较脏的局部，然后用干净抹布蘸少量中性洗涤液，在半干半湿的情况下全面擦拭座椅表面，最后用吸尘器再次清洁座椅并消除多余的水分。

用吸尘器清除灰尘。如果灰尘凝结在绒布上或很难用吸尘器除去，先用柔软的刷子刷一下，再用吸尘器吸。

用干的布来擦拭纤维表面，然后将座椅纤维彻底弄干，如果绒布仍很脏，用温和的肥皂水及温水擦拭，然后彻底弄干。

如果污垢清不出来，试试市面上卖的纤维清洗剂。在较不明显位置先使用此清洁剂以确定它不会对绒布有负作用。要根据说明书来使用此清洁剂。

平时在车里最好不要吃东西，非吃不可时一定要注意，不要让食物的细渣掉落在车座上，以避免滋生螨虫或微生物而产生怪味。

## 3. 儿童座椅

ISO FIX的全称是“International Standards Organisation FIX”，中文意思是：国际标准化组织固定装置。它是一个关于在汽车中安置儿童座椅的新标准。这一标准正在为众多汽车制造商所接受，其作用在于使儿童座椅的安装变得快速而简单。

当汽车出厂时ISO FIX接口就已经被装配在车里了。儿童座椅生产商在儿童座椅上安装ISO FIX接头。这样ISO FIX儿童座椅就可以轻易地固定至汽车的ISO FIX接口中了。

ISO FIX的制定是一个重要的发展，因为很多人不能正确地安装儿童座椅，调查显示很大比例的儿童座椅安装不够安全。

目前大部分儿童座椅被放置在车内座椅上并使用斜挎肩带（有时只使用腰带）固定。然而，不同车型的汽车有不同的座椅、安全带和固定方式。汽车座椅形状不同、安全带长度较短和锚固点位置不同，都会导致一些儿童座椅安放的位置靠前或靠后。所有这些因素使得制造适用所有车型的儿童座椅成为一个难题。

制定ISO FIX就是要解决所有这些问题。它的终极目标是让你购买的任何ISO FIX儿童座椅都适合你的汽车，你只须简单地将它插入儿童座椅接口就可以。

ISO FIX的另一个作用是它可以在儿童座椅和汽车之间建立刚性连接，以使其更加稳固。

遗憾的是制定ISO FIX标准的技术细节需要很长时间。完成这一工作之后，法规R44.03必须更新以将新标准添加进来。

现在市场上有售的ISO FIX座椅目前只适用于一些对其进行过测试的车型。

儿童座椅通常装在汽车的后座上，如果放在前座，发生碰撞时前挡风玻璃会伤到孩子。很多车辆的前排安全气囊可以很好地保护乘客，但是对于骨骼尚未发育完全的孩子来说，这是致命的杀手。如果儿童的身高低于汽车座椅或体重小于座椅的最小安全承重，儿童座椅就应该向后安装。但当孩子的身高超过座椅或体重超过安全标准后，这时后向安装就相对不安全了。如果采用前向式安装，当幼小的孩子颈部受到撞击时可以最大限度地吸收撞击的冲力，使孩子脆弱的颈部得到保护。后向安装和前向安装取决于孩子的大小，同时在购买的时候也应该咨询专业的技术人员，详细了解后再进行安装。图5-4为儿童座椅。

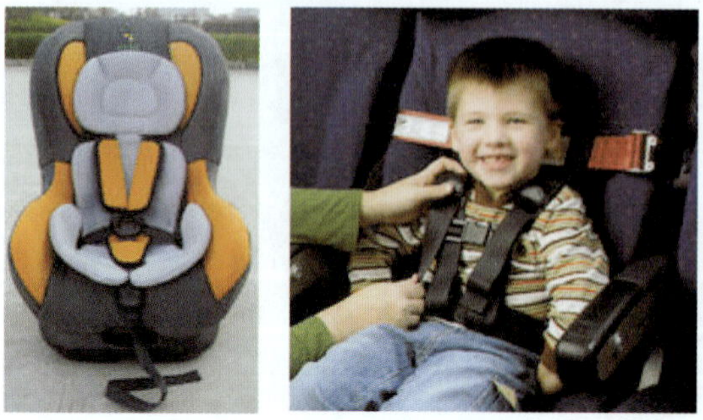

图5-4 儿童座椅

### （1）儿童座椅的安装

安装方式是否正确，对于儿童座椅能否发挥应有的保护功效至关重要。

步骤一

仔细阅读制造商提供的使用说明书，并严格遵照要求进行座椅安装。如果使用说明书丢失，咨询制造商并再索要一份。

步骤二

尽可能把儿童座椅安装在汽车后座。

步骤三

儿童座椅拴紧在汽车座椅上后，应稍微使劲将座椅压到汽车座位上再绑紧，以确保固定。

步骤四

座椅皮带不应该有任何松弛。

步骤五

任何情况下不要擅自对儿童安全座椅或汽车安全带的设计进行任何改动，以使一个原本不适合的儿童安全座椅能够安装到你的汽车上。

步骤六

如果你经常拆装儿童安全座椅，需在每次安装后仔细检查是否安置妥当。即使是长期安装在汽车上，也需经常进行检查，以确保安装牢固。

步骤七

如果你觉得自己的安装有任何不妥的地方，务必请相关人员为你检查，不要留下安全隐患。

### （2）儿童座椅的使用

不管行程有多短，在你每次带孩子驾车出行时，都应该使用儿童安全座椅。

步骤一

起步前，花些时间检查孩子是否被皮带可靠而且舒适地绑住。确保用于拉紧孩子的皮带被调整到最适当的长度，以在孩子的胸部和皮带之间只能塞进两个手指为宜。

步骤二

不要把拉紧皮带的扣夹放在孩子的肚子上。

步骤三

腿部的皮带从骨盆附近(而不是从胃部)通过，从一侧髋骨到另一侧髋骨；斜拉的皮带应该缚在孩子的肩上，而不是颈部(有些座椅设有一个扣夹来帮助固定皮带)。切忌不要把座椅皮带塞在孩子的臂部或者背部。

步骤四

确保将安全带按照正确的方法穿过安全座椅。有些座椅提供了可替代的穿引通道，以便在汽车安全带较短不能从主通道穿过时使用。

## 三、赛车座椅

失去舒适之后的赛车座椅专业的桶式座椅比普通座椅要低很多，没有仰合调节、前后调节及高度调节，座椅位置完全按照车手的身材量身定制，焊死在钢架上。多余的调节系统会增加重量，容易出现故障。赛车座椅通常以硬塑料或碳纤维为骨架，外面包上轻质的防滑面料。靠背上方有用于专业安全带通过的孔，在腰部及头部两侧都有保护支撑，将赛手完全捆绑在座椅上，防止急速转弯时离心力对车手的影响。靠背和坐垫基本呈90度夹角固定死，这样的座椅毫无舒适性可言，目的只有一个，那就是安全。只有很少的原厂车在出厂时把赛车座椅作为标准配置，改装厂家为满足车迷对赛车的渴望，推出可调节赛车座椅。好的赛车座椅具有一流的质量，当然价位也是一流的。

图5-5 赛车座椅

# 情境二：汽车地胶的铺装

## 一、汽车地胶的作用

汽车买来的时候，地面一般是绒面地毯，如果脚垫尺寸不准，或者下雨天乘客或司机的鞋带入大量的水后容易渗到绒面上去，而且绒面也容易吸附垃圾和灰尘。由于汽车本身并不是长时间开窗通风的，而绒面又在脚垫下面，即使通风也不能造成很好的对流，这样时间长了容易滋生细菌或者发霉。

汽车地胶的作用主要是隔音、阻燃、防锐、防磨损和防脏。安装地胶有如下好处：

① 保护原车地毯，让车辆保值。车辆使用几年后去掉地胶，轿车地毯仍旧像新车的一样，这就是老驾驶员常说的什么不装都行但地胶必不可少。

② 容易清洗，毛巾一擦就可以把地胶上的污物擦干净。

③ 对油类、水类、咖啡渍、口香糖等污染有效防止，而原有毛毯上若沾这些污物不好清除。

④ 比原车更环保。原车地毯使用饱和树脂粘上去，而树脂挥发会产生苯、甲醛等有害甚至致癌气体；而地胶可有效防止原车地毯下有毒气体的散发，而成型地胶所用原料都是由植物提炼的物质发泡而成，相对而言比原车地毯环保得多。

⑤ 经济性更好。如果不铺地胶，原车地毯在1~2年左右就需要更换，原车地毯的昂贵是我们不愿接受的。而成型地胶在5年左右更换时，由于其价位的合理性，降低了车辆维护保养费用。

⑥ 美观性好。地胶经过专业的施工铺装在车辆上后，使车辆看起来更整洁，更美观。铺装好后的汽车地胶如图5-6所示。

图5-6 铺装好的汽车地胶

## 二、汽车地胶的选购

### 1. 汽车地胶的分类

汽车地胶分为手缝（如图5-7，又叫剪贴式）和成型地胶（如图5-8，又叫整体式地胶）两种。板型、手工活都好的地胶能有效防止灰尘和脏物渗入地毯，但防水能力差一些。成型地胶是一次性压制成的，中间无缝，防泄漏性好，但遇凹凸大的车内地面时，铺出的美观性就差一些。一般地胶是用3毫米厚的橡胶制品做成的，颜色有灰色、米色、黑色。另外地胶的铺制水平也是非常重要的，铺得不好，周边容易翘，中间不平整，整体感观很不舒服，所以一定选择水平好的师傅铺装。

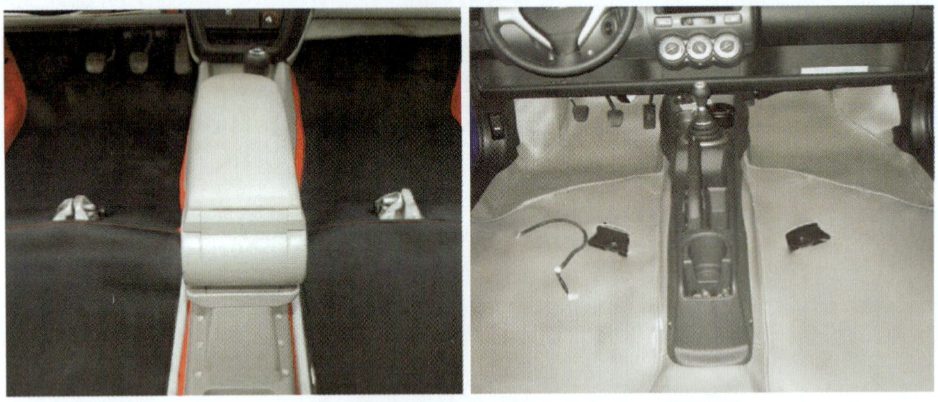

图5-7 手缝（剪贴式）地胶

图5-8 成型（整体式）地胶

购买新车时4S店和汽车装潢店都免费铺汽车地胶，汽车地胶有仿制的假地胶和原车环保胶两种。假冒汽车地胶是用回收的鞋底和旧轮胎等再生原材料制造，有一股刺鼻的味道，一撕即断裂。国内首创的具有国际先进技术的环保无缝整体隔音阻燃汽车地胶采用了优质的PVC（即制造汽车内饰专用材料）制成，就是经过夏日阳光曝晒后也不会出现那种刺鼻的异味。

这种成型地胶的造型是经过精确测量的，凹凸尺寸得当、准确，完全是机器整体热压成型，背面还有一层防潮隔音棉,即使高速公路行驶车内隔音绝佳。整体效果与车内空间十分协调，而且它的美观程度也不是传统地板胶能媲美的，它能完全显示出车的豪华与气派。

另外，它还有很强的防渗透及防腐性能，便于车主轻松地除去沾在上面的油迹和污垢。一般传统地胶在安装上也是十分耗时的，而成型地胶在安装上也十分方便，它无须裁剪、焊接，克服了手缝地胶不到一两年即断线和开胶漏水的弊病，又可以快速安装，并且比剪贴式耐用。

## 2. 地胶和脚垫的区别

汽车地胶一般是到汽车改装美容装饰店现裁现做的，分不同的档次，质量不是太好的会有胶味儿。一次成型的地胶是专车专用的，根据不同的车型配不同的型号。而汽车脚垫大部分是通用的，车主后加装的，也有专车专用。面料有绒的，有厚有薄；还有一种是塑料的或者橡胶的，有透明和不透明的。这种脚垫便于车内卫生的清洁。一般是先铺一套普通的绒垫，再铺一套透明的。选透明垫要选质量好，很软还没有异味的。

铺地胶的时候要先把座椅全部拆下来，不管是手缝的还是成型的，到最后铺到车上之后都是一个整体。汽车脚垫就不一样了，一般都是5片（如图5-9所示），现在流行的脚垫都是专车专用的，也就是说，一般情况下，要先铺一层地胶，然后再买一套脚垫铺上。脚垫体积小巧，拆卸起来非常方便，脚垫脏了时只要直接拿下来清洗就可以了，同时脚垫对汽车改装地胶或汽车地毯还有保护作用。

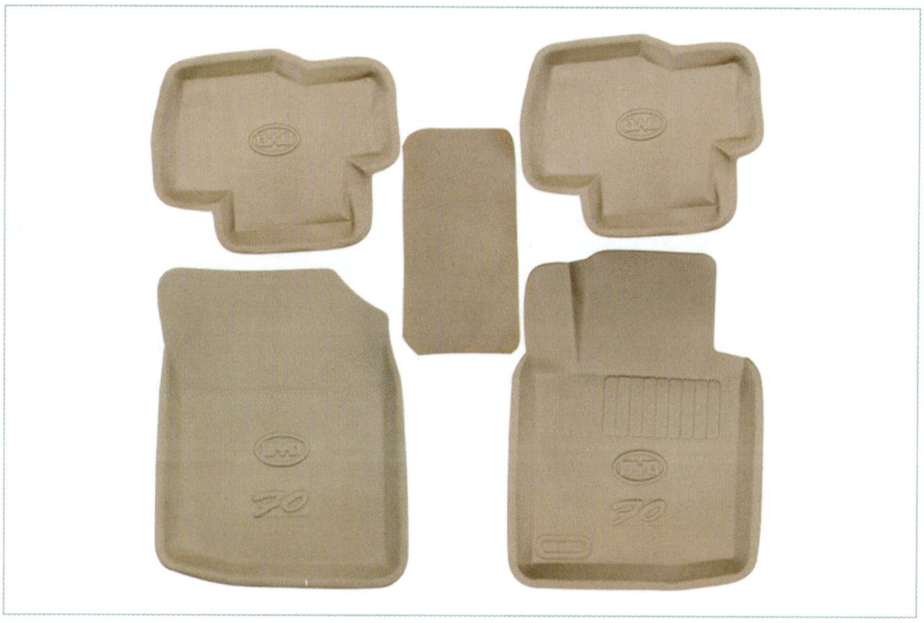

图5-9 五片式汽车脚垫

## 3. 地胶的选用方法

（1）看厚度：汽车地胶的厚度将直接影响到它的耐磨性，好的汽车地胶应该是厚度均匀，边缘和中心厚度一致，背面的衬布层网格均匀，衬布层和塑胶层结合紧密。

（2）看颜色：汽车地胶常用的颜色有灰色、米黄色等，好的汽车地胶应该是质地均匀、没有色差、表面花纹一致。

（3）试手感：地胶生产厂家在生产地胶的过程中，都要在塑胶中添加一定比例的填料，添加填料的比例决定了成品的柔韧性，汽车地胶的柔韧性好，不仅铺设时比较容易，而且使用寿命也比较长。检查时可先剪下一小条汽车地胶，用手将其上下来回对折几次，如果很快就出现裂纹则说明地胶中填料过多，属于劣质产品。

（4）闻气味：好的汽车地胶应该没有刺激性气味，这样才能保证车内乘员的人身健康。

轿车选用地胶是一劳永逸的事情，而且使用时间长，性价比高，建议不要贪图便宜选择地胶质量较差的，那会在以后的使用过程中产生很多烦恼。

## 三、汽车地胶的铺装流程

一般汽车座椅底下都是一种地毯似的物品，是原车整体铺制好的，一旦有脏物、污垢留在上面，很难清理。若上面铺上一层防水、易擦洗的物品，清理起来就方便多了。这层保护物（地胶）可以保护坐垫。地胶的铺装流程如下：

1. 为了能顺利地安装汽车地胶，需拆掉全车座椅，取出原车脚垫和后尾箱内的备胎。这些车内物品全部拿出后如图5-10所示。

图5-10　拆卸座椅

2. 为了便于安装和固定地胶的边缘部分，需要拆下车门槛密封条，然后拆下车门槛饰板和B柱下饰板。如图5-11所示。

图5-11　拆下密封条和饰板

3. 清洁车内地板，然后取出地胶，开始铺设。将地胶在车上展平并基本定位，先铺好驾驶员位置的地胶，将地胶前部塞入仪表台下，然后铺装副驾驶员侧、中央通道和后排座椅部位的地胶。如图5-12所示。

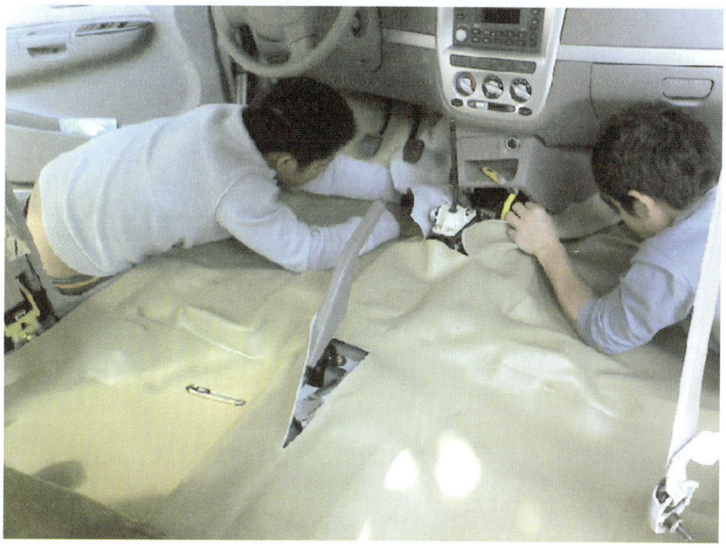

图5-12 施工人员正在铺设地胶

4. 处理后尾箱，装好隔音减震棉（如图5-13），然后将地胶铺在后尾箱地板处，整理压平。

图5-13 处理好后尾箱

5. 地胶铺上后安装车门槛饰板和左右B柱下饰板，将地胶边缘扣入饰板内并压平，然后恢复车门槛密封条。

6. 将座椅抬入车内，用原车螺栓装好，然后放入前排座位和后排座位的脚垫。安装好后驾驶位和副驾驶位的效果如图5-14所示。

驾驶位

副驾驶位

图5-14 地胶安装好后的效果

## 思考与练习

1. 汽车座椅的种类有哪些？各有什么特点？

2. 怎样维护和清洁真皮座椅？

3. 怎样正确使用儿童座椅？

4. 铺装汽车地胶有何作用？

5. 成型地胶相对于剪贴式地胶有何优点？

6. 简述地胶的铺装流程？

第六部分

# 车载电器设备的加装

汽车上安装的常见车载电器设备有防盗器、倒车雷达、汽车音响和氙气大灯等，这些加装的车载设备不仅使驾驶员更容易驾驶汽车，还大大提高了行车安全性和驾驶舒适性。正确地安装和使用这些车载电器设备对车辆本身的安全防盗性能及行驶安全性能起着很大作用。

## 情境一：汽车防盗设备的安装

### 一、汽车防盗设备的功能

随着人们生活水平的提高，汽车拥有量越来越大，同时偷车犯罪率也跟着提高，车辆被盗数量不断上升。车主离开车辆后，往往担心车辆被盗，这成为困扰汽车使用者的难题。而汽车防盗器（如图6-1）的出现有效地解决了这一顾虑。

图6-1 汽车防盗器

随着汽车防护要求的提高，车用防盗器的功能也日趋完备，目前市场上的汽车防盗器主要功能如下：

◆ 防盗设定与解除。其主要作用是警戒车辆，以防被盗或受损害。

◆ 全自动设防。若车主忘记设防，报警器将自动进入防盗警戒状态。

◆ 静音设防与静音解除。静音设防与解除无噪声，适合于在夜间、医院和特殊环境下使用。

◆ 二次设防。设防解除后，若30s内车主未开车门，则主机自动进入防盗状态。

◆ 寻车功能。在停车场内帮助车主寻找车辆。

◆ 求救。在紧急事态发生时，能设定紧急呼救。

◆ 振动感应器暂时关闭。遇恶劣天气，但汽车处在安全环境下，使用此功能可减少误报和噪声。

◆ 进场维修模式。适用于汽车进场维修，遥控器无须交给维修厂，安全方便。

◆ 行车时控制功能。点火后车门自动落锁，熄火后车门自动开锁，车辆使用安全、方便。

◆ 密码防扫描。电脑自动判别密码正确与否，并过滤扫描器信号；杜绝扫描密码，因而可防止盗贼用扫描器扫描报警密码盗车。

◆ 跳码抗拷贝。每次进行设防和解除警戒时，主机及遥控器都同时更改密码，防止盗贼用无线电截码器截码盗车。

◆ 遥控启动。提高效率，节省暖车时间。

## 二、汽车防盗器的种类

汽车防盗器的种类大致可分为三类：机械式、电子式和网络式，还有一种比较少见的是生物（指纹）识别防盗系统。

### 1. 机械式防盗

早期的汽车防盗器主要是机械式的防盗锁，其主要原理是锁住汽车上的某一操纵机构，使其不能发挥其应有的作用。这些操纵机构锁包括变速器换档把锁、方向盘锁（如图6-2）、车轮锁、制动踏板锁、离合踏板锁等，机械式防盗的缺点是机械锁的体积较大，车主又要随身多带一把钥匙，但是破解的手段众多，由于核心是一把锁，容易被液压剪之类的暴力手段打开，失去防盗作用。

图6-2 方向盘锁

### 2. 电子防盗

电子防盗是目前汽车市场上主流的防盗装置。启动防盗系统可将点火线圈或供油回路切断，只有在解锁钥匙的控制下才能正常解除防盗。这类方式品种繁多，国内外大部分汽车在出厂时就配置了钥匙芯片防盗系统（如图6-3）。利用钥匙中的无线电发射芯片与本车的ECU通讯后才能启动汽车发动机。还有声光报警系统，汽车仪表盘上装有发光二极管，既可以让车主知道系统的工作状态，也可以对窥探车厢的偷车贼起到阻吓作用。当汽车由于外力发生震动，或车门、后备箱盖、前机舱盖被强行开启时，系统发出报警声，以阻吓盗车贼。更有双向报警系统，比单纯的闪光和声响报警系统多了一个能通知车主的功能，当汽车遭到外界侵扰时，在附近的车主能通过随身携带的液晶显示钥匙知道汽车的状态。

图6-3 钥匙芯片防盗系统

电子防盗装置的缺点是误报率较高，特别是大车经过、鞭炮响起、打雷下雨时，因各种震动会使防盗系统触发，报警声会影响居民的休息，导致扰民。将车停在地下停车场或距离停车距离较远时，还接收不到反馈信号。

## 3. 网络式防盗

网络式防盗主要依靠社会的公共网络监控车辆的移动位置，按网络可分为GPS卫星定位防盗系统（如图6-4）和GSM、GPRS移动防盗器。

图6-4　GPS卫星定位防盗系统

### （1）GPS卫星定位防盗系统

它通过GPS卫星定位系统确定车辆的位置，再通过GSM网络将位置和报警信息传送到报警中心。报警中心通过GSM网络控制汽车断电/断油。

GPS卫星定位防盗系统的缺点是价格较高，需要经常支付服务费，系统运行的功率较大，隐私性会受到侵扰，车辆长期放置不使用会耗尽电瓶电量。车停在地下、树下、大厦旁、室内系统可能会因信号不好而不起作用。

### （2）GSM、GPRS移动防盗器

GSM移动防盗器是依托GSM通讯网络，进行手机与汽车的智能联动防盗，具有防盗、监控、远程控制、远程报警、定位、反劫持等多种功能，是维护社会治安、保护车主利益的有效手段。与同类产品相比，该系统还具有安装更隐蔽、技术更先进、性能更可靠等特性。具有无须建基站、报警不受距离限制等优点。

GSM、GPRS移动防盗器的缺点是需要缴纳GSM号码的月租费，而且需要依赖GSM网络的覆盖。

### 4. 生物（指纹）识别防盗

生物识别防盗是利用人体特征作为唯一解锁的钥匙，锁止或解锁汽车发动机。常见的生物识别防盗器是汽车指纹启动控制器（如图6-5），它是利用人体指纹所携带的大量信息，以及每个人的指纹的重合率几乎为零的特性，在该系统中事先存放车主的指纹信息，通过指纹的比对核实身份后才能启动汽车，即便盗车贼将汽车钥匙全部偷走也无法启动车辆。

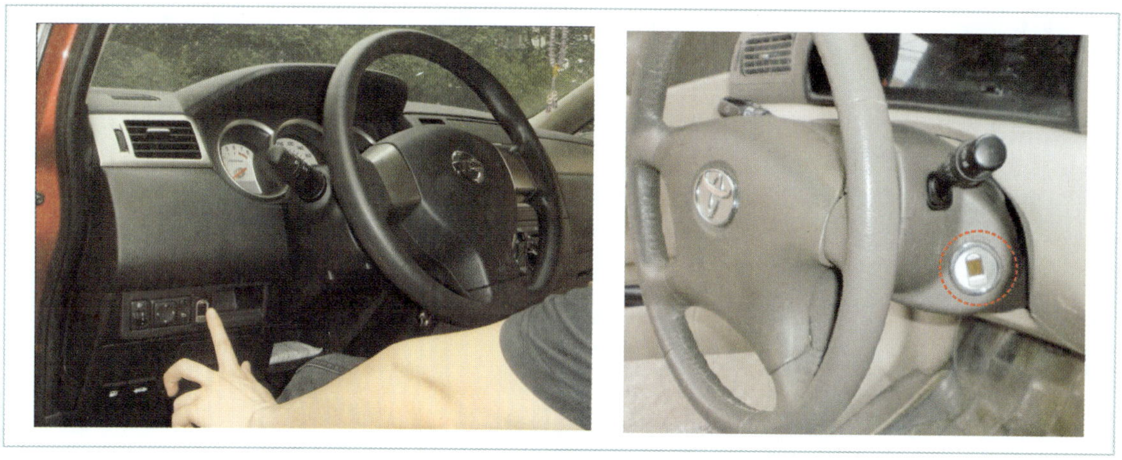

图6-5 汽车指纹启动控制器

## 三、安装前的准备工作和安装时的注意事项

### 1. 汽车防盗器安装工具与工艺

（1）安装时需正确使用工具。正确拆装车辆装饰板、车门及仪表盘（需要时）。注意工具使用规格尺寸的正确，工具包括：**不同规格的一字、十字螺丝刀，剥线钳（如图6-6），测电笔（如图6-7），万用表，内梅花扳手，内六角扳手，绝缘胶布，扎带等。**

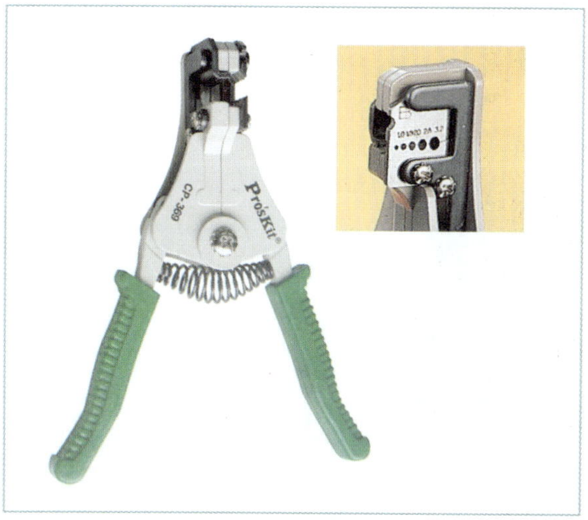


图6-6 剥线钳

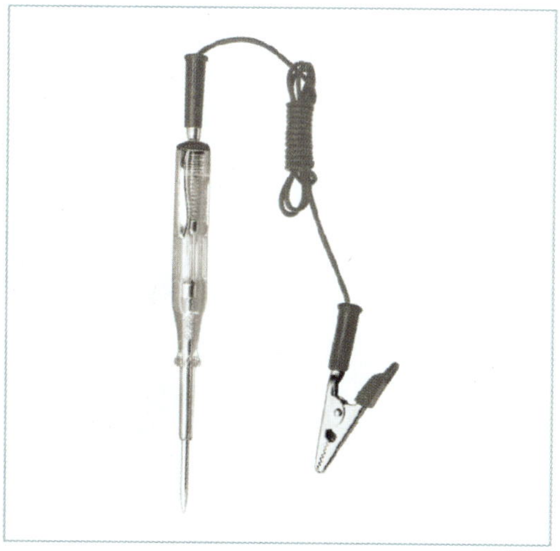

图6-7 测电笔

（2）正确剥线、接线和缠线，根据线径粗细不同，将接线端外缘皮剥去25mm左右，剥皮时要注意内部铜线可能受伤或被剪断。铜线应完好无损，线皮剥好后，将露出的铜线绕束扭紧在一起。用绝缘胶布缠好。在搭接启动线或点火线时，剥线应长至30mm，线皮剥好后，先将铜线一分为二扭紧在一起，然后将两条线的一分为二的部分分别扭紧在一起，再将它们合二为一扭紧，用胶布缠好。使用的胶布要符合电工标准，注意其绝缘性和有效期。缠绕胶布时，要稍用点力将胶布稍稍拉长，然后缠绕。这样缠好的胶布会自然地缠紧在搭接好的导线上。这样的胶布不易松开，安全、牢固性较好。缠绕常火线、起动线和ON线时，需按胶布的使用方法缠绕两次。缠绕时胶布要有外延，不得有铜线丝露出。断电继电器下的几条粗线，接好后不要用胶布大面积长长地将几条粗线缠绑在一起，否则不易散热，易出危险。

（3）应注意正确使用测电笔和万用表等仪器、仪表。注意万用表的档位设置正确。使用方法：测脉冲信号一般用直流档/交流档，根据被测电压值的高低选择合适的量程，当有信号变化时万用表上会有相应的数字/指针变化和跳动，就能很直观、准确地看到信号变化。测中控触发要用电阻档，测其他信号线则用直流电压档。

## 2. 电子防盗器的类型

电子防盗器是目前应用最广泛的防盗器，包括插片式、按键式和遥控式等，它主要是靠锁定点火或起动来达到防盗的目的，同时具有防盗和声音报警功能。主要分为单向防盗器和双向防盗器，这两种防盗器都是车主通过遥控器来控制汽车，双向防盗器可以把车辆的真实状况反馈给车主。

### （1）单向防盗器

单向防盗器的主要功能有**防盗警戒、静音防盗、阻吓防抢、中央门锁自动化、车门未关警示**等。再配上中控门锁，就可以遥控锁门、开门，进入及解除防盗状态。价位在150~600元左右。这种防盗器比较实用，一般适合普通轿车及微型面包车安装使用。

单向防盗器的组成如图6-8所示

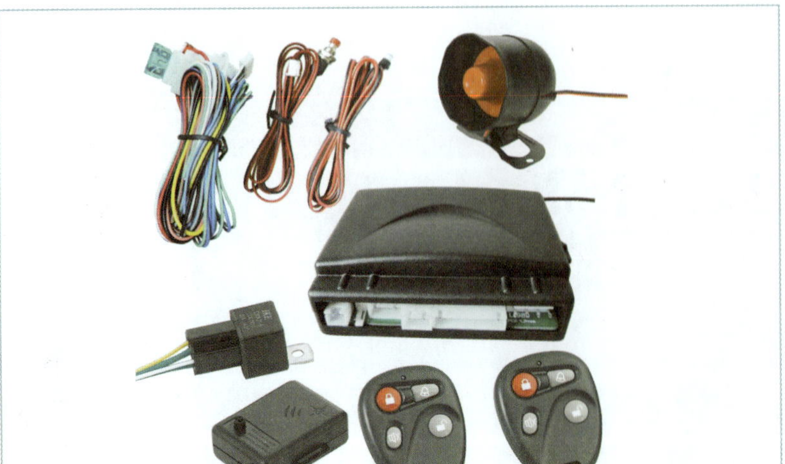

图6-8　单向防盗器

### （2）双向防盗器

双向防盗器除了具备单向防盗器的功能以外，还具有远程可视双向防盗报警，可时刻监控汽车。智能防抢功能设定防抢后，如车辆被劫，半分钟内报警，如熄火后则不能再启动；寻呼车主功能，欲寻车主时轻敲汽车前挡风玻璃上的呼叫器，遥控器即可接收信号，鸣叫通知车主。还可遥控启动汽车，遥控开启行李箱，如遥控器丢失，可新买一只，自配后即可使用。这种防盗器档次略高，通过遥控器上的液晶屏幕可以掌握车辆情况。目前市场上的主要品牌有PLC、天能、铁将军等，其价位一般在600~1200元左右。

双向防盗器组成如图6-9所示

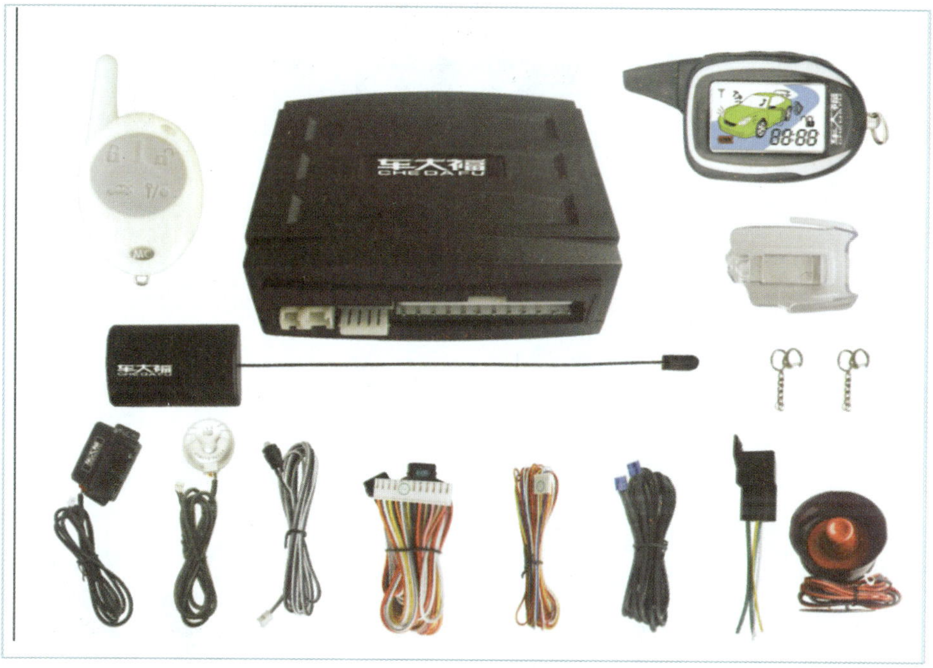


图6-9 双向防盗器

## 四、汽车防盗器的安装方法

（1）如图6-10所示，安装防盗器前，应先检查原车的电路系统，如转向灯、室内灯、边门灯、制动灯、电动门锁、电动玻璃升窗、天窗、发动机等是否工作正常，在确定电路正常后再进行防盗器安装施工。

图6-10 检查原车电路系统

（2）确定主机和防盗警报喇叭的安装位置。将防盗主机安装在隐蔽处，一般安装在仪表台右侧的杂物盒下方或方向盘下护板内，喇叭可以安装到发动机仓前隔板处。

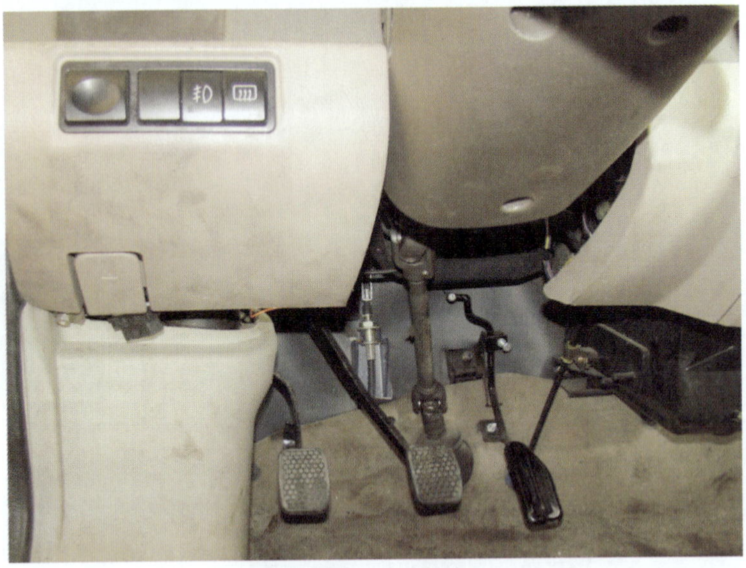

图6-11　防盗主机的安装位置

（3）先拆除车辆方向盘下方车辆总线附近的挡板露出总线，以方便线路的查找及连接。对一般家用车来说，可用试电笔找出车辆的中央控制门锁的控制线（如图6-12），并确定其控制方式，以便连接防盗器。部分车型的中控锁控制线需要在左前车门内查找，因此需拆下车门的内饰板。

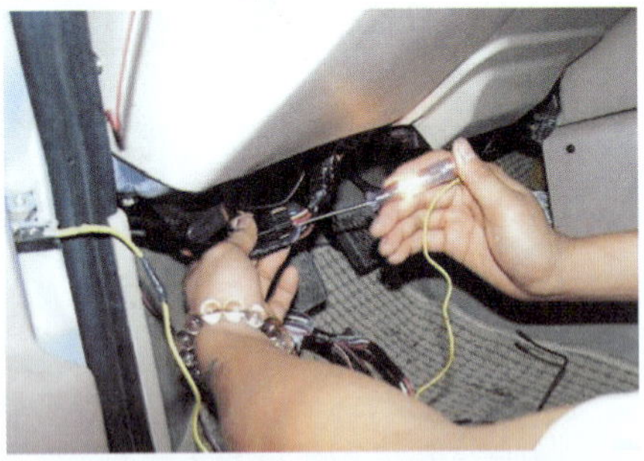

图6-12　查找中控门锁控制线

（4）用试电笔依次找出车辆的常通电源线、启动电源线、ACC线、转向灯线、刹车线、门灯线及负极线。按线路图正确连接防盗断电器，并用绝缘胶带做好绝缘。将转向灯线、刹车线、门灯线等依次连接好，用绝缘胶带做好绝缘。如图6-13所示为08款雅阁常电线和ACC线的连接，方向盘下方保险盒内绿色线为常电线，红色线为ACC线。

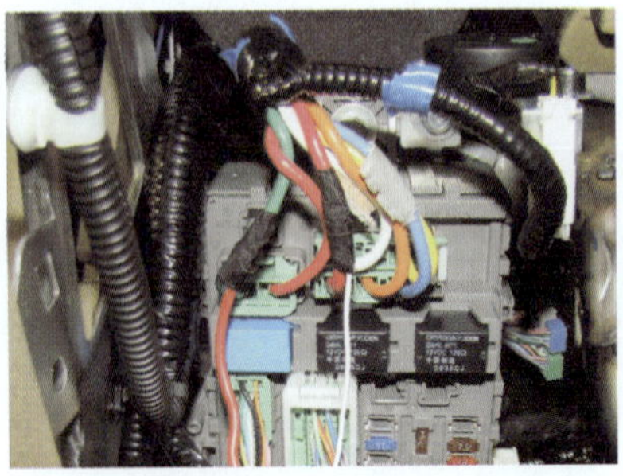

图6-13　常电线和ACC线的连接

（5）根据中央控制门锁的触发类型，连接好防盗器的中控信号线，整理防盗器线束（如图6-14）并剪去多余的电源线做好绝缘。要注意，将废弃不用的线头也用绝缘胶带裹好，以防短路。

图6-14 连接中控信号线并整理线束

（6）将震动感应器及LED防盗指示灯（如图6-15）按要求固定好。注意：震动感应器必须用螺丝固定于车体上，不能用泡沫双面胶带粘贴，否则会影响其工作灵敏度。

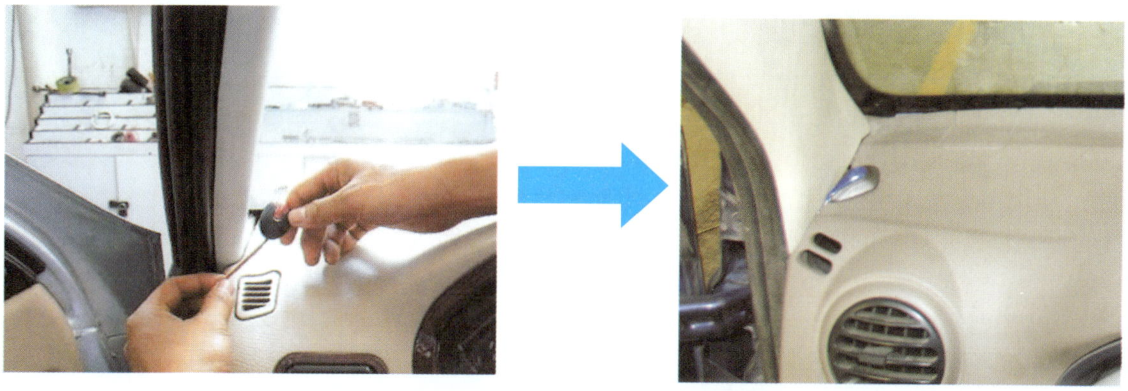

图6-15 固定LED防盗指示灯

（7）如图6-16所示，在发动机室内选择合适的位置固定好报警喇叭，并将防盗器的喇叭线从防火墙内引至喇叭处进行连接，必须将口对着斜下方，以防进水导致喇叭损坏。

图6-16　固定报警喇叭

（8）安装好防盗器后检查所有线路连接是否正确，将连接线、振动感应器、对应指示灯的插头插到防盗器主机上，检查后进行所有的功能测试（如图6-17），重点测试防盗系统开锁解锁功能是否正常，转向灯闪烁、防盗警报触发是否正常。

（9）所有功能操作正常后，将所有的连接线用胶带包裹整齐，选择仪表台内合适的位置固定好，将原车的挡板等安装复位，再次测试防盗器的全部功能，如果完全正常，即可完成施工。

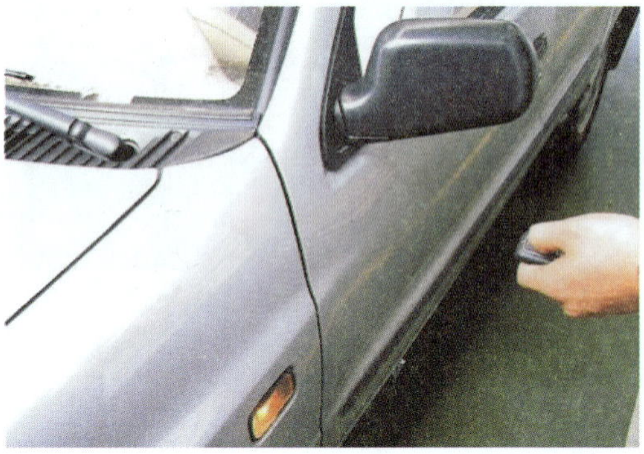

图6-17　防盗系统功能测试

## 五、汽车防盗器配线与寻找判断

### 1. 12V电源线

12V电源线即电瓶正极线（常火线），在钥匙开关处于OFF或任何其他状态时，此线都有正电的为12V电源线。电源线较粗，在方向盘下护板内的保险盒处很容易找到。

### 2. ACC线

将钥匙开关开转至ACC位置时电笔会亮，ON时测ACC线电笔也亮，当钥匙开关开转至启动档时电笔灯会灭（无电），此线即为ACC线。ACC线一般在方向盘下面或仪表台左下方的保险盒处。

### 3. ON线

当钥匙开至ON时，测电笔有电，在启动马达时测电笔也会亮（有电），此线为ON线。

## 4. 启动马达线

将测电笔的一端接地（搭铁），一端找线。钥匙开关开至ON状态，测电笔不亮，启动马达时测电笔会亮，松开马达时测电笔会灭，为启动马达线。

## 5. 转向灯线

查找转向灯线时，钥匙必须开至ON，开左右转向灯时该线分别测试电笔会亮（左右转向灯线分开找，接线时不分左右）此线为转向灯线。两条转向灯线（如图6-18）在拆卸驾驶员侧门槛压条与侧板后很容易找到，找到后与防盗器的两条棕色线相连。

图6-18 驾驶员侧门槛处的转向灯线（蓝色、绿色线）

## 6. 车门开关控制线（门边线）

车门开关控制一般车型为负触发，查找时应将室内灯开关设定到开门控制位置，将司机侧门打开，将其他三个门关好，这时车顶灯会亮着。用电笔一端接地，一端接至门开关线上，这时电笔不亮，当按司机门侧控制开关后，测电笔会亮，而顶灯亮度也会降低不亮。此线即为负触发门边线；另一种测法是将测笔一端接+12V电，另一端测试门灯线束，这时电笔灯不亮，但用手按下司机侧门控制开关，则室内顶灯亮度会降低，测电笔灯也会亮，此门灯线即为正触发的门灯线。美国车系一般正触发，多数进口车及国产中高级车设有室内灯延时设置，这时应设定主机为室内灯延时型车种，而门边线应接到延时器的输出端或者在车门开关控制端接线。如图6-19所示，车门开关控制线一般可在A柱的线束中接到。

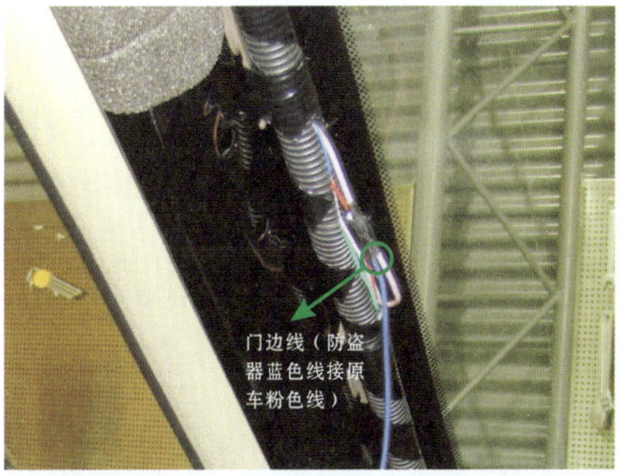


图6-19 A柱上的门边线

## 7. 刹车灯线

刹车踏板上有一控制开关出来有两条线，测笔一端接负，另一端测试踩刹车时，开关接通，此时刹车灯会亮，电笔随着也亮，放开刹车踏板后，测电笔灯会熄灭，则此线为刹车控制线（如图6-20）。

图6-20 刹车灯线（接防盗器橙色线）

## 8. 中控锁线

中控锁线一般位于仪表板左侧的车身电器控制模块或驾驶员侧车门的主控制开关接线上。

### （1）负触发

将测电笔一端搭铁，另一端去测线，点到一线能开（开锁线），点到另一线能关（闭锁线），就是负触发。

### （2）正触发

将测电笔一端搭铁，推动中控开关后测线，当点到中控锁开的时候灯亮，关的时候灯灭；测另一根时则相反，就是正触发。

### （3）正负触发

当防盗器直接控制中控锁马达，这时就采用正负触发，这种情况适用于未安装中控锁马达或中控锁控制器的车型，如微型面包车。一般原车中控锁与加装的电子防盗器的中控锁是负触发。

## 9. 负极线

负极线即搭铁线，汽车车体均与电瓶负极相连通，与汽车车体金属部分连接即为搭铁。防盗器的搭铁线最好不要与其他电气系统的搭铁线在同一地点。

# 六、汽车中控锁的触发类型

## 1. 正触发

橙色线和橙黑线不用连接，剪掉该输出线。黄色线和黄黑线接正电信号（+12V电源），这就是正触发（如图6-21）。白色线是关锁信号，就是锁住车门信号；白黑线是开锁信号，就是上下车要打开车门必须先开锁的信号。此接法在输出12V电压信号，从而驱动原车中控锁。

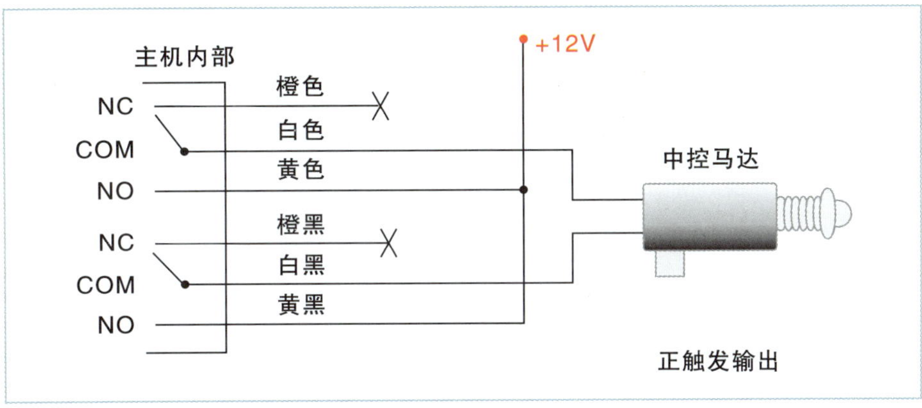


图6-21

## 2. 负触发

橙色线和橙黑线不用连接，剪掉该输出线。黄色线和黄黑线接电源负极（接地），这就是负触发（如图6-22）。白色线是关锁信号，就是锁住车门信号；白黑线是开锁信号，就是上下车要打开车门必须先开锁的信号。此接法在输出控制接地信号（负信号，将原车中控信号拉低，从而驱动原车中控锁）。

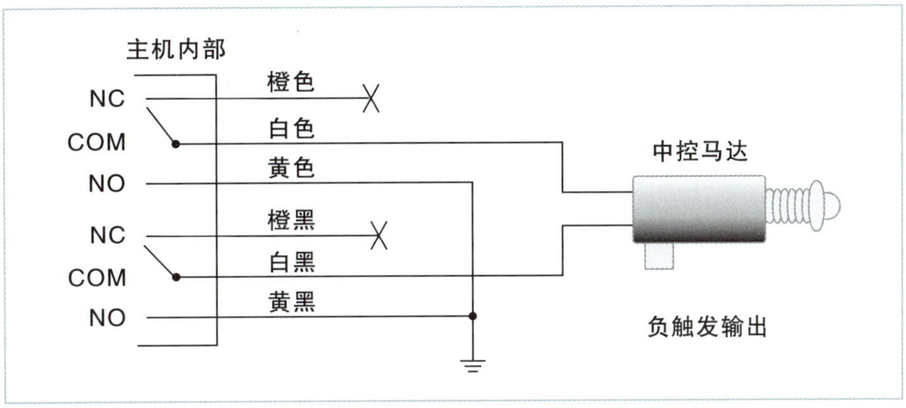


图6-22

## 3. 正负触发

橙色线和橙黑线接负极，黄色线和黄黑线接正电信号（+12V电源），白色线和白黑线接两线马达，这就是正负触发（如图6-23）。

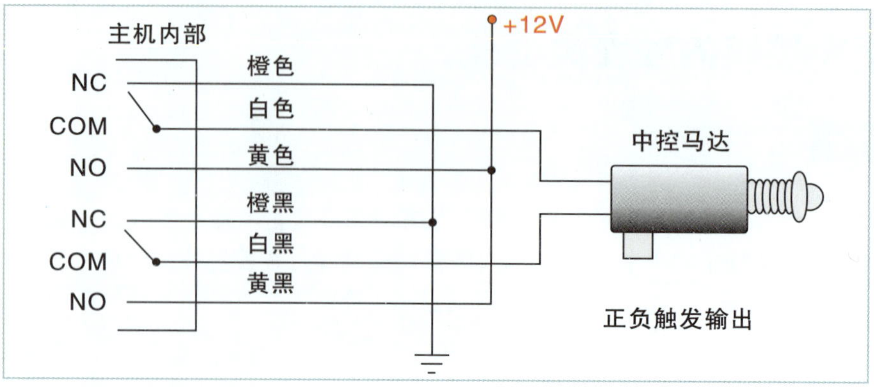


图6-23

## 4. 正电回路

橙色线、白黑线接原车控制盒，白色线、橙黑线接原车中控锁，黄色线、黄黑线接正电源。所谓正电回路（如图6-24），就是直接控制原车中控。在安装时需要将原车控制器到中控马达之间线路剪断，由于中控锁输出线没有动作时是接地状态，当防盗器内部继电器吸合后，电源将供给中控马达形成回路而动作。

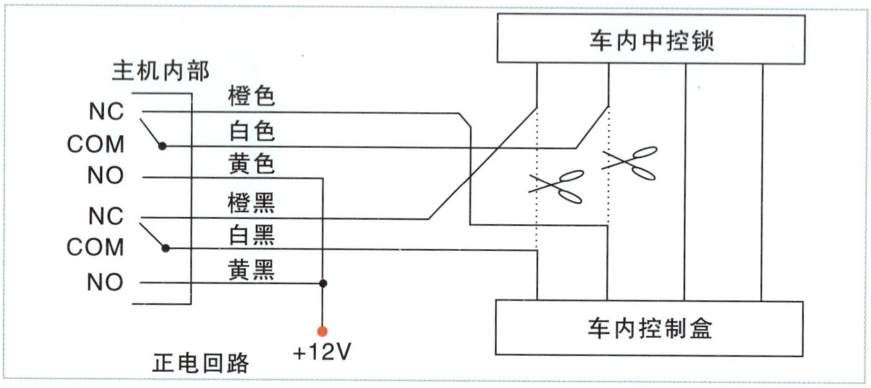


图6-24

## 5. 双电位负触发

橙色线和橙黑线不用连接，剪掉该输出线。黄色线和黄黑线接电源负极，白黑线要串一个电阻（阻值在600~2000Ω选择），电阻另一端与白色线相连接后再接到原车控制线即可。双电位负触发的接线如图6-25所示。

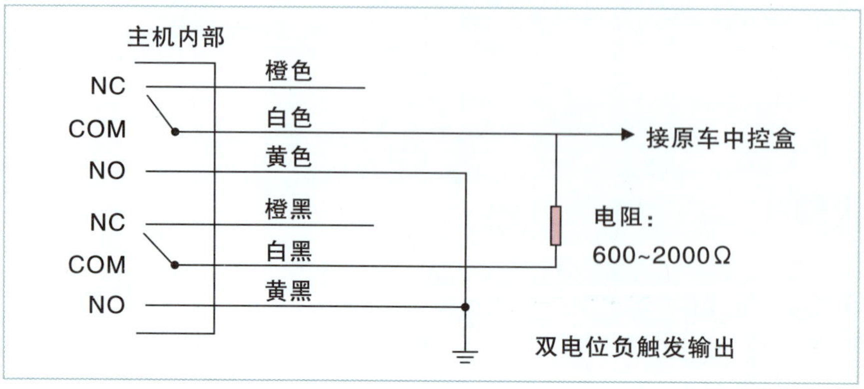


图6-25

## 6. 单线串联负触发

### （1）单线串联负触发接法一（如图6-26）

橙色线接原车中控盒线，白色线和白黑线接原车马达线，黄色线和橙黑线不接，黄黑线接电源负极。其工作原理是通过一根控制线控制，当此线接地时，中控开锁；当此线为断开状态时，中控关锁。

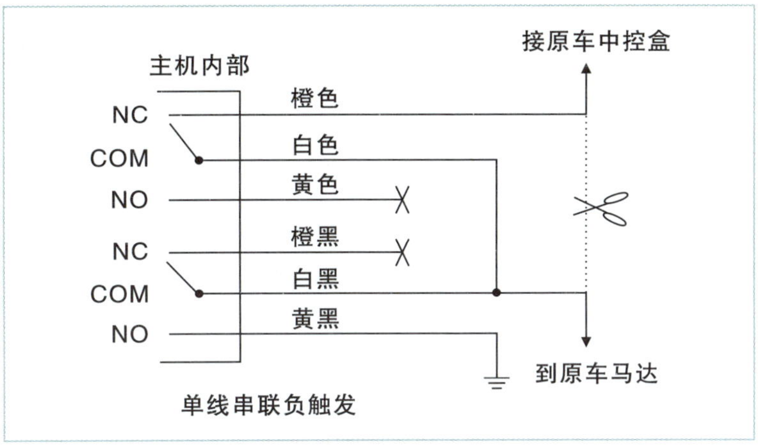


图6-26

### （2）单线串联负触发接法二（如图6-27）

橙色线和黄黑色线不接，白色线和白黑线接原车控制盒，黄色线接电源负极，橙黑线接原车马达线。其工作原理是通过一根控制线控制，当此线接地时控制，中控关锁；当此线为断开状态时，中控开锁。

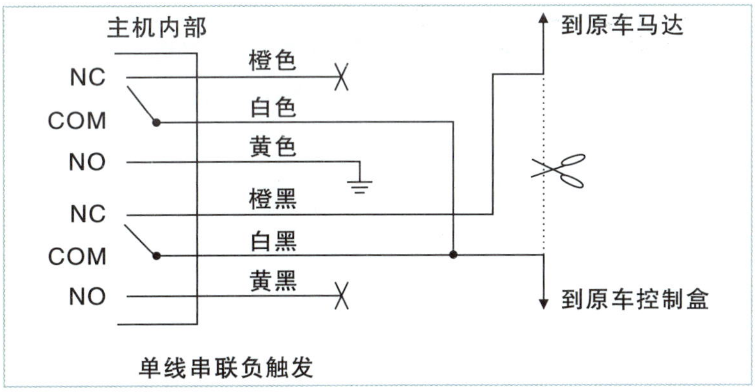


图6-27

## 7. 开关串联负触发

把原车中控马达上的负极线剪断，橙线接到马达这边，白黑线接到中控盒这边，白线和橙黑线接到一起，黄线和黄黑线分别接到中控信号线上。

## 8. 单线负触发

这种触发方式需要有一只5线的中控马达，黄线和黄黑线接负极，橙线和橙黑线不接，白线和白黑线接到5线马达的棕色线和白色线上。马达黑色线接原车中控信号线，马达的蓝色线和绿色线接到原车马达信号线上。

# 情境二：倒车雷达的安装

## 一、倒车雷达的功能

**倒车雷达是汽车倒车或者泊车时的安全辅助装置，又称为泊车辅助装置（PDC）。**如图6-28所示，倒车雷达系统能以声音或者更为直观的显示告知驾驶员周围障碍物的情况，解除了驾驶员泊车、倒车和启动车辆时前后左右探视所引起的困扰，并帮助驾驶员扫除了视野死角和视线模糊的缺陷，提高驾驶的安全性。

图6-28 倒车雷达系统的功能

PDC系统的工作原理通常是在车的后保险杠或前后保险杠设置雷达侦测器，用以侦测前后方的障碍物，帮助驾驶员“看到”前后方的障碍物或停车时与其他车的距离，此装置除了方便停车外，更可以保护车身不受刮蹭。PDC是以超音波感应器来侦测出离车最近的障碍物距离，并发出警笛声来警告驾驶者。而警笛声音的控制通常分为两个阶段，当车辆的距离达到某一开始侦测的距离时，警笛声音开始以某一高频的警笛声鸣叫，而当车行至更近的某一距离时，则改以连续的警笛声来告知驾驶者。PDC的优点在于驾驶员可以用听觉获得有关障碍物的信息或与其他车的距离。PDC系统主要是协助停车的，所以当达到或超过某一车速时系统功能将会关闭。

现在的新车已经开始使用数字无盲区可视倒车雷达系统，做到真正无盲区探测，声音和图像，倒车显示屏显示。数字式无盲区PDC倒车雷达的工作原理就是当挂入倒挡后，PDC系统即自动启动，内嵌在车后保险杠上的4个或6个超声波传感器开始探测后方的障碍物。当距离障碍物1.5m时，报警系统就会发出“嘀嘀”声，随着障碍物的靠近和“嘀嘀”声的频率增加，当汽车与障碍物间距小于0.3m时，“嘀嘀”声将转变成连续音。

## 二、倒车雷达的分类

### 1. 按厂家分

现在市面上的倒车雷达品种较多，根据生产厂家的不同，常见的有铁将军、奇真、PLC、二郎神、世博、黑鹰等。

### 2. 按探头数量分

倒车雷达产品可按探头数目来分类，有2、3、4、6、8等多种探头数的产品可选。一般探头数目越多，倒车雷达的探测能力越强，用户选购最多的是2~4个探头的产品，它们直接安装在汽车后面的保险杆上。6~8个探头的倒车雷达，可以把探头按照前2/4、后4的方式安装，这样倒车雷达除了能够探测到车后的位置，还能探测到车身前面左右两边的位置。6探头和8探头倒车雷达如图6-29所示。

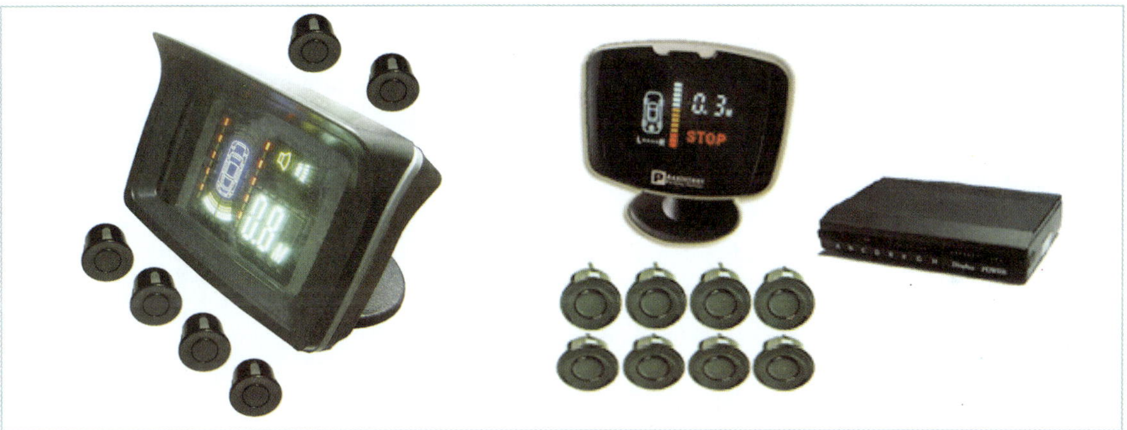


图6-29　6探头和8探头倒车雷达

### 3. 按照提示分

按照提示方式，倒车雷达可分为液晶或LED显示屏提示（如图6-30）、语音提示和声音提示三种方式。其中液晶显示屏也有前置式、后置式和两块显示屏的区别。

另外，倒车雷达还分为有线和无线产品，传感器的安装也分为开孔式安装和粘附式安装两种方式。

图6-30　LED显示屏倒车雷达

## 三、倒车雷达的选装

现在市场上的倒车雷达品牌多达几十种，探头有单个或多个的，也有前后多探头的；有单用声音缓急提示的，也有声音外带数字显示距离的；有国产的，也有进口的，价格也相差很大，在100~2000元，产品规格与种类繁多，令消费者无所适从，而且有的产品与车型有一定的匹配适应性，选配不当会影响使用效果，因此车主一定要结合自己的汽车实际情况进行选购。

### 1. 看功能

功能较齐全的倒车雷达应该具备距离显示、声响报警、区域警示和方位指示，有些产品还具备开机自检功能。

### 2. 看性能

性能主要从探测范围、准确性、显示稳定性和捕捉目标速度来考虑。

#### （1）探测范围

大多数产品探测范围在0.4~1.5m，好的产品能达到0.35~2.5m。范围宽的倒车雷达倒车时能提前测到目标，而过度的要求最小探测距离是没有意义的，因为实际使用时必须充分考虑汽车制动时的惯性因素。

#### （2）探测准确性

主要看两个方面：一是看显示的分辨率，一般产品为10cm，而好的产品能达到1cm；二是要看探测误差，即显示距离与实际距离之间的误差，可以用直径10cm的管子，放在1m左右的位置上进行比较，好产品的探测误差应低于3cm。

#### （3）显示稳定性

显示稳定性是指在障碍物反射面不太好的情况下，能否始终捕捉到并稳定地显示出障碍物的距离。

#### （4）捕捉目标速度

捕捉目标速度反映倒车雷达对移动物体的捕捉能力。这对于避免类似儿童或骑车人从车后突然穿过引起的碰撞事故尤为重要。

倒车雷达性能方面总的要求是：测得准、测得稳、范围宽和捕捉速度快。

### 3. 看外观工艺

作为汽车的内外装饰件，要考虑显示器和传感器安装后是否美观，与车是否协调。从传感器外形看，可以选择的有纽扣式和融合式两种：纽扣式的传感器表面是平的，融合式传感器表面是有造型变化的，与后保险杠自然过渡。从尺寸上看，有超小型的、中型的和较大尺寸的。尺寸大的比较大气，小的比较隐蔽，主要取决于车后保险杠的大小和个人偏好。从颜色上看，应选择与汽车后保险杠相同或相近的颜色，否则两者颜色差异过大，安装后会使汽车颜色显得不协调。

显示器应根据驾驶者的倒车习惯选用前置式或后置式，以清晰、美观为标准，有的产品可以同时使用两个显示器。

### 4．看质量

倒车雷达作为汽车用品，对其质量和可靠性应有比较高的要求，但是一般消费者很难对该项指标作出判定。质量好的产品提供的服务较好，承诺的包修期比较长，建议大家选择包修期限2年以上的产品。另外，还要考虑经销商的安装能力、服务水平与承诺。

### 5．看价格

建议在满足倒车雷达功能、性能要求的前提下才去考虑产品的价格问题。价格过高可能水分大，而价格过低，则需要注意产品的质量和售后服务是否能满足基本要求。

## 四、雷达的安装方法

### 1．开孔式倒车雷达的安装

1. 摆放好车辆（放在光线好的平地上，拉上手刹），取出倒车雷达，准备安装所需用的工具（如图6-31）。

图6-31 安装所需用的工具

2. 使用卷尺在汽车后保险杠上测量探头的安装高度和水平位置，然后画线，做钻孔标记。操作过程分别如图6-32和图6-33所示。

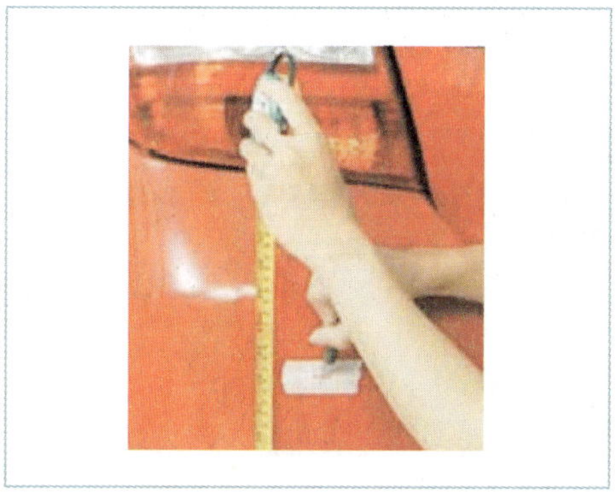

图6-32 确定探头高度（一般为50~80mm）

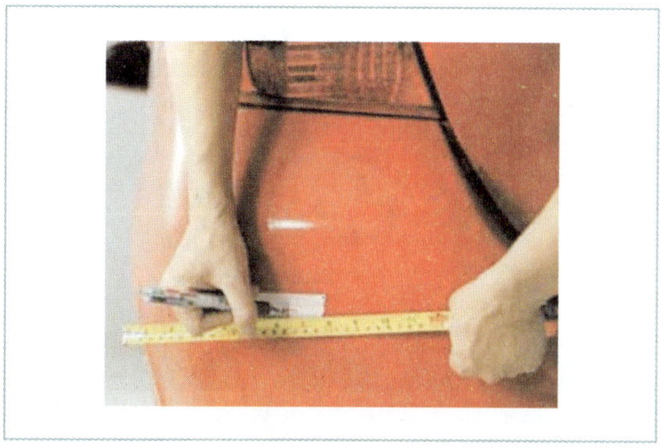

图6-33 确定左右探头安装位置（按说明书大概标准）

3. 钻孔。将倒车雷达的专用打孔钻头（如图6-34）安装在电钻上，然后用电钻在之前做好的探头安装标记上钻孔。钻孔时注意正确的导向手势（如图6-35），钻好后的孔如图6-36所示。

图6-34 专用打孔钻头

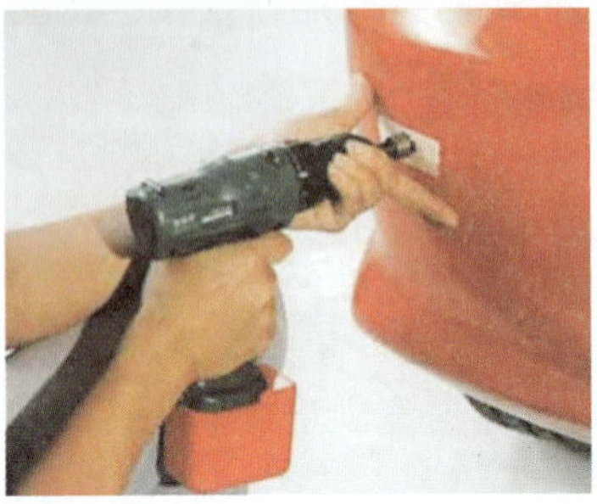

图6-35 正确的钻孔手势

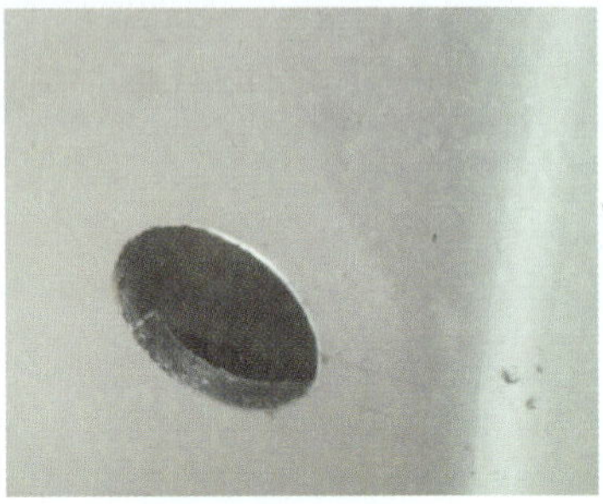

图6-36 钻好后的孔

4. 安装探头。按照从左到右的顺序，分别将左、左中、右中、右或A、B、C、D 4个传感器探头安装到保险杠上（如图6-37），并根据向上安装标记正确地安装探头（如图6-38）。

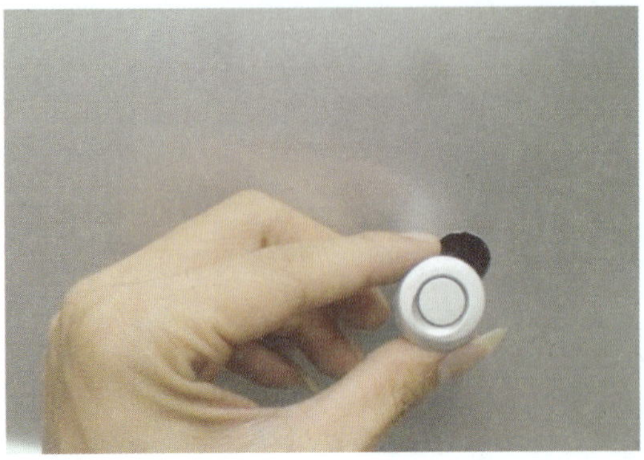

图6-37 安装传感器探头

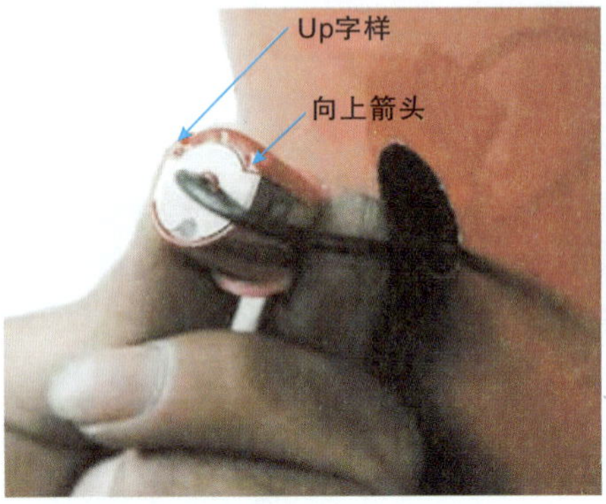


图6-38 探头向上安装标记

5. 探头布线。将探头从行李箱预留孔或行李箱后装饰板内的导气孔引入行李箱，并根据主机安装位置捆扎好探头线（如图6-39），然后按照线上的字母和主机壳上的字母对应插接到主机上（如图6-40）。

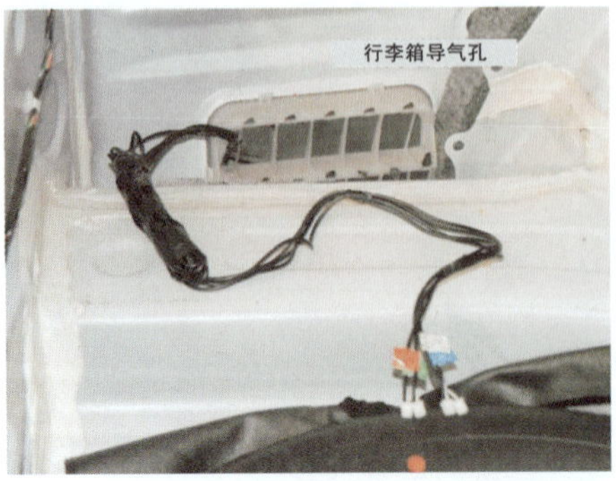


图6-39 引入传感器线束

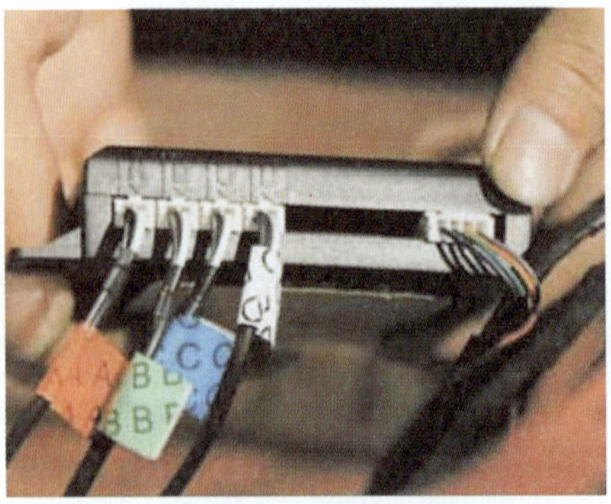

图6-40 插接传感器线束到主机上

6. 用双面胶固定好倒车雷达主机，主机一般安装在行李箱的内侧板上（如图6-41）。

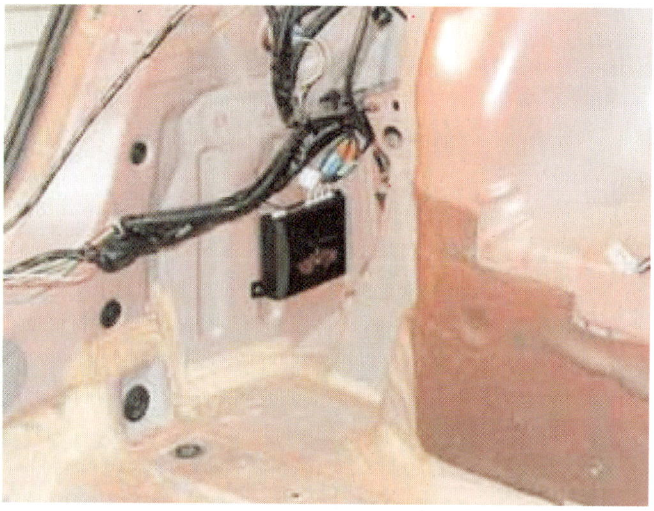

图6-41 倒车雷达主机安装位置

7. 把主机的电源线连接到倒车灯线束上，并用绝缘胶包好（如图6-42），然后将主机的负极线连到接地点上（如图6-43）。

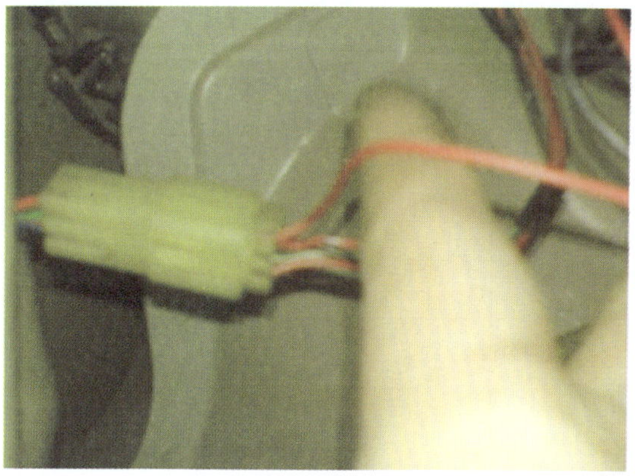

图6-42 连接倒车灯电源线

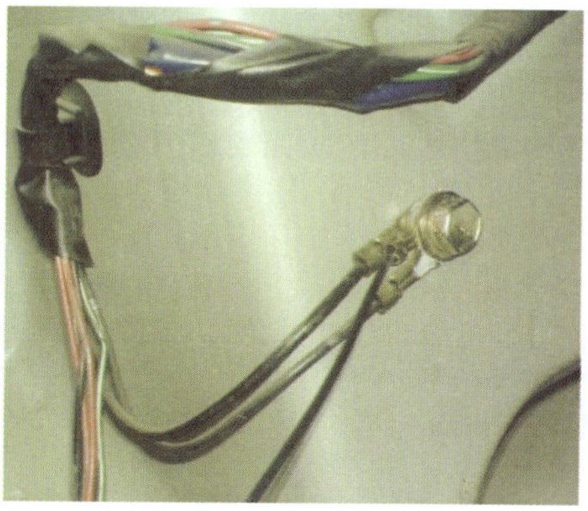

图6-43 负极线接地

8. 将倒车雷达显示器或警报蜂鸣器安装在仪表板的左前侧挡风玻璃下（如图6-44），并将倒车雷达显示器线束沿着门边胶条布置到行李箱的主机安装处，连接好插脚。

图6-44 倒车雷达显示器或蜂鸣器的安装位置

9. 整理好倒车雷达线束，将拆开的装饰板复位。最后进行倒车试验：在车后放置障碍物，挂上倒挡，当车辆缓慢靠近障碍物时，显示器将显示障碍物方位和距离，并有距离报警提示（如图6-45）。

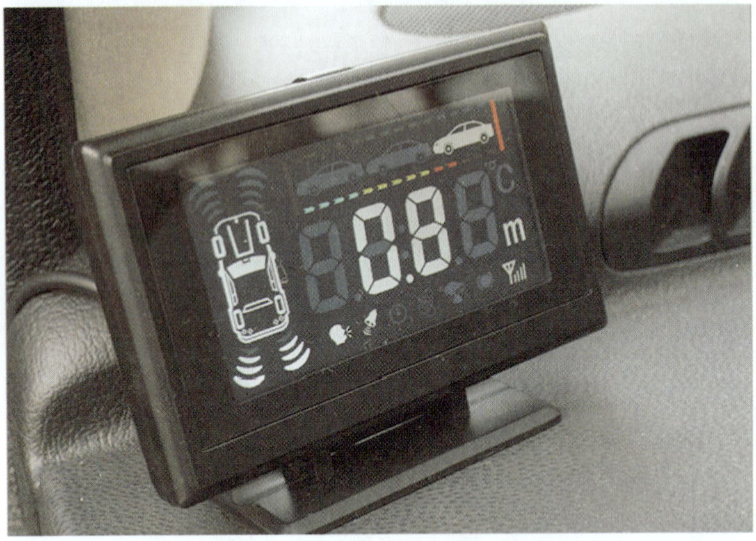

图6-45 倒车雷达显示器报警提示

## 五、倒车雷达工作不良的情况

| 故障现象 | 故障原因 | 解决方法 |
| --- | --- | --- |
| 防撞雷达系统无反应 | ①无电源或电源电压不够；<br>②各连接线插接不良；<br>③向后倒车时没有测到障碍物 | ①检查蓄电池电压是否正常及火开关接线是否正确;<br>②各连接线是否插接到位 |
| 已供给系统电源，但不能正常工作 | 插座位置不正确以致于感应器无法工作 | 重新正确连接所有插座 |
| 蜂鸣器长鸣 | ①感应器安装有误或有脱落;<br>②感应器已损坏;<br>③系统检测到车身或者地面 | ①请专业人员指导及定期检查;<br>②感应器损坏请及时更换 |
| 不能正确提示障碍物的距离 | ①蓄电池电压有异常;<br>②插座位置不正确;<br>③感应器连接线被破坏 | ①检查蓄电池电压是否正常;<br>②关掉系统，重新正确连接所有插座;<br>③检测感应器连接线是否触到排气管、消音器 |
| 某只传感器的探测能力差 | ①传感器内部自身问题;<br>②传感器表面不清洁 | ①清除传感器表面异物;<br>②更换失灵传感器 |

# 情境三：汽车音响的安装

## 一、汽车音响系统的组成

汽车音响系统由音源、音响主机、功放（包括前级放大器和功率放大器）、喇叭、电容器、电子分音器等组成。

### 1. 音源

音响系统的音源包括卡带主机、单片CD机、多片CD机、MD、VCD、DVD、USB外接音源等，以上为汽车音响播放声音讯号的来源。

### 2. 音响主机

音响主机是音响系统的控制中心，提供音源给音响系统，好的音源可使系统更好听。汽车上的音响主机一般是带液晶显示屏的CD、DVD唱机（如图6-46）或带导航系统的CD、DVD唱机（如图6-47）。

图6-46 不带导航系统的音响主机

图6-47 带导航系统的音响主机

### 3. 前级放大器

未经扩大及放大的信号，称为前级信号，一般RCA信号线所传达的信号就是前级信号。需要前级放大器将主机输出信号由0.5V放大到3V或7V。

在音响系统里，前级放大器所发挥的功能并不复杂，它只是负责切换音源、处理讯号与控制音量，这就是音乐信息在进入后级前的最后一道处理程序。它的连接位置介于讯源器材与后级放大器之间，故前级放大器所扮演的角色是将讯号整理与调整。

## 4. 功率放大器

功率放大器简称“功放”，其作用是将前级信号放大电压及电流至可以推动喇叭的功率。一般依照需求不同，可分为单声道功放、两声道功放、四声道功放、六声道功放等。输出功率一般可为50W、75W、100W、150W、300W……1000W或者更高的功率。汽车音响的功率放大器一般安装在前排座椅底下（如图6-48）或行李箱内。

图6-48 汽车音响功放

## 5. 电容器

电容器是音响电源辅助器材，其作用是储存电能，快速放电，供应系统所需，过滤电源杂波，降低失真率。依容量可分为68000μF、50000μF、1F、1.5F、2F等。小容量电容器（如图6-49）一般应用在前级稳压及杂讯消除，大容量电容器则应用在瞬间电压辅助。

图6-49 电容器（圆筒状部分）

## 6. 电子分频器

电子分频器的基本功能就是划分频率，依照功放连接的喇叭作不同的频率范围分配，一般可分为两音路、三音路和多音路混合式。这些装置连接于主机和功放之间，用来放大前级信号或分割信号，或均衡信号等功能。电子分频器连接在前机放大器和功率放大器之间，如图6-50所示。

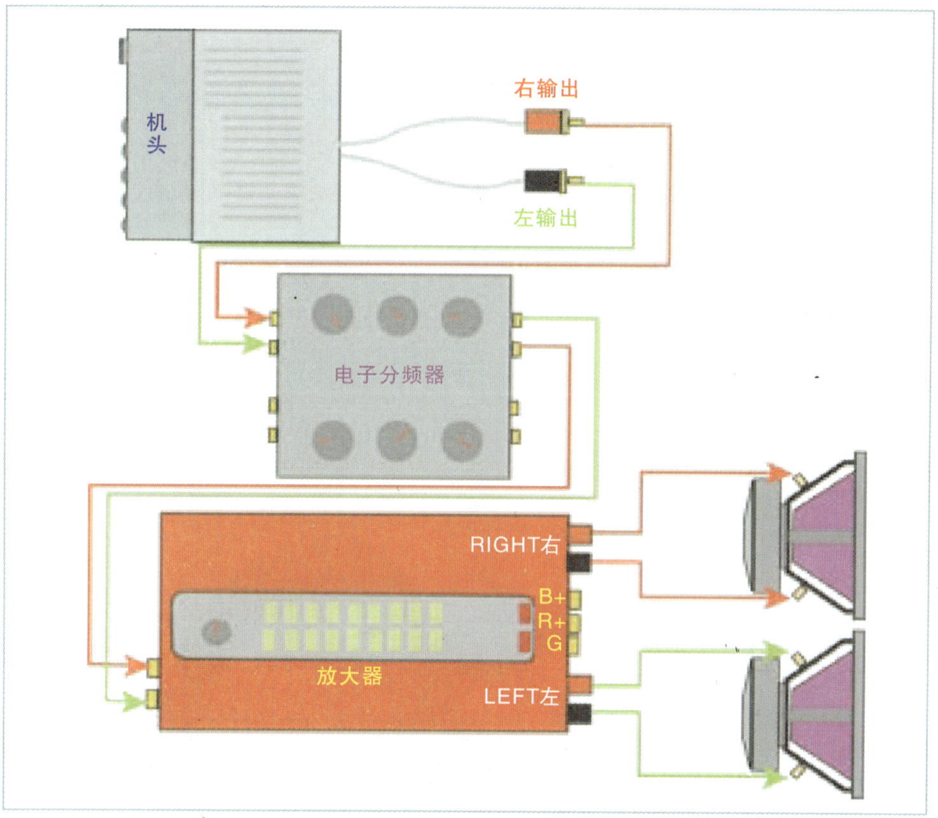


图6-50 电子分频器的连接

## 7. 均衡器EQ

均衡器，又名等化器，是一种音频信号处理设备，它可以控制不同音频点（段）的信号强度，由于汽车内部空间狭小且不规则，各种内饰材料和面板对声音的吸收和反射等原因，使汽车音响系统所再现的声音频谱是非常不均匀的，即频谱曲线不够平滑，这就需要均衡器来弥补音响系统的不足。

现在市面上的EQ一般分为两种，一种是主机内置的，例如先锋的旗舰主机ODR和P9系列主机就是内置31段的EQ，31段EQ是目前汽车上拥有最多段数的EQ，歌乐的D2内置了5段，阿尔派的9887内置了5段，等等。另外一种是外置的独立均衡器（如图6-51），例如美国K牌的KQ30，美国的Audio Control（奥迪欧）等，EQ一般分为3段、5段、7段、13段、16段、27段、30段、31段等，段数越高价格也就越贵。

图6-51 外置独立均衡器

## 8. 汽车音响喇叭

扬声器俗称喇叭（如图6-52），是音响系统中不可缺少的重要器材，所有的音乐都是通过喇叭发出声音，就像人的咽喉一样，是唯一将电能转变为声音的一种器材。喇叭的品性对音响系统的音质起到至关重要的作用。喇叭包括低音单元、中音单元、高音单元，这三种单元负责不同的频率，但它们的工作原理都是相同的。

汽车音响使用的喇叭种类很多，有同轴式、全音域、分离式及超低单元等形式。单元震膜的面积愈小则音高愈高，面积愈大则音高愈低，因此，音响系统必须使用多种大小不同的喇叭，才能将音乐完全还原。

图6-52 汽车音响喇叭

## 9. 线材

连接各种音响器材需要很多种不同的线，一般可分为电源线、信号线（如图6-53）、喇叭线，电源线的线径粗细影响着放大器的表现，而信号线的品质则影响系统的频率响应，喇叭线的粗细与铜线的品质一样影响声音表现。

音响系统之所以可以称为音响，最基本的条件就是必须有回放声音的功能。一般原车上的汽车音响主要包括主机、扬声器、功放三部分。主机是汽车音响中最重要的组成部分，就好像人的大脑，要发出什么样的声音，得由大脑来控制。目前流行的主机有CD主机、MP3加CD碟盒和CD／DVD主机，一般使用最多的是车载CD音响系统。

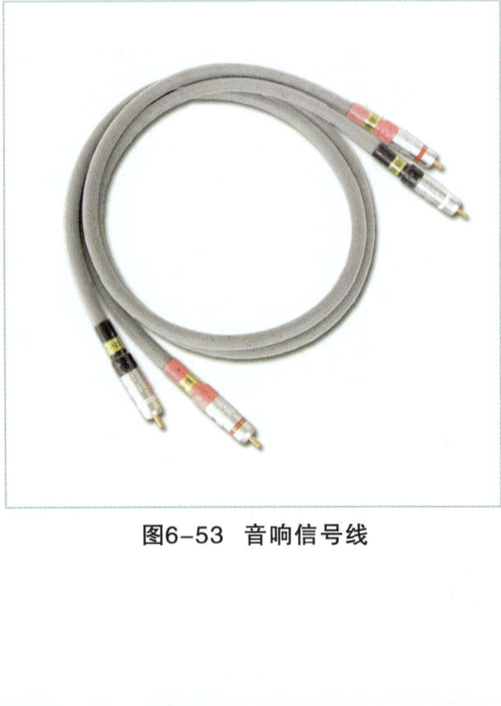

图6-53 音响信号线

## 二、汽车音响的选装要点

### 1. 汽车音响的选购要点

对广大车主来说，选购一款优质价廉的汽车音响存在很大难度。目前，汽车音响市场的利润诱人，不少路边小店的技师大多没有经过专业安装培训，安装的汽车音响经常出现各种各样的故障，给行车安全带来很大隐患。那么，如何挑选放心的汽车音响，科学地安装和有效地保养呢？

面对市场上琳琅满目的各种品牌音响，很容易不知所措，怎样选购音响其实有一些基本的规则可循。

#### （1）根据自己的品位和经济预算

明确自己这一项支出的具体预算费用是多少，因为好的音响自然价格略高。在高档豪华轿车上一般都有较专业的高级音响，其中以欧美产品为佳，其音质、音色比日本产品更专业。不过目前日本一些知名汽车音响品牌也相继推出一些发烧品牌与欧美抗衡。虽说性能好，但价格也确实惊人，绝对是真材实料，其指标能够达到铭牌上所列的数值且可长期持续使用。如选用中档音响设备则非日本产品莫属，它的品牌在专业汽车音响设备中占2/3。价格和性能之比物有所值，并且从功能的完备性和外观的造型、装潢和工艺精良等方面，又是欧美产品无法与之抗衡的。

#### （2）辨别品牌真伪

现在市场上经营汽车音响设备的商家特别多，为了避免买回一套假冒伪劣产品，最好要看该商家是否拥有该种品牌音响设备厂家授权的指定代理许可证，有无售后服务能力和质量三包的承诺措施。再优秀的产品也不能保证在运行中不会出现问题。为解决汽车音响的养护与故障排除问题，在选购音响时要注意所选音响品牌在当地是否有专业认证的售后服务维修站。只有具有完善售后服务的音响品牌，才能保证汽车的音响在万一出现故障时得到专业、方便的维修服务。

#### （3）考虑主机的功放能力

尽量选用功放大于喇叭指示功率的。因功放小在长期使用大功率输出时容易烧坏，还会导致音质差、失真等故障出现。例如：*所有喇叭的指示功率总和为100W，那么功放的功率要在100~150W，才能进行良好匹配。*

#### （4）了解喇叭的性能

中高档主机的性能差别不会太大，喇叭的差别就大得惊人。一个喇叭动不动就标上一个几百瓦的功率，使很多内行人也糊涂起来，很多喇叭只要用其标注的1/10的功率来试用几分钟，那恐怕就要冒白烟了。

#### （5）音质、音色效果

购买汽车音响时，要仔细试听音响系统的音质、音乐效果。试听时，最好找几张有代表性的人声歌曲、乐曲、打击乐等唱碟，对各种音响效果的纯真度进行鉴别，再确定是否购买。

### （6）保管好产品的发票、维修证明

为了避免发生不必要的纠纷，同时保障自己的权益，应注意保管好产品的发票、维修证明，以便日后进行三包服务。

## 2. 汽车音响的安装要点

俗话说“三分器材七分安装”，就是要重视汽车音响的正确安装。汽车音响不像家庭音响，放好后就不再移动。汽车行驶的路况千变万化，行车时的强烈震动会引起机身抖动，使激光头无法进行正常扫描，出现跳线甚至损坏激光头等现象。因此，选择哪家音响店来进行科学的安装就显得非常重要。业内人士建议最好在同一家店里购买和安装汽车音响，这样出现问题相对来讲比较容易解决。

### （1）选择规模大的专业店

尽量选择大型汽车音响专业店，一般有实力的汽车音响店品牌繁多，知名的汽车音响品牌企业一般会选择有实力、成规模的店作为自己产品的指定销售点。而且，专业音响店中音响的陈列规范有序，方便选择。

### （2）一定要有试听设备

如果已经基本上选好了汽车音响店，这时就要打探一下是否有专业的试听设备或试音车，这是非常重要的，因为在安装汽车音响之前，只有通过专业的试听装置进行试听，才能确定所选择音响品质的优劣。

### （3）一定要进行专业调音

业内有一种说法：汽车音响效果不是买来的，而是设计、安装、调试出来的。可见设计、安装、调试在音响安装过程中的重要性。同样一个主机、几个喇叭、几根电线，不同的安装工人施工，效果会迥然不同。专业店为了改善车主收听的环境，会对车辆进行科学的安装设计，安装后凭借专业的测试设备进行调音，使所有音响器材的效果发挥到最佳状态。

### （4）查看安装人员资格和技能证书

很多国际知名汽车音响的安装人员必须经过考核，获得“汽车音响安装施工资格证”才能上岗。不合格的安装施工人员不但不能使器材发挥应有的效果，甚至会破坏原有汽车的相关设备。因此，安装知名品牌时，应查看安装人员是否有施工资格证。对于一般品牌音响的安装，也应该考察一下安装人员的技能证书或安装技术水平。

# 三、汽车音响的安装方法

很多人为了提升汽车的音响效果，都选择购买安装汽车音响系统，不过安装功放比安装接收机或扬声器更需要一些技巧，事先了解安装时要注意的事项，可以减少今后汽车音响系统发生故障的概率。

1. 准备好要安装的汽车音响器材（包括喇叭、音响主机、功放和线材等）和车门隔音材料，如图6-54所示。

图6-54 要安装的汽车音响器材

2. 做好隔音。一般原车四车门只贴了一层薄薄的隔音膜，起不到隔音的作用。为了达到更好的效果，在进行喇叭安装前，先进行四门隔音。隔音能减少噪音影响，使得车门更加厚实，近似于一个箱体，提升喇叭的音响效果（如图6-55）。

图6-55 装好隔音膜

3. 隔音工作完成之后，在喇叭安装处装上喇叭垫（如图6-56），做好喇叭防水处理。

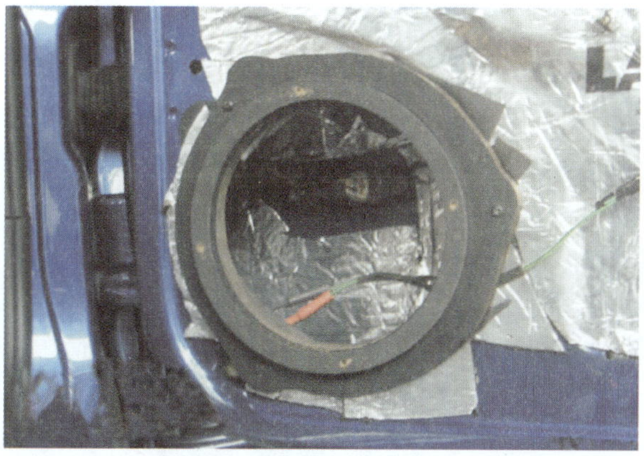

图6-56 喇叭垫的安装

4. 在左右前车门上用自攻螺丝钉安装低音喇叭（如图6-57），然后插上喇叭线束，再装好车门饰板。

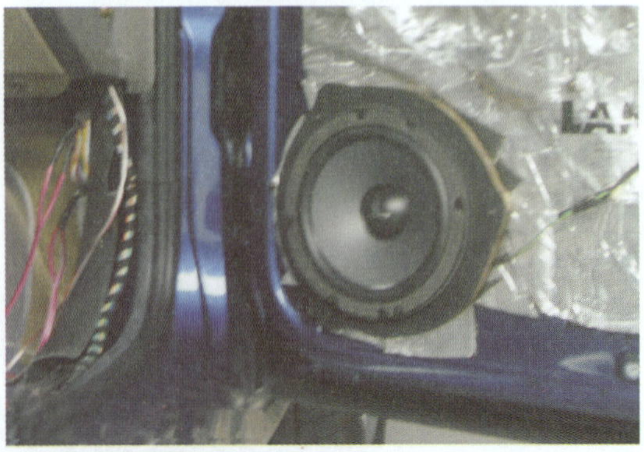

图6-57 安装前车门低音喇叭

5. 安装好前门低音喇叭后，再安装驾驶室前部高音喇叭。高音喇叭一般都是原位安装在仪表台位置或者倒模安装在A柱与仪表台相交的三角位置或者直接倒模安装在A柱上（如图6-58）。用得很广泛的都是第三种，声音的定位更准、更清晰。

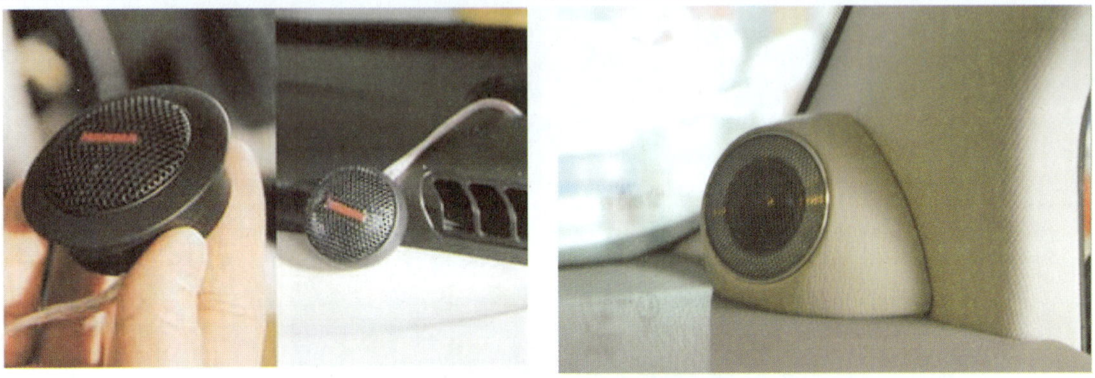

图6-58 高音喇叭的安装

6. 如果音响系统需要安装的器材包括电子分频器，则需将音响信号线安装到分频器上（如图6-59）。

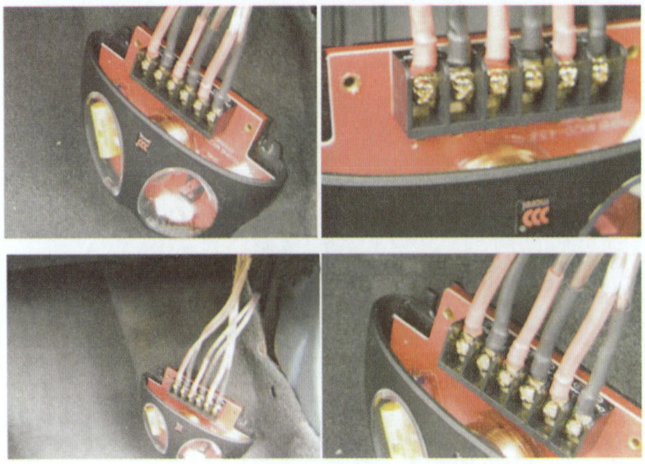

图6-59 安装电子分频器

7. 安装功放。

（1）先将其安放妥当，然后标出功放安装支架脚的落地位置，为安装螺栓凿好洞口，然后将功放装好，并确认螺栓旋紧确保安全。功放本身不要与底盘直接接触，否则会产生噪音，安装时可在支架脚下垫上橡皮。

（2）接线。在接线前，先断开电池负极电线。

①接驳电源线

电源线从车辆电池引到功放，电源线尽可能粗。必须在靠近电池的地方安装保险丝或者断路器，否则电气短路会导致火灾并损伤放大器。将电源线接驳到电池正极，然后通过车辆内部接到功放上。为隐蔽线材，可拆下车门槛。接地线必须与车辆底盘上的裸金属接触。

②接驳输入信号线

若接收机有RCA前级输出端子，功放又有前级输入端子，可将两者通过RCA端子信号线相连。若接收机无RCA前级信号输出端子，功放可直接由接收机扬声器输出端子获得信号。此时，线材从接收机扬声器输出端子引出，接到功放高电瓶输入端子即可。

③接驳输出信号线

驱动扬声器用喇叭线将扬声器和功放连接即可。若在原系统上升级，又不想重新布线，可直接利用原有喇叭线。有些功放具有前级信号输出功能，可通过RCA信号线将前级放大信号送到别的功放上，可建立一个多功放系统。

功放的安装如图6-60所示。

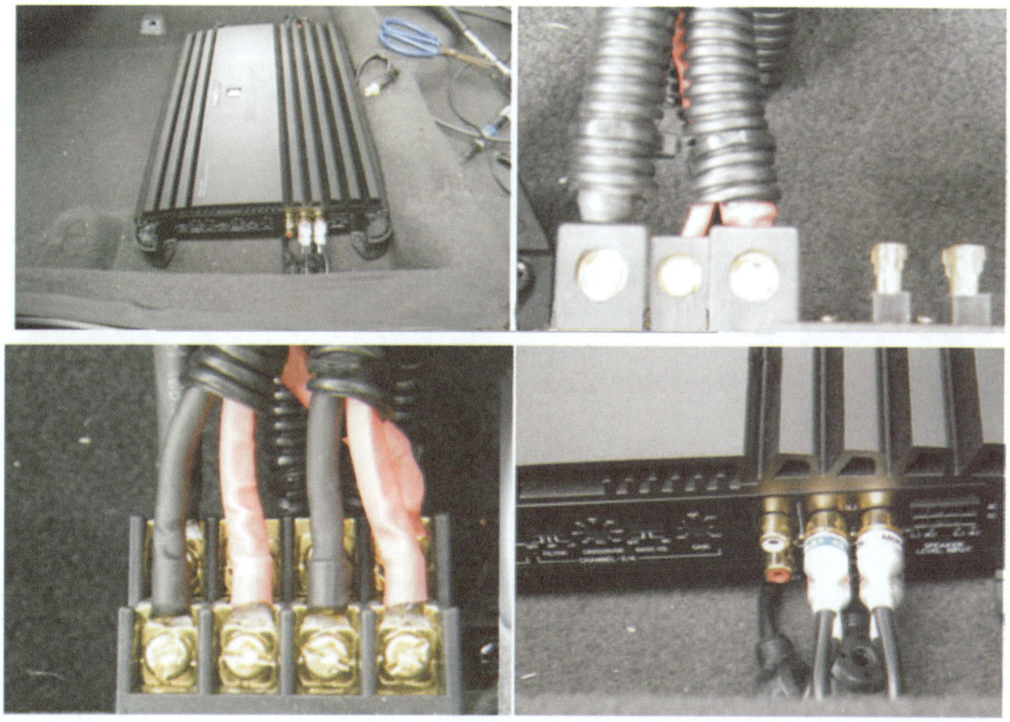

图6-60 安装功放

8. 加装重低音喇叭。为了得到震撼的音响效果，有的车主要求在后尾箱安装重低音喇叭装置。这时需要制作重低音喇叭倒模，以根据后尾箱形状将重低音喇叭安装到合适的位置。安装好后如图6-61所示。

图6-61 加装重低音喇叭

9. 拆下原车音响主机，接上音响信号输出线，然后装回原车音响主机。如果需要更换原车主机，则需要按照说明书进行正确接线（如图6-62）。

图6-62 更换音响主机后接线

调校重新接好电池负极电线后，即可开始测试功放。接通电源并且打开收音机，功放应开始工作，可听到扬声器发出的声音，此时可进行调整。

若想提高信号清晰度，可将功放输入灵敏度调整到最小。播放CD碟片，且调高接收机音量，如果失真，可减小音量直到失真消失，此时系统信噪比达到最佳，同时也可避免引擎噪音干扰。保持这一音量，然后调高功放增益，若出现失真，可逐渐调低增益，直到失真消失为止。

# 情境四：氙气大灯的安装

## 一、安装氙气大灯的作用

氙气大灯的全称是HID（High Intensity Discharge Lamp）气体放电灯，氙气灯的灯泡（如图6-63）是一个玻璃空腔，里面充满了氙气和少许稀有金属，通过高电压激发氙气和稀有金属发生化学反应发光。它发出的光颜色接近自然光，而且亮度是传统卤素车灯的3倍，照射距离也是卤素灯的3倍，能有效地提高夜间驾驶的安全性；同时氙气灯比传统的卤素灯省电；而且氙气灯没有灯丝，所以也延长了灯泡的使用寿命。

图6-63 氙气大灯灯泡

**在车上安装氙气大灯的作用**

（1）氙气灯的色温与太阳光相似，但含较多的绿色与蓝色成分，因此呈现蓝白色光。这种蓝白色光大幅提高了道路标志和指示牌的亮度。

（2）HID高出卤素灯三倍的亮度效率，对提升夜间及雾中驾驶视线清晰度有明显的效果。

（3）氙气灯发射的光通量是卤素灯的两倍以上，同时电能转化为光能的效率也比卤素灯提高70%以上，所以氙气灯具有比较高的能量密度和光照强度，而运行电流仅为卤素灯的一半。车灯亮度的提高也有效扩大了车前方的视觉范围，从而营造出更为安全的驾驶条件。

（4）省电1/2，卤素灯耗费60W以下的电力，氙气灯只需35W的电力。

（5）由于氙气灯没有灯丝，因此就不会产生因灯丝断而报废的问题，使用寿命比卤素灯长得多，氙气灯使用寿命相当于汽车平均使用周期内的全部运行时间。

（6）氙气灯一旦发生故障不会瞬间熄灭，而是通过逐渐变暗的方式熄灭，使驾车者能在黑夜行车中赢得时间，紧急刹车并停车。

（7）氙气灯不会产生多余的眩光，如能正确使用远近光灯，则不会对迎面来车的驾驶者造成干扰。

氙气大灯的制造精度要求高，成本到目前为止还是比较高的，但趋势已经是越来越便宜。所以原来只用在豪华车上的它现在已经平易近人很多，国内大部分B级车已经开始使用了，豪华车甚至开始使用双氙气大灯。另一方面，有很多经济型轿车也将氙气大灯作为标配。如图6-64所示，为配有氙气大灯的马自达6轿车。

图6-64 配有氙气大灯的马自达6轿车

## 二、氙气大灯的特点

### 1. 亮度高

一般的55W卤素灯只能产生1000流明的光，而35W氙气灯能产生3200流明的强光，亮度提升300%，拥有超长及超广角的宽广视野，为驾驶员带来前所未有的驾车舒适感；让夜晚不再黑暗，视野更清晰，可大大减少行车事故率。氙气灯与卤素灯的对比如图6-65所示。

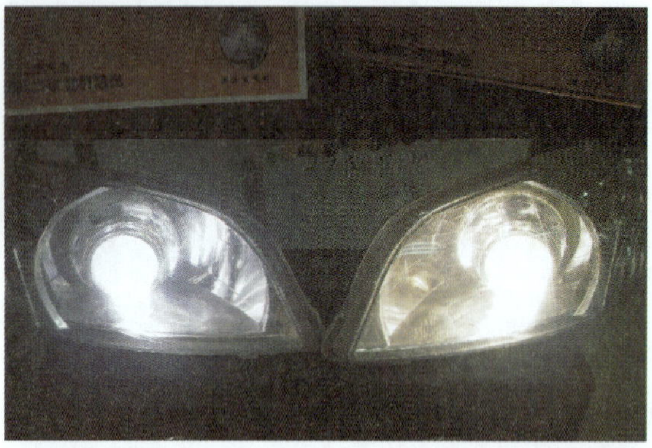

图6-65 氙气灯（左）与卤素灯（右）的对比

### 2. 寿命长

HID氙气灯是利用电子激发气体发光，并无钨丝存在，因此寿命较长，约为3000小时，大幅度超越汽车夜间行驶的总时数。而卤素灯只有500小时。

### 3. 节电性强

氙气灯只有35W，而发出的是55W卤素灯3.5倍以上的光，大大减轻汽车电力系统的负荷，电力损耗节省40%，相应提高了车辆性能，节约能源。

### 4. 色温性好

有4300~12000K等，6000K接近日光，深受广大用户的好评，而卤素灯只有3000K，光色暗淡发红。

### 5. 恒定输出，安全可靠

当汽车的供电系统和电池出现故障，镇流器自动关闭，停止工作。

### 6. 安装氙气灯

安装方便，氙气灯的安装只需要把大灯电源插头插入安定器输入端，连接并固定好灯泡即可（氙气灯灯座与原卤素灯灯座相同），不需要改动车辆原有部件。

## 三、氙气大灯的选用

氙气大灯利用配套电子镇流器，将汽车电池12V电压瞬间提升到23kV以上的触发电压，将氙气大灯中的氙气电离形成电弧放电并使之稳定发光，提供稳定的汽车大灯照明系统。

**与普通灯泡相比，氙气灯泡有两个显著的优点**

一方面，氙气灯泡拥有比普通卤素灯泡高三倍的光照强度，耗能却仅为其三分之二；另一方面，氙气灯泡采用与日光近乎相同的光色，为驾驶者创造出更佳的视觉条件。氙气灯具使光照范围更广，光照强度更大，大大地改善了驾驶的安全性和舒适性。

### 1. 氙气大灯的组成

在选购之前，我们先来了解一下氙气大灯的组成，汽车氙气大灯一般由氙气灯泡、电子镇流器（也叫做安定器、镇流器、高压包、主机等）、控制器、线组等组成（如图6-66）。

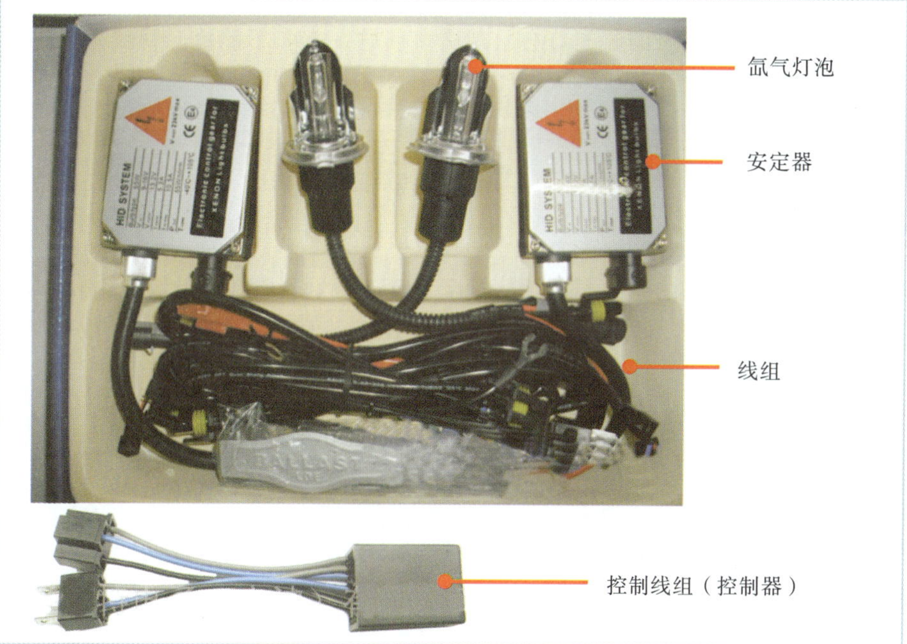


图6-66 汽车氙气大灯的组成

①氙气灯泡：HID氙气灯泡是没有灯丝的，不存在钨丝烧断的问题。

②电子镇流器：利用蓄电池12V的直流电压，经过一系列的转换、控制、保护、升压、变频等动作后，产生一个瞬间23000V的点火高压对灯头进行点火，点亮后再维持85V左右的交流电压。

③控制器：控制点火时间，控制功率，控制启动时的速度。

④线组：一般采用阻燃材料做成，通过加大电源线的截面积，提高了电流通过能力，保证了HID氙气灯的正常工作。

## 2. 氙气大灯的分类

HID的型号和卤素灯泡是一一对应的，即原来卤素灯泡是什么型号，那么改装HID的时候，也需要用相同的型号。目前HID按灯泡型号可分为以下几种：

（1）H系列：H1、H3、H4、H6、H7、H8、H9、H10、H11、H13等。
（2）900系列：9004（HB1）、9005（HB3）、9006（HB4）、9007（HB5）等。
（3）D系列：D1S、D1C、D1R、D2R、D1C、D2C、D3C、D4C等。
（4）其他：880、881。

在汽车HID中应用较多的是H1（远光灯泡）、H4（远近光灯泡）、H7（近光灯泡）、9005、9006、9007等型号。

## 3. 氙气大灯的选择

为改善汽车在雨雪天气和夜晚的照明条件，通过改装氙气大灯来提升视线的确是个不错的选择。但目前氙气灯市场产品甚多，良莠不齐。贵的不一定就是好产品，但便宜的品质普遍都不稳定。如果在选择氙气灯产品或安装上不过关，改装出来的氙气灯会出现诸多问题，不仅不能提升视线效果，反而会让驾驶视线更模糊。所以，消费者在选购和改装氙气大灯时千万不要被那“耀眼的明亮”晃花了眼。选择一款适用的汽车氙气大灯应主要考虑以下几点：

### （1）色温的选择

很多人觉得色温越高越好，其实这是完全错误的。一般原厂的氙气灯色温都只有4200K，这是和太阳光线差不多的颜色，也是人眼最舒服的光线颜色。从安全角度，最好选择色温在4200~6000K的氙气灯，因为氙气灯色温一旦超过6000K后，光线的穿透能力就会减弱，特别在阴雨天或者雾天，视线反而会下降。如图6-67所示，色温的类型包括以下几种：

3000K——黄金光，穿透力极强，适用雨雾天，常用于雾灯。
4300K——黄光，与普通灯相似，穿透力强。
5000K——光白中略带黄，穿透力强。
6000K——光全白，像正午日光，视觉舒适，是穿透力和舒适度最好的一个结合点（一般客户不做特殊选择，我们推荐6000K白光的色温）。
8000K——白中带蓝，穿透力较6000K弱，建议不要使用超过此K数灯泡。
10000K——白稍蓝，K数超高，发出的光越蓝，雨雾天的穿透力越弱。
12000K——白较蓝紫。

3000K　4300K　6000K　8000K　10000K　12000K

图6-67 色温的类型

### （2）价格

选购氙气大灯产品时应考虑价格因素，即性价比。目前市场上有几十种氙气灯品牌，价格一般都在1500元以上，最贵的高达上万元，其中国产产品居多。在改装方式上改装者考虑到成本和车型的因素，大部分只更换氙气灯泡，而只有少部分车主更换车灯总成。消费者在选择的时候，最好不要选择太便宜的氙气灯产品，一般价位在2000~4000元左右的产品其质量不错，性价比相对较高。

### （3）品牌的选择

品牌（生产厂家）的选择是品质的保证，目前国内具备灯泡生产能力的厂家少之又少，主要原因为：

①生产技术的掌握要求极高。

②灯泡生产线及原材料依赖进口，价格昂贵。

③全球具有实力的汽车氙气灯制造商屈指可数，在技术上一直以欧洲品牌为代表，在欧洲普遍认可的牌子有PHILIPS、HELLA、EOS、OSRAM 。这四大产品性能稳定，色泽纯正，此外还有日本的Panasonic也比较被认可，韩国、台湾厂商的氙气大灯次之，国产氙气灯厂商以中国广东为代表，价格比较低，但整体品质良莠不齐。国内绝大部分HID生产厂家选择外购灯泡或OEM贴牌的形式，然后加工镇流器包装后出售。其中，只有少数厂家走品牌化路线。

了解产品渠道最好先通过网络来考察企业生产资质、实力、规模，等等。

### （4）安装技术条件

氙气灯的安装涉及汽车电路，所以消费者尽可能选择实力较强的汽车美容店，千万不要随便找个街头小店。首先，正规的改装氙气灯一般不会动原车线路，多以外接线路为主，如果发现改装氙灯将原车线路剪接，那一定不是正规的安装方法。安定器一定要安装在离发动机较远的地方，安定器安装的稳定性也将影响氙气灯使用的效果。

灯光的焦距要调到合适位置，灯碗要固定好。如果没有调节好，氙灯最终可能造成散光，或者晃花来车视线，形成安全隐患。

## 四、氙气大灯的安装方法

1. 关闭发动机，关掉汽车大灯电源。打开发动机盖让车头自然冷却降温大约10~15分钟，温度在60℃以下才可进行操作。

2. 检查一下原车上灯光线路是否正常（如图6-68），以免在安装后出现一些与灯光无关的其他电路问题。

图6-68　检查原大灯是否正常

3. 检测车灯的型号是否与更换的HID灯相符，打开大灯总成防水橡胶罩后盖，拔下车辆两侧大灯线束插头（如图6-69），在有足够空间的情况下，不必取下大灯总成将旧灯泡取下，检查灯泡型号是否正确。

图6-69 拔下原车灯线束插头

4. 换灯泡：小心地将同一型号的HID灯泡放入灯壳内，切忌硬塞、硬转，固定好灯泡；检查灯泡是否会碰到大灯内的灯罩；灯泡放入口是否太小，并防止HID灯泡座变形。检查无误后进行下一步安装。

提示：安装过程中HID氙气灯一定要到位、不变形等，并注意灯的安全，不要碰到灯具上任何部位，特别是金属部分。

5. 密封防水罩：将灯泡的固定夹固定好，拆去原线路的接线，在防水橡胶罩后适当的位置钻一小孔（用直径25毫米的开孔器在后盖中央打孔）用于氙气灯线的引进；将灯泡线引出大灯总成外，将橡胶密封罩一定要盖好，以免大灯受到雨水和灰尘的侵扰。如图6-70和图6-71所示。

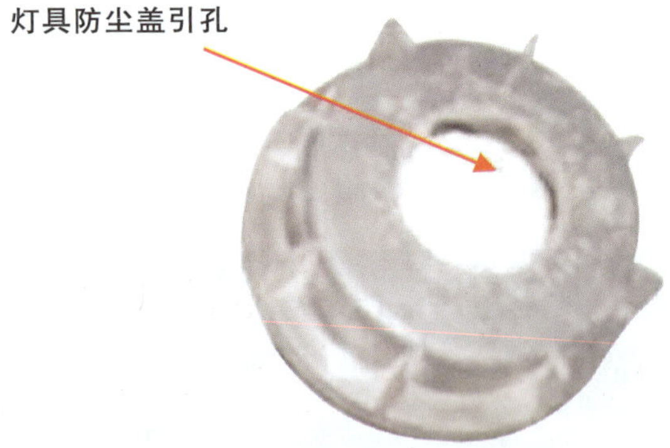


图6-70 在防水橡胶罩上钻孔

图6-71 从橡胶密封罩引出灯泡线

6. 安装线组：按照氙气大灯产品安装说明书上的接线图将线组一一接上。如图6-72所示为普通单光氙气大灯的接线方法，安定器的高压输出线直接与氙气灯相接，安定器的电源线接原车的灯泡电源线（即原车灯泡两根接线），接电源线时注意区分正负极，不可接错。

提示：使用15~20A的保险丝（小于15A的保险丝易熔断）。

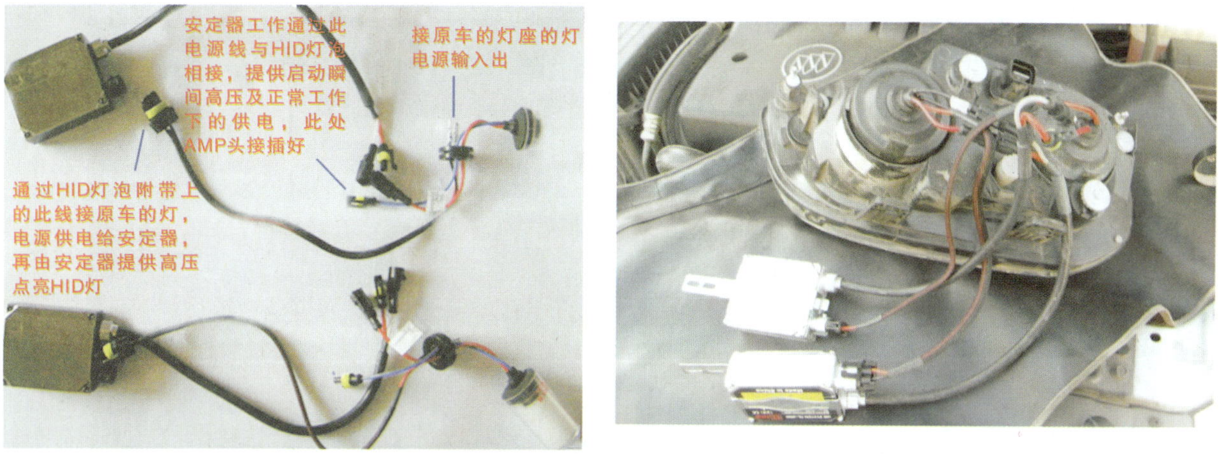


图6-72　单光氙气大灯的接线方法

7. 最后将安定器固定（用双面胶、托盘或扎带固定）在大灯总成附近便于接线的位置，注意要通风良好，避免靠近发动机、水箱散热器等物体，如图6-73所示。

图6-73　安定器的安装

8. 检查所安装步骤，确认正负极正确无误后，启动车辆，接通电源使灯点亮。通过开灯实验检查灯的高度是否合适，调整到合适为止。安装好后的氙气灯效果如图6-74所示。

图6-74 氙气灯效果图

9. 安装好后，用扎带整理好线束，清理安装现场。

## 五、氙气大灯的安装注意事项

1. 在安装前阅读产品说明书，将HID灯泡安装在前灯总成的灯座上时，要仔细检查灯泡的位置，如灯泡放入灯具有困难，检查灯具中是否有阻碍物，切勿碰伤灯泡。

2. 有的车型需要从车上卸下前灯总成，安装好HID灯泡后再将灯具安装回车上，以免造成HID灯泡的损坏或刮伤。

3. 安装过程中请勿打开车灯电源，以防镇流器输出高压电造成伤害，不要直视灯光。开关车灯电源时，请不要接触灯泡，以防被释放的大量热量烫伤。

4. 取放及安装氙气灯时，禁止用手触摸HID灯泡的玻璃管，手上的汗迹会使高温工作的HID灯泡留下痕迹，影响灯体寿命。

5. 高压接头连接时注意AMP插件是否清洁无杂物，否则易漏电造成启动困难。高压线需用尼龙扎带紧紧固定，不能与周边的物体碰撞，高压线不能晃动。

6. 镇流器不要安装在风扇和引擎旁，否则会影响镇流器的寿命。通过实践，建议安装在保险杠左右两侧，安装完毕调试后，必须将线组沿车体边缘铺平，力求美观，然后用尼龙扎带固定。

7. 灯泡未点亮但发现灯泡有放电现象时，请检查灯泡电极是否与灯具中其他物体接触或太靠近，并作适当调整。

8. 启动照明系统时确保车辆电瓶的电压处于正常工作范围，否则会造成灯泡闪烁、照明效果差，并可能使灯停止工作甚至缩短灯泡与电子镇流器的寿命。

9. 在启动汽车的情况下，再打开车灯测试。

## 思考与练习

1. 汽车防盗器具有哪些功能?

2. 简述汽车防盗器的安装过程。

3. 汽车中控锁的触发类型有哪些?

4. 选择倒车雷达时要注意什么问题?

5. 怎样选购合适的汽车音响?

6. 简述汽车音响的安装过程。

7. 为什么要给汽车安装氙气大灯?

8. 简述氙气大灯的安装过程。